| 개정판 |

자원경제의 이해

Introduction to Resource Economics

| 개정판 |

자원경제의 이해

Introduction to Resource Economics

발행일 1판 1쇄 2013년 3월 25일 2판 1쇄 2017년 8월 25일 발행인 오덕성
지은이 이기훈 펴낸곳 충남대학교출판문화원 주소 대전광역시 유성구 대학로 99
전화 042-821-6045 홈페이지 www.cnupress.cnu.ac.kr E-mail cnupress@cnu.ac.kr

ISBN 978-89-7599-636-8 93320
정가 15,000원

이 연구는 충남대학교 학술연구비의 지원에 의해 수행되었다.

| 개정판 |

자원경제의 이해

Introduction to Resource Economics

이기훈

충남대학교출판문화원

‖ 개정판 머리말 ‖

『자원경제의 이해』 초판이 나온 지도 벌써 4년 여가 지났다. 길다면 길고, 짧다면 짧은 세월 사이에 에너지와 자원을 둘러싼 환경은 꽤 달라졌다. 국내에서는 대통령이 탄핵되어 새 대통령이 들어서자마자 에너지 정책의 대 변혁이 일어났다. 핵발전소 신규 건설계획은 접고, 가동 중인 것도 설계 수명이 다 하는 대로 폐로 한다는 것이다. 동시에 석탄화력 발전소도 오래된 것은 조기 폐쇄하고 신규 건설은 억제된다. 탈원전의 선언대로 가면 핵과 석탄은 가고 신재생 에너지와 천연가스의 시대가 펼쳐질 전망이다.

미국의 선택은 우리와는 정 반대이다. 트럼프 대통령은 취임하자마자 석탄과 석유, 세일 가스 등 화석연료를 둘러싼 규제를 완화하고, 알래스카 석유개발, 대륙횡단 가스관 건설도 추진하고 있다. 급기야 기후온난화를 부정하며, 파리 신기후체제의 탈퇴를 선언했다.

이런 상황 하에 그간 쌓여 있던 책의 재고가 다 소진되어 추가 인쇄를 해야 하는 참에 차라리 개정판을 내기로 한 것이다. 개정판에서는 제1부 자원 경제학의 기본 개념과 이론에서는 제5장 지속가능성의 개념과 평가 부분이 추가 혹은 보완되었다. 제2부 자원 문제의 실제에서는 제1장 에너지 경제학, 제2장 기후변화 경제학을 보완하였다. 구체적으로는 제2차 국가에너지 기본계획과 제7차 전력수급기본계획, 경주 지진과 탈핵 선언, 유엔기후변화 협약 제21차 당사국 총회에서 신기후 체제의 등장 등을 소개하고, 최신 통계를 수록하였다.

가장 주목받고 싶은 부분은 마지막 장에 서술된 새로운 패러다임-사회적 경제 이야기이다. 환경 문제가 무한 경쟁에 기초한 자본주의 시장경제의 산물이라면, 이제는 패러다임의 변화가 절실하지 않은가 하는 취지에서 경쟁보다는 협력, 상생, 공유를 지향하는 변화의 움직임을 소개하였다.

이 책이 나오는 데 또 여러 사람의 신세를 졌다. 자료 수집 정리, 입력, 교정 등 여러 과정에서 수고해준 충남대학교 경제학과 전 종학, 박 창규 군에게 고마움을 표한다. 어줍잖은 원고를 짧은 시간내에 깔끔한 책으로 만들어 준 충남대학교출판문화원 여러분께도 인사드린다. 그러나, 의도와는 달리 개정 작업은 내용면에서 질적인 향상이 크게 이루어지지 못하고, 체제를 재구성하고, 변화된 상황을 업데이트하는 수준에 그쳤다. 또 후일을 기약하면서...

‖ 머 리 말 ‖

어렸을 적에는 '한 과목에 교과서가 하나만 존재하는 세상'을 꿈꾸었다. 공부를 업으로 삼고 있는 지금은 '한 문제에 한 가지 이론만 있는 세상'으로 꿈이 바뀌었다. 자원 경제학 교과서는 그리 많지는 않지만 이미 여러 권 존재한다. 그런데도 꿈에 반하는 일을 스스로 선택하게 되었다.

그 이유는 단순하다. 교과서를 가지고 공부를 하면서 가졌던 다른 바람들도 있었기 때문이다. 복잡하지 않고, 어렵지도 않고, 긴 말하지 않고, 읽고 또 읽지 않아도 무슨 말인지 잘 파악되는 책이 있으면 하는 것이다. 학기가 끝나도 안 배운 게 수두룩한 무겁고 두꺼운 책은 아니었으면 했다. 이제 그런 책을 써 보고 싶었다.

따라서 이 책은 말하자면 경박단소형이다. 내용은 가볍고, 책은 얇고, 설명은 짧고, 작다. 이미 많이 나와 있는 다른 교과서에 비해 특별히 새로운 내용은 없다. 새로운 학설이나 새로운 분야를 추가한 것도 없다. 오히려 그런 것들은 다 빼고 가장 기본적인 것들만 골랐다. 한 학기에 다룰 것을 염두에 두고 다루었다.

자원경제에 대한 소개인만큼 아주 평이하게 썼다. 수식이나 복잡한 그래프는 가급적 피하고, 문장도 딱딱하지 않고 쉽게 읽히게 쓰려고 했다. 경제학원론 정도의 수준이면 충분하고, 수요 공급 곡선 정도가 무엇인지만 알아도 대부분의 내용을 파악하는 데 큰 문제가 없을 것이라고 생각한다. 이해를 돕기 위하여 내용이나 개념이 달라질 때마다 한 줄씩 띄었다.

이 책은 앞서 2년 전에 출간한 자원경제학의 후속편이다. 이번에는 자원경제학의 기초 이론을 제1부로, 자원경제의 실제를 제2부로 나누었다. 제1부의 내용은 지속가능개발이 추가되었을 뿐 나머지는 보강되는 수준이다. 제2부에서는 기존의 에너지, 기후변화 문제에다 수자원 경제학, 자원문제의 지구적 확산과 대응, 사회적 경제 부분이 새로 추가되었고, 기후변화에서는 국제배출권시장이 추가되었다.

환경 경제학 분야와 중복되는 부분도 있다. 제3장 자원의 가치 평가, 제4장 자원 정책은 환경 경제학에서 다루는 것과 거의 일치한다. 기후변화의 경제학도 환경 경제학에서도 다루어야 할 분야이다. 사실 환경이나 자원을 구분하기도 쉽지 않으니 불가피한 면도 있다.

어줍잖은 책하나 내는 데 10여년을 별러왔다. 이런 저런 핑계로 내일 모레 한 것이 그렇게 되었다. 2년전 책 낼 때는 그동안 자원 경제학을 수강한 학생들로부터 교재가 없다고 매번 불평 받아 오던 차에 마침 충남대학교 출판문화원에서 우수도서 출판 사업으로 지정받게 되었고, 무엇보다도 출판 시한이 정해진 계약을 맺게 된 것이 결정적인 도움이 되었다. 물질적, 정신적인 지원 말고 실질적인 도움은 충남대학교 경제학과 대학원 서재성군에게서 받았다. 많은 자료의 수집, 분석, 정리는 물론 표, 그래프 등 원고 작성의 많은 부분을 신속, 정확하게 처리해 주지 않았으면 또 부지세월이었을 것이다. 이번에 자원경제의 이해로 다시 낼 때는 최재성, 김영욱, 김인길 군의 신세를 많이 졌다.

오랫 동안 별러 오면서 자료가 많이 축적되었으니 조금은 번듯한 놈이 나오리라 생각했는데 여전히 강의 노트 수준을 크게 벗어나지 못하여 많이 부끄러운 심정이다. 많은 가르침을 주신 은사님들, 선배, 동료 교수들에게도 그렇고, 그동안 수업을 들으면서 많은 이야기를 나누었던 충남대학교 학생들에게도 그렇다. 그래도 묵은 짐을 덜게 되었으니 이 자리를 빌어 도와 준 모든 이들에게 깊은 감사를 드리고, 아버지, 어머니, 형님, 누이들, 휘영, 휘은과 아내와도 조그만 기쁨을 나누고 싶다.

2013년 3월

다음 세대에게 부끄럽지 않은 세상을 꿈꾸며..

이 기훈

‖ 목 차 ‖

제 1부 ‖ 자원 경제학의 기본 개념과 이론

제 2부 ‖ 자원문제의 실제

1장 에너지 경제학

2장 기후 변화 경제학

| 표 목차 |

제1부 자원 경제학의 기본 개념과 이론

• 2장 자원 문제 발생 메커니즘

• 3장 자원 문제 해결 방안

• 4장 경제적 가치와 효율적 이용

• 5장 지속 가능한 개발

제2부 자원문제의 실제

• 1장 에너지 경제학

• 2장 기후 변화 경제학

| 그림 목차 |

제1부 자원 경제학의 기본 개념과 이론

• 2장 기후 변화 경제학

• 3장 수자원 경제학

• 5장 새로운 패러다임

Part I

자원 경제학의 기본 개념과 이론

1. 자원 문제와 자원 경제학
2. 자원 문제 발생 메커니즘
3. 자원 문제 해결 방안
4. 경제적 가치와 효율적 이용
5. 지속 가능한 개발

1장 자원 문제와 자원 경제학

1. 자원이란

♣ 자원이란

자원(resources)은 인간에게 쓸모 있는 자재(goods)의 원천(sources)이란 말이다. 자원은 우리에게 유용한 재화와 서비스를 제공하는 원천이자, 유용한 재화와 서비스 그 자체이기도 하다. 자원 중에서 자연 자원은 자연이 인간에게 주는 선물이다. 자원(resource)이라는 말은 원래 라틴어의 resurgere에서 나왔고 다시 일어선다(rise again)는 뜻이라고 한다. 따라서 자원은 회복되고 또 회복되는 것이다. 물론 수십 억 년 지구의 역사에서 보면 자원은 그런 과정을 되풀이하고 있지만, 아주 짧은 수명을 가진 인간에게는 모든 자원이 다 회복되는 것이 아니다. 인간의 관점에서 석유와 같은 자원은 회복 불가능이다.

♣ 자연 자원과 인공 자원

자원은 크게 자연 자원, 인공 자원, 인적 자원과 문화 자원으로 구분할 수 있다. 자연 자원은 자연계에 존재하는 자원으로 석유, 석탄, 천연가스와 같은 에너지 자원, 철, 금, 은, 석재와 같은 광물 자원, 목재와 같은 산림 자원, 어패류와 같은 수산 자원, 동물 자원, 식물 자원, 토지 등을 들 수 있다.

물과 같은 수자원, 공기, 온도, 습도, 빛, 열, 쾌적함도 자연 자원이며 동시에 환경 자원이기도 하다. 자원이 제공하는 공기, 물, 식량 등은 생명 유지에 필수적이다. 폐기물의 수용처(sink, absorption), 자연 정화 능력도 자원이다. 산림, 수자원, 자연 경관은 또 투어리즘, 레저 등의 관광 자원이 된다.

인적 자원은 사람을 노동력의 관점에서, 인공 자원은 인간이 만든 기계, 건물이나 설비를, 문화 자원은 문화, 사회적 제도, 관습, 과학 기술 지식 등을 말한다. 이밖에 시간이나 공간, 정보도 소중한 자원이다.

자연 자원은 기본적으로 지수화풍의 요소를 갖추고 있다. 지수화풍의 요소는 결국 태양에너지에서 비롯된다.

2. 자연 자원과 자연 자본

♣ 자본

경제학에서 자본(capital)은 노동력과 함께 대표적인 생산요소이다. 자본은 생산된 자원이다. 자본은 자연 자본을 비롯, 인적 자본, 금융 자본, 물적 자본, 정보 등 여러 가지 종류가 있다. 자본은 투자와 같은 축적 과정이 필요하다. 교육은 인적 자본을 형성하기 위한 투자 과정이라면, 기업의 투자는 시설, 공장 설비와 같은 자본을 형성한다. 따라서 기본적으로 투자는 유량(flow)이고, 자본은 저량(stock)이다.

자본은 서비스를 제공한다. 인적 자본은 노동력이라는 서비스를 제공하고, 기계와 설비라는 자본은 물건을 만들어낼 수 있고, 도로라는 사회간접자본(SOC)은 수송, 주택은 주거라는 서비스를 제공한다.

자본은 두 가지 가격(혹은 가치)이 있다. 하나는 자본 그 자체의 가격(교환가격)이고 다른 하나는 자본이 제공하는 서비스의 가격이다. 마치 주택은 매매 가격과 임대료가 있는 것과 같다. 노동력 서비스의 대가인 임금, 돈이 제공하는 서비스의 대가인 이자도 같은 개념이다.

♣ 자연 자본

자연 자본(natural capital)은 생명을 지탱해주는 생태 시스템의 총합이다. 다른 자본과 마찬가지로 오랜 기간 지수화풍의 작용에 의해 축적된 것이다. 우거진 산림이 형성되는 데도 수백 수천 년의 기간이 소요되었고, 석유나 석탄 같은 에너지는 적어도 수백 만 년에 걸쳐 형성된 것이다.

자연 자본도 여러 가지 서비스를 제공한다. 맑은 공기, 깨끗한 물, 쾌적한 환경, 산림, 수산물, 임산물, 광산물, 따뜻함, 밝은 빛, 습기, 건조함 등등. 자연에는 임자가 없는 만큼 자연으로부터의 여러 가지 서비스는 기본적으로 무상이다. 그러나 공짜라고 가치가 없는 것이 아니라 오히려 값을 따질 수 없이 고귀한 것들이다. 자연이 제공하는 서비스는 우리의 생명 유지 기능(life supporting function)을 담당한다. 호컨, 로빈스와 로빈스(Paul Hawken, Amory Lovins and Hunter Lovins)는 『자연자본주의』(Natural Capitalism: Creating the Next Industrial Revolution(1999))에서 이제 현재의 지속불가능한 자본주의(capitalism) 시대를 극복하려면 지금부터는 자연 자본의 생산성의 큰 향상을 통해 새로운 산업혁명을 일으켜야 한다는 자연 자본주의(natural capitalism)를 주창하였다.

♣ 자연 자원과 자연 자본

자원은 자본보다 더 큰 개념이다. 자본이 형성되는 원천이다. 사람을 인적 자본이라 할 때는 교육이나 개발을 통해 형성된 결과이고 그리하여 생산 활동에 역할을 할 수 있는 생산 요소나 수단으로 보는 상당히 물질적인 개념이다. 인적 자원도 대동소이하나 인적 자본을 제공하는 원천의 성격이 강하다. 자연 자원도 자연 자본과 대동소이하나 자연 자본을 형성하는 원천으로서 더 큰 개념이다.

3. 자연 자원의 종류

♣ 재생 가능 자원

자원은 재생 가능성 여부에 따라 재생 가능 자원(renewable resources)과 재생 불가능 자원(non-renewable resources)으로 구분한다. 태양열, 태양광, 풍력, 수력, 조력, 파력, 바이오 매스, 지열 등의 신재생 에너지(new and renewable energy)들은 재생가능 자원이다. 바이오 매스는 동식물의 몸뚱이 그 자체를 의미한다. 식물이건 동물이건 사체를 쌓아두면 열이 나는 것은 동식물 그 자체가 에너지 덩어리임을 알 수 있다. 재생가능 에너지는 그 원천이 태양 에너지인 만큼 무궁무진하다. 고갈되지 않는다. 그러나 단점은 저장이 어렵다는 점이다. 수자원, 산림 자원, 수산 자원 등도 대부분 재생 가능 자원이다.

♣ 재생 불가능 자원

석유, 석탄, 천연가스 등 대부분의 화석연료들은 재생 불가능 자원(non-renewable resources)이다. 재생 불가능 에너지는 대부분 고갈성(depletable) 자원이다. 매장량이 한정되어 있어 사용하는 만큼 총량이 줄고 언젠가는 고갈되고 만다. 이런 연료들은 광합성으로 형성된 탄소가 주성분이어서 사용할 때마다 대기 중으로 이산화탄소를 배출한다는 것이다. 지구온난화의 주범이다. 수자원 가운데 지표수는 순환하지만, 지하수 특히 암반수는 생성 순환 주기가 길어 고갈성이 강하다. 미국 중서부의 농업 용수의 주 공급원인 오가랄라(Ogalala)와 리비아 사막 지하의 누비안(Nubian) 대수층(aquifer)은 고갈성이다.

재생 불가능 자원이라고 해서 모두 고갈성 자원은 아니다. 재생불가능 자원 가운데 재활용이 안 되는 경우 고갈성 자원이다. 화석 연료나 우라늄이 여기에 해당한다. 철, 구리, 금, 은 등 많은 광물이나 종이, 유리 등은 재생 불가능 자원이지만 재활용된다.

다음과 같은 간단한 식으로 자원을 구분해 보자.

$$S_1 = S_0 - q_0 + \Delta S$$

여기서 S_1은 기말 재고, S_0는 기초 재고, q_0는 소비량, △S는 증가량이다.

△S = 0 : 재생 불가능 자원의 경우 차기의 재고량은 지금 기의 소비량만큼 감소하지, 증가할 수 없다.

△S 〉 0 : 재생 불가능이라도 탄광이나 유전 등 새로운 매장량이 발견될 경우

△S = ∂q_0 (단 ∂는 재활용율) : 소비량의 일부는 재활용되는 재활용 자원

$S_1 = S_0$: 토지와 같은 경우 기말 재고와 기초 재고는 항상 같다.

△S - q_0 = 0 : 수산자원, 임산 자원 등을 지속가능한 범위 내에서 수확할 경우

$S_1 = S_0 = 0$, △S〉0 : 태양빛, 풍력과 같이 축적이 되지 않는 유량(flow) 자원

4. 자원 문제의 발생

지속성(sustainability)은 삼라만상에 내재된 법칙이다. 무릇 살아있는 생명체는 살아남기 위해서 몸부림치고(개체 유지), 또한 자손을 퍼뜨려 종족을 보존하기 위해 사력을 다한다(종족 유지).

무생물계도 지속성을 추구한다. 물이 증발되어 수증기가 되고, 구름이 되어 비로 대지를 다시 적신다. 대기나 바닷물도 끊임없이 순환하여 항상성을 유지하려 애쓴다. 생물계와 무생물계는 자체의 지속성을 추구하지만, 이런 추구가 결과적으로 지구계의 지속성과 맞물려 있다.

자연의 법칙은 지속성에 초점이 맞춰져 있다. 약육 강식, 적자 생존, 자연 도태의 정글의 법칙은 정글의 건강함과 지속성에 불가피하다. 자신이 살아남기 위해 발버둥치고, 자기 종족을 보존하기 위해 몸부림치면 칠수록 자연은 건강함과 균형을 잃지 않고 절묘하게 지속된다.

♣ 지속성의 훼손

수십억 년을 유지되어 온 지속성과 균형이 무너지고 있다. 인간에 의해 자연 자원이 남용되면서 자원은 고갈되며, 지구온난화, 사막화, 산림 파괴, 오존층 파괴 등 자연 파괴, 다양한 생물 멸종이 가속화되고 있다. 산업혁명 이후 2백여 년밖에 안 되는 짧은 시간에 벌어지고 있는 현상이다. 석유와 석탄과 같은 재생 불가능 자원의 고갈 문제는 차치하고 재생 가능 자원마저 지속성이 크게 위태로운 지경이다[1].

---

1) 제1부 5장의 지속가능한 개발에서 더 자세하게 다룸.

♣ 자원의 질적 저하

자원 문제는 고갈 문제뿐만 아니라 이용 가능한 자원의 질적 저하(degradation)도 포함한다. 물, 공기, 토양, 바닷물의 오염은 고갈과는 다른 차원의 문제를 일으키고 있다. 오염된 자원은 자원이 아니며 엄청난 폐해와 처리 비용이 소요되는 암적 존재가 된다.

♣ 자원 과용과 환경 공해

자원 문제는 환경 문제와 동전의 앞, 뒷면이다. 석유, 석탄, 천연가스와 같은 화석연료의 사용은 지역적으로 아황산가스, 광화학 스모그 현상과 같은 환경 공해를 일으키고 있으며, 지구적으로는 온실가스가 지구온난화를 초래해 인류의 생존을 위협하고 있다.

♣ 생활 방식의 변화

도시화, 근대화가 생활 방식의 큰 변화를 가져왔다. 한 가지 예를 들면 대소변의 처리이다. 농경생활의 경우 대소변은 소중한 자원이었다. 현대 문명은 우리에게 좌식 변기를 제공하고, 우리나라만 연간 11억 톤의 수돗물을 소비하게 한다. 또 이 물 처리를 위해 하수관로를 설치하고 하수정화 시설을 해야 한다. 그럼에도 불구하고 정화되지 않는 호르몬은 강과 바다로 흘러들어간다. 화석연료의 안정적 공급이 보장된다는 것을 전제로 설계된 현대의 도시, 아파트와 같은 주거는 종말이 가깝지 않았을까?[2)]

♣ 자원 충격

자원 문제의 정도는 단순히 인구 × 인구당 자원 소비량으로 간단히 짐작할 수 있다. 산업혁명 이후 인구가 10억 명에서 70억 명으로 증가하였고,

---

2) The end of Suburbia (www.postcarbon.org) 참고.

인구당 에너지 소비량이 적어도 10배 증가하였으므로, 에너지 소비량은 적어도 70배 증가한 것이고, 자원의 고갈 속도는 그 만큼 더 빨라진 것이다.

♣ 자원 문제의 뿌리

자원 문제가 발생한 직접 원인은 인구의 증가, 소득의 증가, 도시화, 공업화 등에서 찾아볼 수 있지만 이러한 현상의 뿌리는 또 산업혁명에서 비롯된다. 즉 자원 문제는 인류가 발생한 이래 지속된 문제이지만, 지금 우리가 당면하고 있는 심각한 자원 문제는 산업혁명 이후 발생된 현상이다. 산업 혁명 이후 가능해진 대량 생산, 대량 소비가 대량 오염과 자원의 광범위한 고갈 현상을 낳았다. 산업 혁명 이후 생산력의 비약적인 발전이 극에 다다른 지금 세계는 경제적으로 풍요와 안정이 크게 위협받고 있고, 인류는 자원의 고갈, 환경의 오염으로 고통 받고 신음하고 있을 뿐만 아니라 지속가능성이 흔들리는 상황에 이르렀다.

맬더스(Thomas Malthus)는 그의 유명한 저서 『인구론』(An Essay on the Principle of Population, 1798)에서 인구의 증가 속도가 식량 증가 속도를 상회할 것이므로 성장의 절대 한계에 도달할 것으로 예상하였다. 따라서 그는 인구 증가를 억제하는 것이 절대적으로 필요할 것으로 보고, 산아 제한과 같은 예방적 조치(preventive check)의 중요성을 강조한 바 있다.

로마 클럽(The Club of Rome)도 1972년 발간한 『성장의 한계』(The Limit to Growth)에서 식량, 자원의 한계 또는 공급 부족에 따른 성장의 한계를 예측하였다. 로마 클럽은 50년 내에 주요 자원의 고갈되기 시작해서 1백 년 이내에 인류의 성장은 한계에 도달할 것으로 전망하였다.

보울딩(Kenneth Boulding)[3]은 『우주선 지구의 경제학』(The Economics of the

3) "경제가 지속 성장할 것이라고 말하는 사람은 미친 사람이거나 경제학자들이다."

Coming Spaceship Earth, 1966)이라는 에세이에서 지구를 카우보이식 혹은 화전민식 경작이나 소비 패턴이 용납되는 열린 계(open system)가 아니라 모든 물자를 외부유입과 유출 없이 자체적으로 해결하여야 하는 우주선과 같은 닫힌 계(closed system)의 하나로 간주했다.

5. 자원 경제학이란

인간의 욕망은 무한하나 이를 충족시킬 수 있는 재화는 유한(희소)하다. 경제학은 유한한 재화를 효율적으로 이용하는 방법이나 제도를 연구함으로써 인간의 복지 후생을 증대시키는 데 이바지하려는 학문이다.

경제학 이론은 자원의 효율적 배분이 기본적으로 시장에 의해 저절로 이루어진다고 본다. 이른바 아담 스미스의 보이지 않는 손에 맡겨 놓으면 시장 균형이 달성된다. 이 시장 균형은 사회적 후생을 극대화하면서 동시에 자원 배분의 최적점이다.

그렇다면 우리가 당면하고 있는, 그리고 갈수록 더욱 심각해지고 있는 자원 고갈이나, 남용, 멸종 등 자원 문제가 발생한 것은 왜 그런가. 경제학에서 다루는 일반 재화와는 달리 자원이라는 재화는 시장 기능에 의한 적정 분배가 이루어지지 않기 때문이다. 이른바 시장의 실패 현상이다.

자원 경제학은 이런 문제를 해결하고자 한다. 즉, 자원 경제학은 자연자원을 대상으로 이의 효율적 이용을 연구한다. 효율성이란 현재 어떻게 사용하는가 하는 것 뿐만 아니라, 지금 사용하는 것이 나은가 아니면 나중에 사용하는 것이 나은가 하는 시간간 효율성도 강조된다. 이는 자원 사용

라는 말을 남겼다.

의 세대간 형평성(공정성)과도 연결된다. 즉 효율성과 형평성을 높이는 방법과 제도를 연구한다.

아래 그림 1-1에서 보듯이 경제학은 투입과 산출, 생산과 소비를 다루었다. 투입물이 어디서 오며, 소비되고 나서의 폐기물이나 환경 오염 문제는 관심이 적었다. 그러나 지금까지 당연시 했던 자연으로부터 생산 원료의 공급, 오염, 폐기물의 처리, 환경 생태적 서비스 등이 지금은 재화와 용역의 생산 공급보다 더 큰 문제가 되고 있다. 가치의 역전, 꼬리가 몸통을 흔드는 현상일지는 몰라도 더 이상 지엽적이거나 일시적인 문제가 아니고 갈수록 더 심각해 질 것이 확실시 되는 문제가 되었다. 이제 경제학은 생산과 소비 문제만 다룰 수 없게 되었다. 자원과 환경 문제와의 상호 관계를 고려하지 않은 경제학은 무의미하다. 자원 고갈 문제의 경제학적인 접근은 자원 경제학, 환경 오염 문제의 경제학적인 접근은 환경 경제학의 영역이다.

그림 1-1 자원, 환경과 경제와의 상호 관계

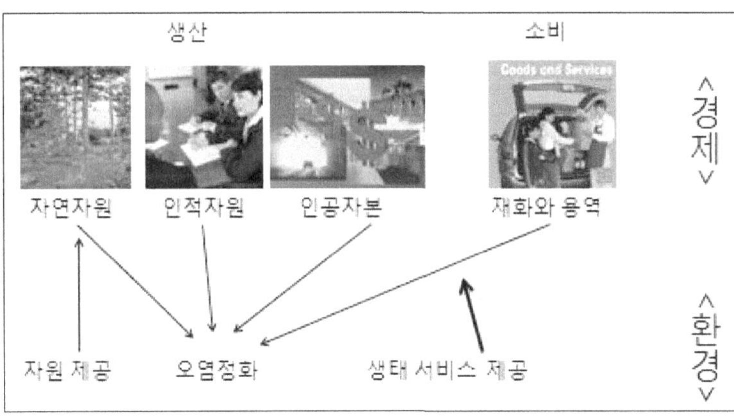

2장 자원문제 발생 메커니즘

오늘날 경제활동은 대부분 시장을 통해 이루어진다. 시장에서 재화와 서비스의 자유로운 거래를 통해 자원이 효율적으로 분배된다. 그러나, 시장이 효율적이지 않은 경우도 많이 있다. 예를 들면 공유자산이나 공공재, 외부효과가 있는 경우, 독과점, 불완전 정보[4] 등의 경우에 시장은 효율적이지 않다.

이 때문에 산림 파괴, 자원 고갈, 동식물의 멸종, 오염, 지구온난화 등 여러 가지 자원과 환경 문제가 발생한다. 이 장에서는 자원과 환경 문제의 발생 메커니즘을 수요와 공급 등 경제학의 가장 기본적인 개념, 그리고 죄수의 딜레마와 같은 기본적인 게임 이론으로 설명한다.

1. 시장의 효율성

♣ 수요 곡선, 한계 지불 용의액, 총 지불 용의액, 소비자 잉여

어떤 사회의 사과에 대한 수요 곡선이 그림 2-1과 같이 주어졌다. 이 수요 곡선의 높이는 한계 지불 용의액(MWTP marginal willingness to pay)을 나타낸다. 이 한계 지불 용의액은 소비자가 사과에 대해 최대한 이 금액을 지불하겠다는 주관적 가치이다. 다섯 개 째 사과는 40원 만큼 지불할 용의가 있

---

4) 역선택(adverse selection)과 도덕적 해이(moral hazard)와 같은 정보의 불완전성에 의한 환경 비효율 문제는 이 장에서 다루지 않는다.

고, 여섯 개째 사과에 대해서는 30원 만큼 지불할 용의가 있다. 사과의 수요량이 증가할수록 한계 지불 용의액은 적어진다. 이는 사과의 한계효용이 체감하기 때문이다(한계효용체감의 법칙)[5].

사과의 수요량에 따른 총 지불 용의액(TWTP total willingness to pay)을 구할 수 있다. 이는 한계 지불 용의액의 총합이 된다. 그림 2-1에서 사과를 전부 7개 구매하겠다면 총 지불 용의액은 각각의 한계 지불 용의액을 합친 350원(80+70+60+50+40+30+20원)이 된다. 총 지불 용의액은 수요 곡선의 아랫부분의 빗금 친 면적이 된다. 이 면적은 사과 7개가 가져다주는 총 효용의 크기이다.

만약 소비자가 실제로 사과를 개당 20원에 7개 산다면 총 지불액은 140원이다. 실제 지불액은 총 지불 용의액보다 210원 적다. 이를 소비자 잉여(consumer's surplus)라고 한다. 대개의 자발적인 거래인 경우 실제 지불액은 총 지불 용의액보다 적다. 즉 자발적 거래에서는 소비자는 실제로 지급한 액수보다도 더 큰 효용을 얻는 법이다(gains from trade).

5) 이는 개인수요곡선의 경우에 해당되며, 시장수요곡선은 개개인의 서로 다른 수요가 취합된 것이므로 우하향한다.

그림 2-1 수요 곡선과 지불 용의액

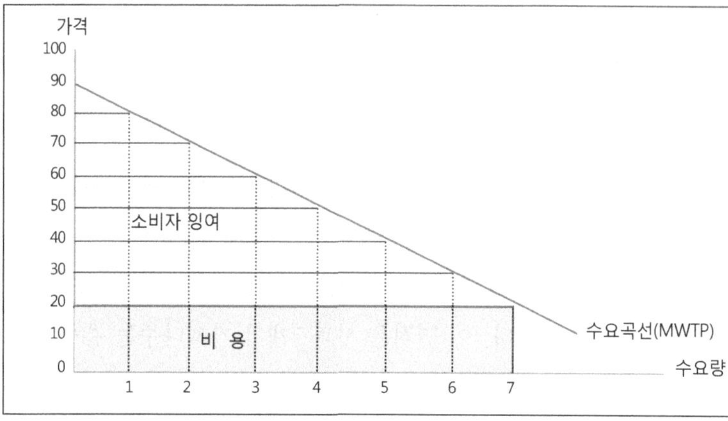

♣ 공급 곡선, 한계 수취 용의액, 총 수취 용의액, 생산자 잉여

어떤 사회의 사과에 대한 공급 곡선이 그림 2-2와 같이 주어졌다. 이 공급 곡선의 높이는 한계 수취 용의액(MWTA marginal willingness to accept)을 나타낸다. 첫 번째 사과는 10원 받고 팔 용의가 있지만, 두 번째 사과는 적어도 20원은 받아야 팔겠다는 공급자의 의지가 담겨 있다. 사과의 공급량이 늘어날수록 한계 수취 용의액은 커진다. 이는 사과의 한계 생산비가 증가하기 때문이다(한계 수확 체감의 법칙[6]).

사과의 공급량이 정해지면 총 수취 용의액(TWTA total willingness to accept)을 구할 수 있다. 그림 2-2에서 7개를 공급할 경우 총 수취 용의액은 각각의 한계 지불 용의액을 합친 280원(10+20+30+40+50+60+70원)이 된다. 총 수취 용의액은 공급 곡선의 아랫부분의 빗금 친 면적이 된다. 이 면적은 사과 7개를 생산하기 위한 기회비용의 크기이다.

---

[6] 이는 개인공급곡선의 경우에 해당되며, 시장공급곡선은 공급 능력이 다른 개개인의 공급 곡선을 취합한 것이어서 우상향한다.

만약 공급자가 실제로 사과를 개당 70원에 7개 판다면 총 수취액은 490원이다. 실제 수취액은 총 수취 용의액보다 210원이 더 많다. 이를 생산자 잉여(producer's surplus)라고 한다. 자발적인 거래를 할 경우 보통 판매자는 실제 기회비용보다 더 큰 금전적 보상을 받게 된다. 즉 모든 자발적 거래는 서로가 이득이다(gains from trade).

그림 2-2 공급 곡선과 수취 용의액

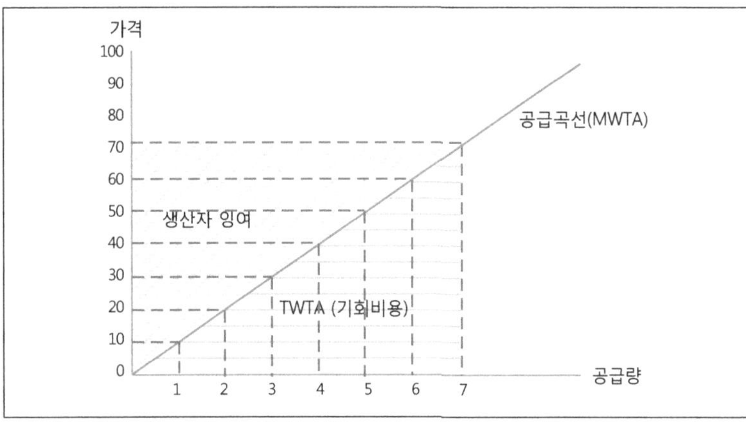

♣ 사회적 잉여, 시장의 효율성

일반화하여 보자. 어떤 재화에 대한 수요와 공급이 그림 2-3과 같이 주어진 경우 시장에서는 보이지 않는 손에 의해 이 재화는 수요자와 공급자 간에 가격은 p^*에 수량은 q^*개가 거래된다. 이 경우 소비자 잉여는 삼각형 P^*CE이고, 생산자 잉여는 삼각형 P^*OE이다. 사회의 잉여는 이 소비자 잉여와 생산자 잉여의 합(삼각형 COE)이다.

이 사회적 잉여는 다른 어떠한 거래량에서 얻을 수 있는 것보다 더 크다. 즉, 시장 균형점이 사회적 최적점이다. 따라서 이 사회에서는 이 재화를 q^*개 생산하고, 소비하는 것이 가장 생산자와 소비자, 나아가 사회의 후생을 크게 하는 선택이다. 만약 q′개를 생산, 소비하였다면 과소 생산, 소비한 것으로 사회가 얻을 수 있는 후생을 더 얻지 못한 것이다. 만약 q″개를 생산, 소비하였다면 과잉 생산, 소비하여 최적 수준 이하의 후생에 만족해야 하는 것이다.

그림 2-3 시장의 효율성

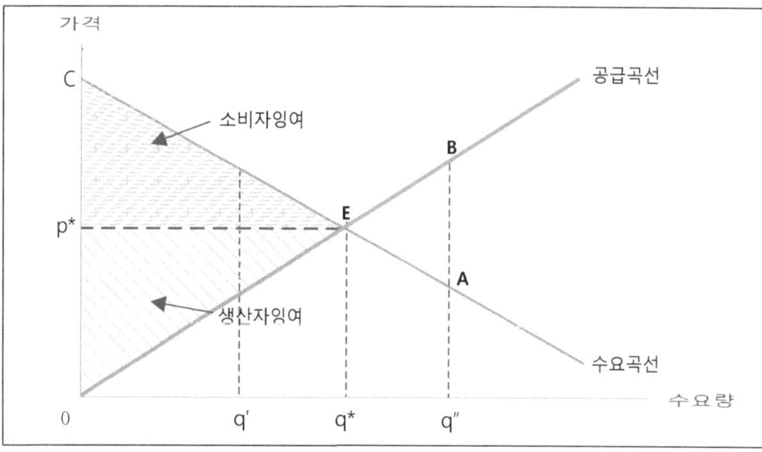

그러나 시장이 제 기능을 잘 발휘한다면 이런 일은 잘 발생하지 않는다. 아담 스미스 이후 신자유주의에 이르기까지 경제이론은 시장 기능에 맡겨두면 이런 시장 균형이 보이지 않는 손에 의해 저절로 달성된다고 본다. 소비자의 효용 극대화, 생산자의 이윤 극대화라는 각자의 극히 이기적인 행위가 사회 전체적으로는 가장 효율적인 결과를 낳는다는 것이다.

여기서 수요 곡선은 사회의 지불 용의 액수, 즉 사회의 한계 효용(MSB marginal social benefit)이다. 공급 곡선은 사회의 기회비용(MSC marginal social cost)이다. 사회의 한계 효용과 사회의 한계 비용이 일치하는 점에서 생산과 소비는 사회적 최적이다. 사회의 효용과 사회의 비용이 진정한 의미에서의 효용과 비용이기 때문이다. 이 MSB=MSC라는 관계는 사회의 후생 극대화를 달성할 수 있는 기본 원리이다.

2. 시장의 실패

♣ 자중 손실

앞의 예에서 만약 재화를 q′개만 생산, 소비하였다면 과소 생산, 소비하여 얻을 수 있는 후생을 더 얻지 못한 것이다. 만약 q″개를 생산하였다면 과잉 생산, 소비하여 최적 수준 이하의 후생에 만족해야 하는 것이다. 이러한 후생의 감소분을 자중 손실(DWL deadweight loss)이라고 한다. q″에서 생산, 소비시의 자중손실은 EBA 면적이다(그림 2-4).

♣ 시장의 실패

시장 메커니즘에 의해 이루어진 시장 균형이 사회적 최적 수준이 아니면(따라서 자중손실이 발생하는 경우) 시장의 실패(market failure)라고 한다. 시장이 사회적 최적 수준을 달성하는 데 실패했다는 뜻이다.

시장이 실패하는 경우는 독과점인 경우의 과소 생산, 조세가 부과된 제품의 과소 소비, 보조금이 붙은 재화의 과잉 소비, 공공재의 과소 공급, 그리고 외부효과가 존재하는 경우의 과소 혹은 과잉 소비 등 여러 가지 경우가 있다.

그림 2-4 시장의 실패와 자중 손실

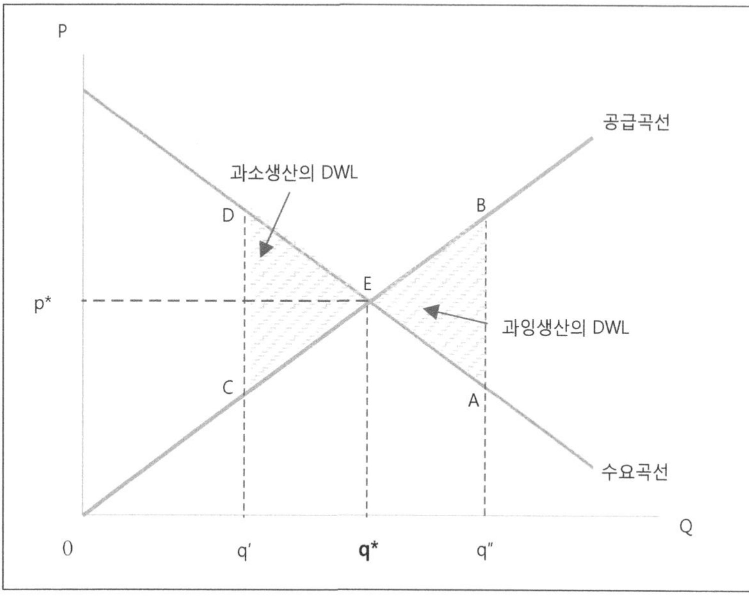

3. 재화의 배제성과 경합성

♣ 배제성과 비배제성

내가 가진 나의 사탕은 나만 먹을 수 있다. 소비할 수 있는 권리가 배타적이다. 이를 재화의 배제성(excludability)이라고 한다. 대부분의 사적 재화는 배제성을 갖는다. 그러나 대기, 햇볕은 나만 즐길 수 있는 것이 아니다. 내가 즐긴다고 다른 사람을 즐기지 못하게 제외할 수 없다. 이런 재화는 비배제성(non-excludability)을 갖는다. 비배제성이 있는 경우 무임승차자(free riders)를 배제할 수 없다.

♣ 경합성과 비경합성

봉지에 든 사탕을 둘이서 나눠 먹을 때 두 사람은 서로 라이벌이다. 한 사람이 많이 먹으면 다른 사람이 먹을 것이 줄어든다. 이런 재화는 경합성(rivalness)을 갖는다. 대부분의 사적 재화는 경합성을 갖는다. 그러나 맑은 공기와 따뜻한 햇볕은 내가 즐긴다고 다른 사람 몫이 줄어들지는 않는다. 이런 재화는 비경합성(non-rivalness)을 갖는다.

♣ 공공재

큰 다리나 도로와 같은 공공재(public goods)는 보통 비경합성과 비배제성을 갖는다. 누구는 이용하고 누구는 이용하지 못하게 배제시키기는 어렵다. 동시에 다른 사람이 이용한다고 자기가 이용하는 데 큰 불편함이 없다. 국방의 경우도 마찬가지다. 군대를 갔다 왔건 가지 않았건 모든 국민은 차별 없이 국방의 혜택을 본다. 군 면제자라고 국방의 혜택에서 배제시키기란 사실상 불가능하다(비배제성).

♣ 공유자산

호수의 물고기는 누구나 잡을 수 있다. 한강이나 금강의 물고기도 마찬가지다(비배제성). 그런데 누군가가 그물을 가지고 싹쓸이를 한다면 많은 사람들은 고기 구경도 하기 어렵게 된다. 즉 많은 자연 자원들은 개인 소유가 아닌 공유 자산(common resources)으로 비배제성이지만 경합성을 갖는 특성이 있다.

♣ 클럽재

배제성이 있으나 비경합성인 재화로는 클럽재(club goods)를 들 수 있다. 테니스 클럽, 골프 컨트리 클럽, 탁구 동호회 모임을 생각해 보자. 이

시설은 클럽 회원들에게만 개방되어 있고 비회원은 배제된다(배제성). 적당한 수의 클럽 회원이 유지된다면, 테니스, 골프, 탁구를 즐기는 데 다른 회원이 방해되지는 않는다(비경합성). 오히려 적정 수의 회원이 있어야 게임을 즐기기에 더 용이하다. 프로 야구 경기는 표를 사지 않은 사람은 배제한다. 그러나 일단 입장하고 나서는 시합을 즐기는 데 다른 사람이 큰 방해가 되지는 않는다. 오히려 입장객이 적으면 분위기도 썰렁해진다.

그림 2-5는 여러 가지 재화를 배제성과 경합성을 기준으로 구분한 것이다. 앞서 보았듯이 우리가 흔히 소비하는 대부분의 사적 재화는 배제성과 경합성이 강하나, 공공재는 비배제성과 비경합성이 강하다.

배제성이나 경합성은 엄격히 구분되는 것이 아니고 다소 상대적인 개념이다. 예를 들어 배제성이라고 해도 완전히 배제하기 어려울 수 있고, 비경합성이라고 해도 완전히 경합이 되지 않는 경우는 드물다.

그림 2-5 경합성과 배제성에 의한 재화의 분류

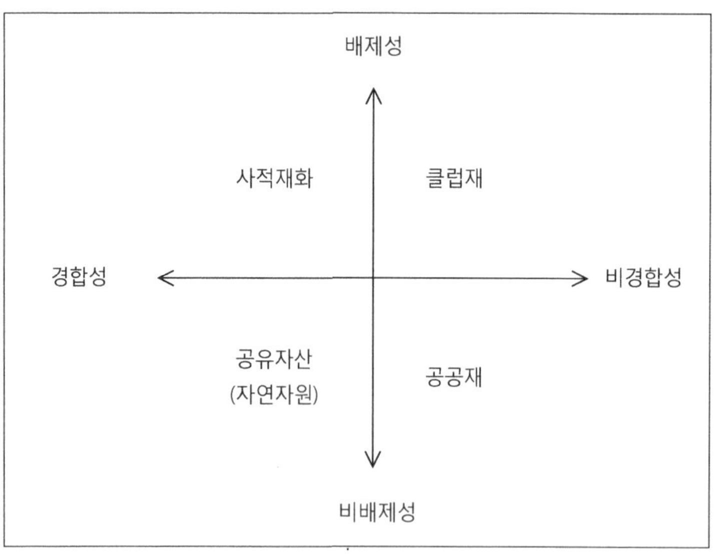

4. 시장의 실패: 외부 효과의 존재

♣ 외부 효과

누군가의 생산 혹은 소비 행위가 의도하지 않은 손해나 이익을 다른 사람에게 초래하지만 이를 보상해 주지 않을 때, 이 손해나 이익을 외부 효과(externality)라고 한다. 담배를 피면 주변 사람에게 간접 흡연의 피해라는 소비의 부정적인 외부 효과를 준다. 향수 소비는 소비의 긍정적인 외부 효과이다. 생산 측면에서 예를 들면, 양봉은 과수원에 긍정적인 외부 효과, 공사장의 소음과 공해는 주변에 부정적인 외부 효과이다. 정리하면 외부효과는 생산의 (+) 외부효과, 생산의 (-) 외부 효과, 소비의 (+) 외부 효과, 소비의 (-) 외부효과로 나타난다.

외부성은 또 외부성이 미치는 방향에 따라 일방성 외부성과 상호 외부성으로, 외부성의 범위에 따라 지역적 외부성과 지구적 외부성으로 나눌 수 있다. 월경성 오염, 황사, 상류에서의 오염물질 배출과 같은 것은 일방적 외부성이고, 산성비나 대기, 수질 오염, 자원 고갈과 같은 것은 상호 외부성으로 볼 수 있다. 대부분의 환경 오염은 그 지역에만 영향을 미치는 지역적(local) 외부성이지만, 오존층 파괴, 기후변화, 생물다양성 감소 등과 같은 지구적(global) 외부성도 많아지고 있다.

외부효과가 있을 때 시장의 실패가 나타난다. 그림 2-6은 어떤 생산행위로 인한 오염때문에 (-) 외부효과가 발생하는 예이다. 오염으로 인한 사회의 피해 곡선이 D로 주어졌다. q_0까지는 자연의 자체 정화 기능(sink)으로 인해 행위로 인한 피해가 발생하지 않을 수 있다. 그러나 그 이상의 행위가 있으면 피해는 점증할 것이다. 즉 피해 곡선이 우상향한다. MD는 이 피해 곡선 D에서 도출한 한계 피해 곡선이다.

그림 2-6 총피해 곡선(D)과 한계 피해 곡선(MD)

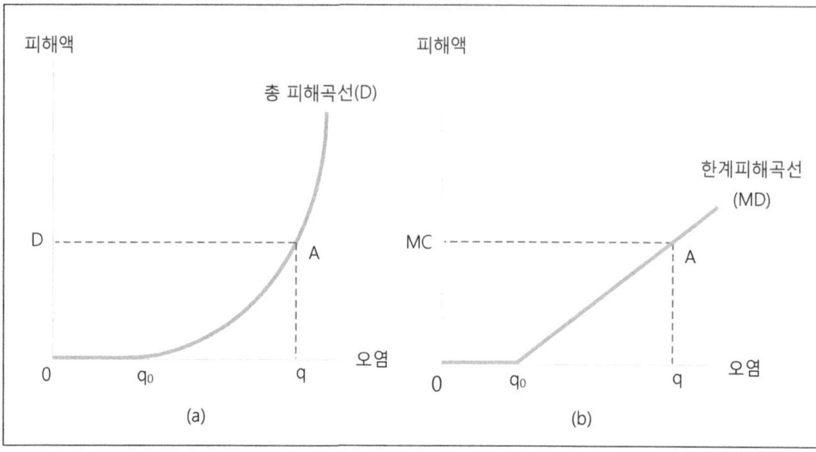

이제 그림 2-7에서 보자. 개인의 한계 비용 곡선을 MPC(marginal private cost)라고 하면 외부 효과까지 감안한 사회의 한계 비용 곡선 MSC(marginal social cost)은 MPC + MD가 된다. 수요 곡선 D와 MSC가 만나는 E′점이 사회적 최적점이다. 그러나 개인은 MD를 자신의 비용으로 생각하지 않으므로 시장에서는 E점에서 균형이 생긴다. 이 경우 EE'F가 자중 손실이 된다.

그림 2-7 외부 효과와 시장의 실패

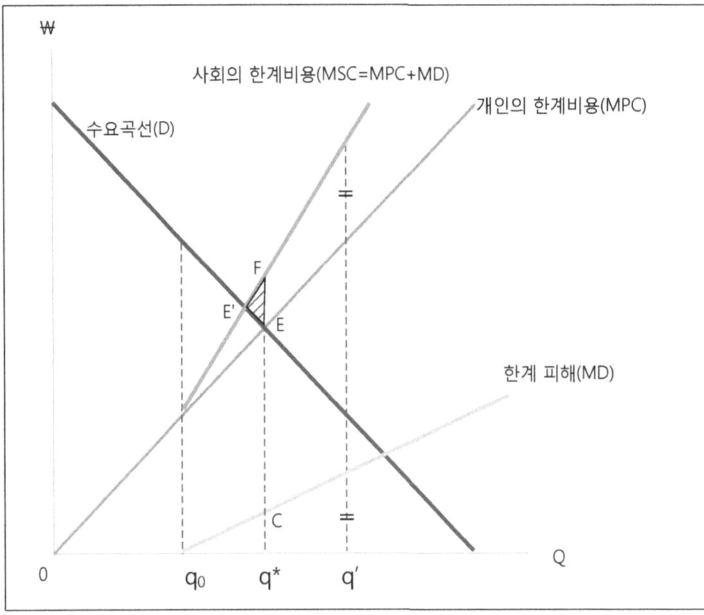

♣ 개인의 비용, 편익과 사회의 비용, 편익과의 괴리

앞에서 어떤 재화의 적정 배분, 즉 얼마나 생산하고 얼마나 소비할 것인가는 사회적 한계 편익(MSB)과 사회적 한계 비용(MSC)이 일치하는 점에서 결정되고, 이 경우 사회적 최적이 달성됨을 보았다. 그러나, 지금까지 논의에서 개인이 얻는 편익(사적 편익 private benefit)과 비용(사적 비용 private cost)이 사회가 지불하는 비용(사회적 비용 social benefit)과 사회가 누리는 편익(사회적 편익 social cost)간에 괴리가 발생하는 현상들을 얘기했다. 조세, 외부효과, 공공재, 공유 자산, 사용자 비용, 자원의 렌트 등등은 모두 이 괴리 현상을 초래한다.

양자간의 괴리가 있는 경우 개인의 최적 선택 즉 MPC = MPB는 MSC

= MSB와 다르게 된다. 즉 MPC ≠ MSC 혹은 MPB ≠ MSB이다. 이런 경우 결과적으로 시장의 실패가 발생함을 알 수 있다. 진정한 비용이나 편익은 개인이 아닌 사회가 지불하는 비용이나 사회가 얻는 편익이다. 사회적 최적 선택은 항상 MSC = MSB가 기본 원리이다.

5. 시장의 실패: 공공재와 무임 승차

공공재(public goods)은 공원, 도로, 항만, 교량, 철도 등과 같은 사회간접자본, 학교나 공원, 운동장과 같은 공공시설, 치안(경찰)이나 국방(군대) 등 구성원들이 많은 편의를 누릴 수 있는 것들이다. 적잖은 돈이 들겠지만 많은 사람이 혜택을 누리므로 사회적 편익은 사회적 비용보다 훨씬 크다. 따라서 공공재는 사회적으로 매우 보탬이 된다.

반대로 쓰레기, 소음, 공해는 여러 사람에게 많은 불편을 초래하는 부의 공공재(public bads)이다. 이런 부의 공공재도 돈을 들여서 제거하면 많은 사람이 혜택을 누리게 된다. 즉 제거하는 것이 사회적 비용보다 사회적 편익이 더 크다.

공공재의 경우 시장의 실패가 발생하는 이유를 다음 그림 2-8을 통해 분석해 보자. 어떤 공공재에 대한 수요자 갑과 을이 있다. 갑의 수요 곡선은 $D_{갑}$, 을의 수요 곡선은 $D_{을}$이다. 이 경우 사회의 수요 곡선 D_S는 두 사람의 수요곡선 $D_{갑}$과 $D_{을}$를 수직으로 합친 것이 된다. MC는 이 공공재의 한계비용곡선이다. 이 경우 사회적 최적 공급량은 q^*점이 된다. 그러나 현실에서 이 공공재는 q^* 이하로 과소 공급된다. 비배제성인 공공재에 대한 무임승차가 발생한다.

그림 2-8 공공재에 대한 수요와 공급

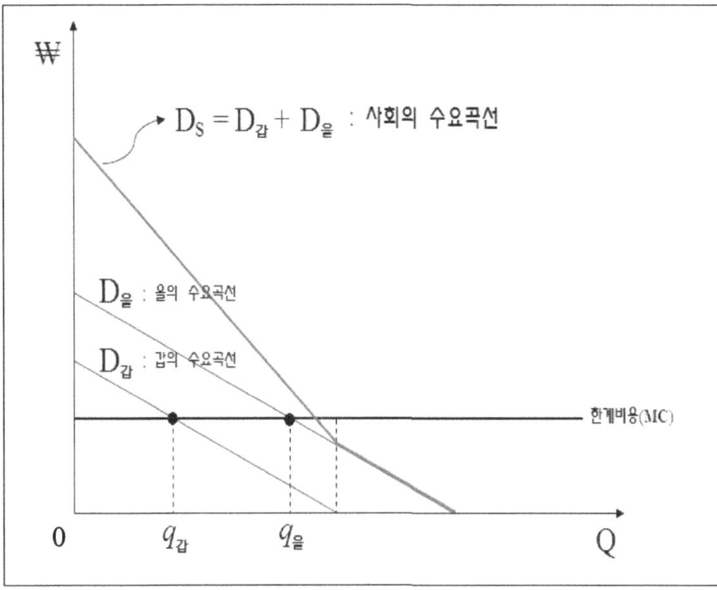

6. 시장의 실패: 공유 자산의 비극

♣ 개방 자원

많은 자연 자원의 경우 비배제성과 경합성을 갖는다. 비배제성의 자연 자원은 자유 접근 자원 혹은 개방 자원(open access resources)이라고도 한다. 호수의 물고기 잡기, 바다의 참치 잡이, 무료 도로, 해수욕장 등이 좋은 예이다.

♣ 공유 자산의 비극

이런 개방 자원의 경우 자원의 고갈이나 멸종, 교통 정체, 해수욕장이

미어터지는 현상이 흔히 발생한다. 이런 현상을 공유자산의 비극(the tragedy of the commons)이라고 한다. 이 용어는 원래 생태주의자 하딘(Garret Hardin)은 1968년 사이언스에 발표한 에세이에서 어떤 마을에 좋은 목초지가 있었다. 양모를 얻으려고 너도 나도 양을 마구 키우다 보니 목초지는 결단이 나고, 이 마을은 폐허가 되는 비극이 초래되었다 고 비유하면서 비롯되었다. 원인은 결국 비배제성과 개방성에서 찾을 수 있다.

자연 자원뿐만 아니라 국가의 예산, 연기금, 공적 자금 등의 운영에서도 이런 현상이 발견된다. 이런 자산은 개인의 것이 아니라 사회 전체나 구성원 전체의 것이다. 그런데도 운영을 맡은 사람이 전체의 이익을 증가시키는 쪽이 아닌 전체의 손실이 발생하더라도 운영자 자신의 이익이 증가되는 쪽으로 자금을 사용하는 사례가 흔히 발견된다(이익은 사유화, 손해는 공유화). 자연 자원이건 공적 자금이건 "먼저 보는 놈이 임자"인 풍토는 공유 자산의 비극을 초래한다.

♣ 경제학의 렌트(rent)

경제학의 렌트는 가격에서 공급(생산) 비용을 뺀 값이다. 완전경쟁시장에서 가격은 공급비용과 일치한다. 따라서 렌트는 영이 된다. 그러나, 예를 들어 학교 캠퍼스 내의 구내 식당이나 커피점은 특별한 노력 없이 많은 고객을 확보할 수 있고, 비슷한 다른 식당이나 커피점에 비해 더 많은 수익을 올릴 수 있다. 이는 주인의 노력과는 무관하게 위치가 좋기 때문이다. 이런 위치에서 장사를 하면 경제학적인 렌트를 누릴 수 있다. 이렇게 경제학적인 렌트는 보통 이상의 이익이나 기득권, 특혜의 성격이 강하다.

이런 경제학적인 렌트는 어디로 귀속되나? 예를 들어 고속도로 휴게소에서 나오는 렌트라면 고속도로가 국민의 세금으로 조성된 것인 만큼 사회에 귀속되도록 해야 한다. 임대료를 높이 부과하여 국가 수입이 증대되는 쪽으로 운영되어야 한다. 이처럼 다양한 경제학적인 렌트가 개인에게 돌아가지 않고 사회전체의 수입이 되어 혜택을 공유할수록 사회가 부유해 진다.

♣ 자원의 렌트

금광을 발견하면 횡재를 한다. 약간의 돈을 들여 파내어서 시장에 팔면 엄청난 돈을 벌 수 있으니까. 사우디아라비아에서는 석유 1배럴 채취하는 데 비용이 2-3달러 밖에 들지 않는다고 한다. 석유 가격이 배럴당 100달러라면 1배럴 생산할 때 마다 거의 100달러가 고스란히 남는다. 이것이 바로 자원의 렌트(resource rent)이다.

자연 자원의 경우 렌트가 흔히 발생한다. 참치로 알려진 참다랑어 한 마리는 잡기만 하면 시장에서 수백 만 원을 호가한다. 소나무 한 그루에 천만 원 넘기도 예사다. 이런 자원은 채취하여 시장에 팔면 이익이다. 자연 자원의 판매 수입에서 제반 비용을 제한 것이 자원의 렌트이다.

자연 자원의 채취 및 판매에서 얻는 수입과 일반 재화를 생산, 판매해서 얻는 이윤과는 다르다. 회계학적으로는 상품을 판매해서 이윤을 남길 수 있지만, 경제학에서는 이 이윤마저 생산자의 임금이나 이자 등 기회비용이므로, 완전 경쟁시장에서는 이윤이 발생하지 않는다고 설명한다. 자연 자원의 렌트는 이 채취, 운반, 판매 등 제반 비용을 제하고도 남는 부분이다. 이는 자연에서 비롯된 특혜이다. 이런 자원의 렌트는 상가나 건물의 임대료, 자동차의 렌트와는 다른 개념이다. 특혜라는 측면에서는 경제학적인 렌트와 닮았다.

♣ 한계 렌트와 총 렌트

자연 자원의 한계 렌트는 자연 상태 가격(in-situ price)인데, 광산물의 경우 로얄티 율(royalty rate), 목재의 경우 그루터기 가격(stumpage price)으로도 불린다. 해녀가 전복을 잡아서 횟집에 한 마리에 1만원에 팔면 이는 전복의 한계 렌트이다(전복 잡는 데 들어간 비용은 영이라고 가정함). 10마리를 팔았다면 10만원은 총 렌트이다. 그림 2-9에서 보면, MC는 어떤 자원 채취에 소요되는 한계 비용(일정함을 가정함, 해녀의 경우 영이 됨), p는 이것을 시장에 내다 팔았을 때 받는 가격이다. 따라서 p-MC가 한계 렌트가 된다.

그림 2-9 한계 렌트

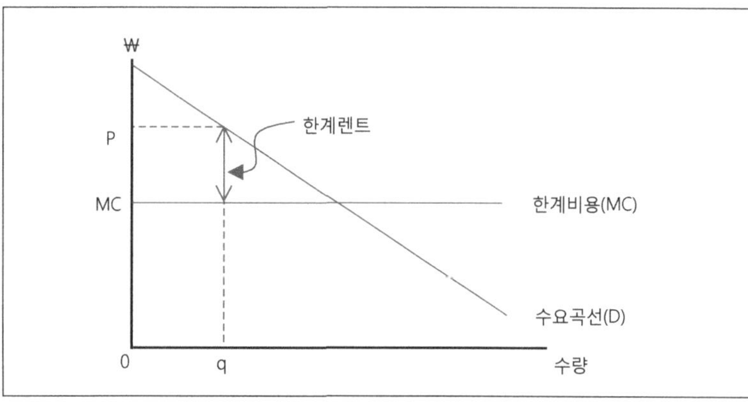

그림 2-10은 한계비용이 증가하는 경우이다. 어떤 자원, 예컨대 자연산 송이버섯의 한계 채취 비용이 MC, 수요곡선이 D로 나타났다. 송이버섯을 q'까지 채취할 경우 시장에서 p'라는 가격에 판매할 수 있다. 이 때 한계 비용이 q'C이므로 E'C만큼이 초과 이윤 즉 한계 렌트가 된다. q'까지 채취했을 경우 한계 렌트 곱하기 총 판매량(총 판매수입에서 비용을 제한 금액)이 총 렌트로서 빗금친 면적(p'p*E'C)이다.

그림 2-10 한계 렌트와 총 렌트

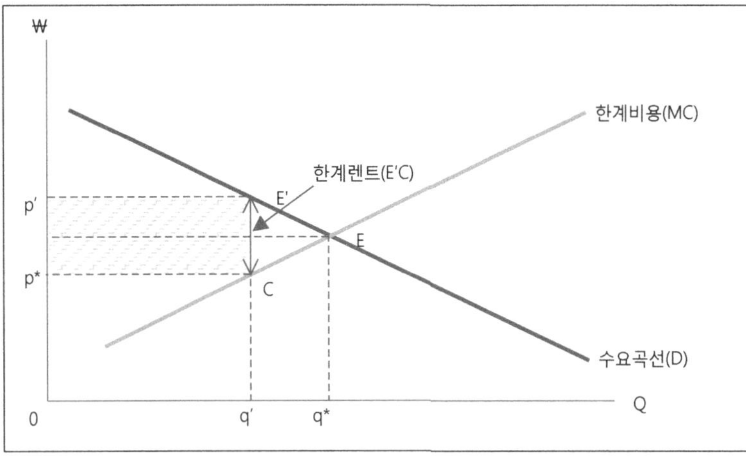

♣ 자원의 고갈과 렌트의 소진

렌트가 존재하는 한 자원의 채취는 계속된다. 자원을 채취하는 것이 누구에게나 개방되어 있다면 자원의 채취는 q'에 머물지 않고 q^*까지 채취하게 된다. 이 E점이 시장에 맡겨둘 경우의 균형점이다. 이제 q^*까지 채취하면 렌트가 소진된다. 더 이상 렌트를 누릴 수가 없게 된다. 자원의 고갈은 바로 렌트가 소진될 때까지 채취 활동을 계속하는 현상이기도 하다.

개방 자원의 렌트의 고갈 현상을 구체적인 숫자를 들어 분석한다. 다음 표 2-1과 같이 어떤 해수욕장이 있는데 해수욕객 네 명이 입장할 때까지는 전혀 정체가 발생하지 않는다. 따라서 입장객들은 모두 최대한의 효용을 얻는다. 그러나 다섯 명부터는 혼잡이 발생한다. 이 경우 맨 나중 한 사람의 입장으로 나머지 네 명 모두에게 혼잡의 외부 효과가 발생한다. 다섯 번째 사람의 입장으로 인한 한계 효용이 한계 비용보다 적다. 따라서 사회적 최적은 4명까지 이용하는 것이고, 이때 사회적 순편익이 제일 크다.

표 2-1 해수욕장 입장객 수와 사회적 편익

입장 객수 A	일인당 효용 B	총효용 C=A×B	한계효용 D=△C	일인당 비용 E	총비용 F=A×E	한계비용 G=△F=E	사회적 순편익 H=C-F
1	20	20	20	12	12	12	8
2	20	40	20	12	24	12	16
3	20	60	20	12	36	12	24
4	20	80	20	12	48	12	32
5	18	90	10	12	60	12	30
6	16	96	6	12	72	12	24
7	14	98	2	12	84	12	14
8	12	96	−2	12	96	12	0
9	10	90	−6	12	108	12	−18

♣ 수산 자원의 남획

고기잡이의 예를 들어 보자. 그림 2-11에서 맨 위 그림은 어획 노력(E)과 어획 수입(R) 및 어획 비용(C)과의 관계를 나타낸다. 어획 노력의 정도를 고기잡이의 한계 비용(MC)과 평균 비용(AC)은 일정하다고 하자. 어획에 소요되는 총비용(TC)은 어획 노력에 비례하여 증가하는 우상향 직선이 된다. 어획의 총 수입(TR)은 그림과 같은 포물선이다. 어획노력이 증가해도 총수입은 무한히 증가할 수는 없고 부존량이 줄면서 언젠가는 영이 된다. 이 그림 2-11에서 최대 어획량은 E_m에서 발생한다. E_2는 TC=TR이다. 이 점은 각 어선의 입장에서는 AR = MC되는 곳이므로 최적 이윤점이다.

그러나 사회 전체의 관점에서 보자. 그림 2-11의 가운데 그래프(b)는 사회적 관점에서 평균 수입(AR)과 평균 비용(AC), 한계 수입(MR)과 한계 비용(MC)의 변화를 보여준다. 이 경우 사회적 최적점은 한계 수입(MR)이 한계 비용(MC)과 같아지는 E_1이다. 그러나 개방 자원인 경우 평균 수입이 영이 되는 E_2까지 어획은 계속된다. 즉 사회적 최적 수준을 상회하는 남획이 발생한다. 그림 맨 아래 (c)에서 보듯이 렌트도 소진된다. 좀 더 구체적인 설명은 제4장에서 찾아볼 수 있다.

그림 2-11 어획 노력, 어획량, 어획 비용과의 관계

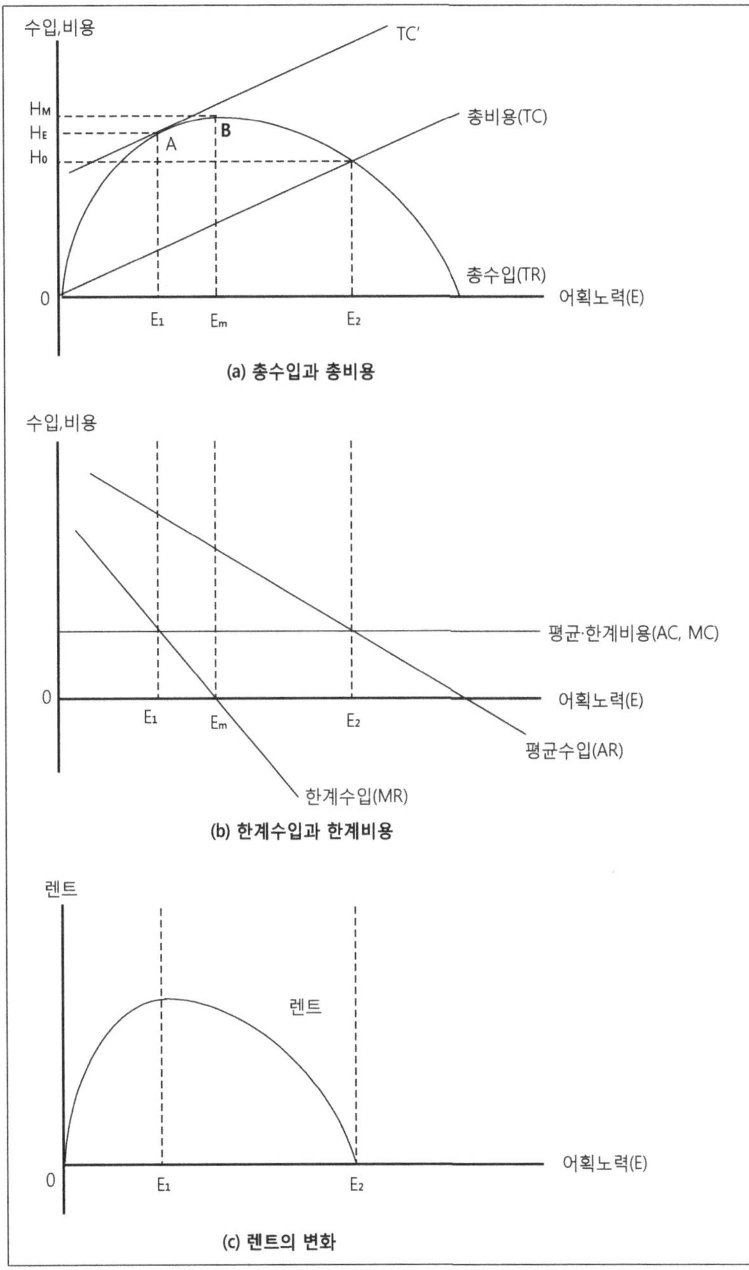

해수욕장의 혼잡 현상을 분석했던 앞의 표 2-1을 그대로 이용하여 개방 자원의 고갈 현상을 알기 쉽게 분석할 수 있다. 어떤 고기잡이 어장이 있다. 표 2-2에서 보듯이 보통 어선 한 척당 최대 20원의 한계 효용을 얻는다. 한 척 운용 비용은 12원이다.

고기를 잡으려는 어선의 숫자는 한계 수입이 플러스이면 계속 증가한다. 총 네 척이 될 때까지는 아무런 문제가 없다. 다섯 척으로 증가하면 경합이 발생하면서 한계 어획이 줄기 시작한다. 사회적 최적은 네 척이 된다. 그러나 아무런 제재가 없다면 이 어장에 조업하는 어선 수는 일곱 척이 될 것이다. 사회적 한계 어획은 2원으로 줄지만, 어선 당 평균 어획량이 여전히 비용을 능가하기 때문이다.

표 2-2 어선 증가에 따른 사회적 편익과 비용

어선수 A	어선당 어획 B	총어획 C=A×B	한계어획 D=△C	어선당 비용 E	총비용 F=A×E	한계비용 G=△F	사회적 순편익 H=C-F
1	20	20	20	12	12	12	8
2	20	40	20	12	24	12	16
3	20	60	20	12	36	12	24
4	20	80	20	12	48	12	32
5	18	90	10	12	60	12	30
6	16	96	6	12	72	12	24
7	14	98	2	12	84	12	14
8	12	96	−2	12	96	12	0
9	10	90	−6	12	108	12	−18

♣ 교통 정체의 발생

왜 교통 정체가 발생할까? 그림 2-12에서 X축은 교통량, Y 축은 비용을 나타낸다. 단위 거리를 주행하는 데 소요되는 통행 시간을 도로 이용의 기회비용이라고 하자. 교통량이 증가해도 어느 정도까지는 교통정체가 생

기지 않는다. 이것이 그림에서는 q_0에 해당한다. q_0 이상으로 교통량이 증가하면 통행 시간이 증가하기 시작한다. 따라서 사회의 평균비용곡선(AC)은 여기서부터 우상향한다. 한계비용은 평균비용보다 더 많이 증가하므로 MC 곡선은 AC 곡선 위에 있게 된다.

이 경우 사회적 최적은 수요곡선 D와 MC가 만나는 q^*점이다. 이 점까지 차량이 증가하면 E'B 만큼 한계 렌트를 누리고, 총 렌트의 크기는 빗금 면적이 된다. 그러나, 도로가 개방되어 있는 이상 누구나 도로를 이용할 수 있는 만큼 차량 댓수는 q'점까지 계속 증가하여 렌트를 소진시키고 만다. 이것은 진정한 사회의 한계 비용은 MC 곡선이나, 개인 차량은 사회의 평균 비용 즉 AC 곡선을 MC로 간주하기 때문이다. q' 점을 선택할 경우 CEE' 만큼의 자중손실이 발생한다.

그림 2-12 교통정체의 사회적 비용

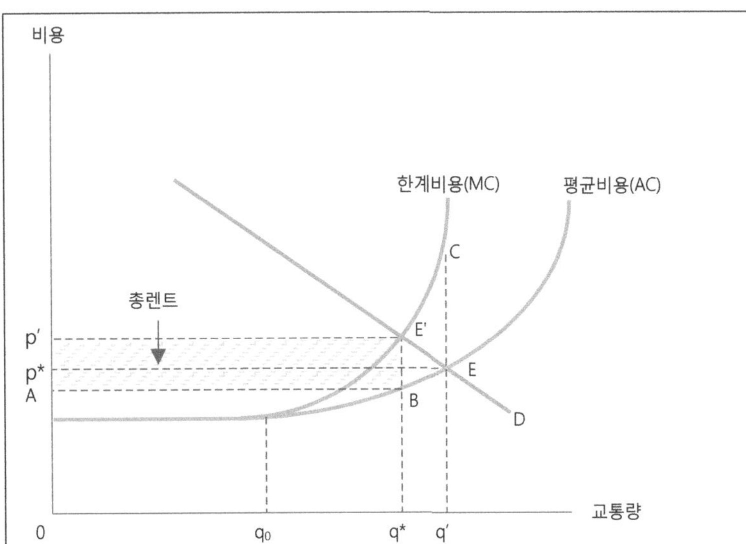

♣ 사용자 비용

어떤 선택이 가져다 줄 미래의 기회비용을 사용자 비용(user cost)이라고 한다. 보통 재화의 경우 현재의 소비 행위가 사용자 비용을 발생시키지 않는다. 예를 들어 소비재인 사탕은 지금 먹느냐 나중에 먹느냐가 효용이나 후생의 큰 차이를 가져오지는 않는다. 그러나 자본의 경우는 좀 다르다. 지금 백만 원을 쓸 때는 백만 원을 쓰지 않고 은행에 맡겼을 경우 발생할 이자까지도 포기하는 것이다. 이것이 미래에 발생할 기회비용이다. 황금알을 낳는 거위의 배를 갈랐을 때의 사용자 비용은 거위가 앞으로 매일 낳아줄 황금알들이 된다. 물론 이 황금알을 현재 가치로 할인해야 한다.

사용자 비용은 시간적 외부 효과(inter-temporal externality)이다. 보통의 외부 효과는 같은 시기에 발생하지만, 이 외부 효과는 현재가 아닌 미래에 발생한다. 또 자연 자원의 사용시 발생하는 사용자 비용은 한계 렌트의 크기와 같다.

이를 다음 그림 2-13에서 살펴보자. 한계 현재 비용(MCC marginal current cost)은 어떤 자원을 사용하였을 때 현재 발생하는 한계 비용이다. 현재 사용으로 나중에 발생하는 한계 비용은 사용자 비용(UC user cost)라고 한다.

이 자원 사용의 진정한 비용은 이 두 비용을 합하여야 한다. 즉 사회적 한계비용 SMC=MCC+UC가 된다. 사회적 최적은 SMC와 수요 곡선 D가 만나는 점 E'이다. UC가 포함되지 않은 E점은 EE'K 만큼의 자중 손실을 발생시키는 비효율적인 선택이다. 그러나, 시장에서는 종종 사회적 최적이 아닌 E점을 선택한다. 앞에서 외부 효과가 있을 때 사회적 최적점이 아닌 데서 시장 균형이 발생하고 결과적으로 시장의 실패가 일어나는 것과 정확히 같은 원리이다.

그림 2-13 사용자 비용과 시장의 실패

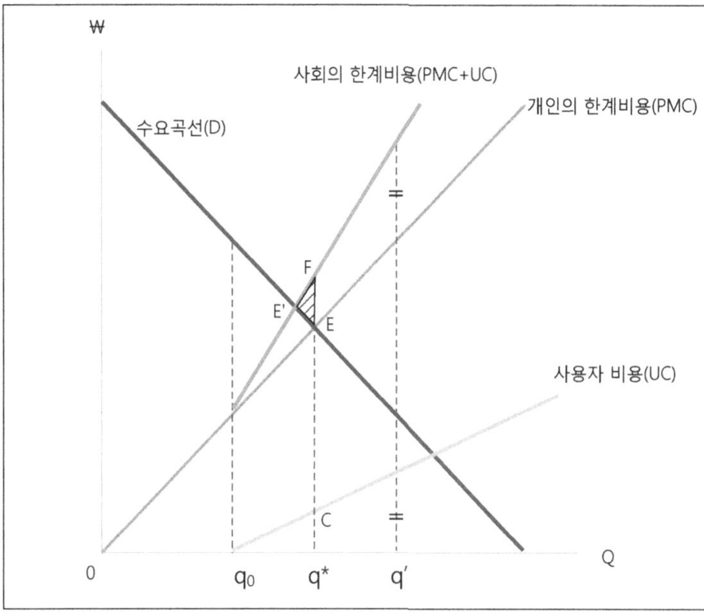

7. 시장의 실패: 게임 이론적 접근

♣ 죄수의 딜레마 게임

환경과 자원 문제 발생 메커니즘을 간단한 게임 이론을 적용하여 알기 쉽게 설명할 수 있다. 잘 알려진 죄수의 딜레마 게임을 보자. 갑과 을 두 사람이 범죄를 저질렀다 체포되어 심문을 받는다. 두 사람은 범죄 사실을 자백하거나 아니면 끝까지 부인하는 두 가지 전략을 선택할 수 있다. 두 용의자가 끝까지 자백을 하지 않으면 증거불충분으로 무죄 방면될 수 있지만, 누구 한 사람이라도 자백을 하게 될 경우, 자백을 하지 않은 사람은 더 중죄를 받게 되는 구조이다.

표 2-3에서 괄호 안의 숫자는 각 전략에 따라 받는 갑과 을의 보수(payoff, 이때는 형량)이다. 상대방이 부인했을 경우나 자백하면 본인은 1년, 상대방이 자백을 했을 경우에 본인도 자백하면 3년의 형량을 받는다. 즉 (아무런 개입이 없을 경우) 자백이 우월전략이다. 상대방이 어떤 전략을 쓰더라도 이 전략이 가장 낫다. 즉 두 사람은 서로 상대방을 믿지 못하고 자백을 선택함으로써 두 사람 모두 3년형을 받게 된다는 것이다(우월균형전략 Nash equilibrium)[7].

그러나, 이 경우 두 사람에게 최적점은 (부인, 부인)으로 모두 2년형을 받는 것이다. 이처럼 더 나은 균형이 있음에도 불구하고 열악한 균형이 선택된 만큼 시장의 실패라고 할 수 있다. 복수의 균형(multiple equilibria)이 존재하는 상황에서 열악한 균형을 선택하게 되는 것이다. 만약 누군가가 귀띔을 해준다거나, 서로간 협의가 있었다면 더 나은 결과를 낳았을 텐데 그러지 못한 조정의 실패(coordination failure)이기도 하다.

표 2-3 죄수의 딜레마

	을		
갑	전략 (갑) \ 전략 (을)	부인(협력)	자백(이탈)
	부인(협력)	(2, 2)	(4, 1)
	자백(이탈)	(1, 4)	(3, 3)

♣ 공유 자산의 비극

어민들은 값비싼 영덕 대게를 치어건 산란기건 상관없이 보이는 족족 어획할 수도 있고(이탈), 치어나 산란기는 피하고 싹쓸이 어획은 피하는 전략(협력)을 선택할 수도 있다. 표 2-4에서 보듯이 규제없이 자유롭게 선택하

7) 내쉬(John Nash)는 프린스턴 대학의 천재 수학자이자 경제학자로 1994년 노벨경제학상을 수상하였다.

게 하면 영덕 대게는 먼저 보는 놈이 임자이니까 경쟁적으로 어획하게 되어 (2, 2)의 이득밖에 보지 못한다.

그러나 이를 피하고, 잘 관리하면서 적정 수준만 어획하면 두고두고 제일 값 비쌀 때 잡을 수 있어 (3, 3)의 편익을 누리게 된다. 그러나 다른 사람들이 무분별 어획할 경우 본인만 손해를 보게 된다(1, 4). 이런 경우 현실에서는 마구잡이 어획이 발생하여, 자원의 고갈, 멸종 현상이 초래되는 것이다. 이 케이스는 그대로 비배제성과 경합성을 갖는 공유 자산의 문제에 적용시킬 수 있다.

표 2-4 공유자산의 비극

		을	
	전략 \ 전략	보존(협력)	채취(이탈)
갑	보존(협력)	(3, 3)	(1, 4)
	채취(이탈)	(4, 1)	(2, 2)

♣ 교통 정체

교통 정체도 마찬가지이다. 모두가 자가용 차를 이용할 경우는 교통 혼잡이 일어나서 시간도 많이 걸리고, 기름도 많이 허비한다. 그러나 모두가 대중교통을 이용하면 교통 소통도 원활하고 기름도 적게 들고 운전하느라고 애쓸 필요도 없다(win-win). 그러나 서로 자기만 편하려고 승용차를 몰고 다니기 때문에 현실에서 교통 정체가 빈번히 일어나는 것이고, 이것은 시장의 실패인 동시에 정부가 조정자로서의 역할을 제대로 하지 못한 정부의 실패 현상(government failure)이기도 하다(표 2-5).

표 2-5 자가용 대중교통 게임

	을		
갑	전략 \ 전략	버스(협력)	자가용(이탈)
	버스(협력)	(3, 3)	(1, 4)
	자가용(이탈)	(4, 1)	(2, 2)

♣ 공공재 게임

공공재에 투자하면 투자 비용보다 사회적 편익이 더 크다. 그럼에도 불구하고 공공재의 과소 공급되는 문제는 모든 사람들에게 무임승차 하려는 유인이 존재하기 때문에 발생한다. 마을 주민들이 각자 술 한 바가지씩 추렴하여 술 한 말을 만들어 마을 잔치에 쓰려고 보니 술 한 말이 아니고 전부 물이었다는 이야기는 나 하나쯤은 무임승차하려는 선택의 귀결을 잘 보여주는 우화이다.

국방이 절대적으로 필요하다. 입대 대상자가 모두 입대하면 군대가 유지되고 국가 안보가 튼튼해진다. 하지만 국가 안보는 필요하지만 자신은 병역을 기피하여 무임승차하고 싶은 유인은 항상 존재한다. 아래 표 2-6의 국방 게임에서도 (기피, 기피)가 우월전략균형이다. 즉 자유방임시 군대는 유지되기 어렵다. 따라서 군 입대는 자율에 맡기지 않고 의무로 만든 것이다.

표 2-6 국방 게임

	을		
갑	전략 \ 전략	입대(협력)	기피(이탈)
	입대(협력)	(3, 3)	(1, 4)
	기피(이탈)	(4, 1)	(2, 2)

스위스의 경제학자 페르(Earnest Fehr)가 시행한 실험이다. 5명의 게임 참가자에게 5만원씩을 준다. 참가자들은 이 돈의 일부 혹은 전부를 공공재에 투자한다. 참가자들이 공공재에 투자한 금액은 세배로 불어나서 5명에게 균등하게 배당된다. 예를 들어 5명 모두가 가진 돈 전부(즉 5만원)를 공공재에 투자한다면, 총액 25만원의 세배인 75만원을 5명이 15만원씩 나눠 갖게 된다.

그런데, 그 중에 한명이 투자를 하지 않을 경우 총 투자액은 20만원이 되고 배당금은 이 금액의 세배인 60만원이 된다. 이 돈을 5명으로 나누면 한 사람당 12만원이 배당된다. 이때 투자를 하지 않은 사람은 원래 자신의 돈 5만원에다 배당금 12만원을 챙겨 총 17만원으로 불어난다. 반면 나머지 4사람은 12만원뿐이다. 모두가 가진 돈 전부를 공공재에 투자하는 것이 윈윈임을 모두가 잘 알고 있음에도 불구하고, 무임승차를 하려는 인센티브가 존재하고 있으며, 실제로도 이같은 경우에 무임승차자가 많이 발생하는 이유를 설명해 주고 있다.

♣ 우리 사회의 열악한 균형 현상들

죄수의 딜레마로 흔히 예를 드는 경우는 경기장에서 누군가 앞에서 일어나면 뒤에 있는 모든 사람이 다 일어서야 하고, 경기 내내 서서 구경하게 된다는 것이다. 안타깝게도 우리 사회에서 이런 조정의 실패로 인한 열악한 균형의 선택 현상은 아주 흔히 볼 수 있다.

- 건물의 입주 상가들이 저마다 대형 간판을 내 걸면 상가들은 돈도 많이 들고 불편하지만, 미관상 좋지도 않고 상점을 찾는 데도 더 불편하다.
- 도로변에 여러 가게가 나란히 있을 때 자기 가게 앞에 자기 가게 손님만 주차할 수 있게 하고 다른 사람은 주차하지 못하게 장애물을 놓아 두

면 도로 체증도 일어나고 주차 공간도 부족해서 전체 상권이 저하된다.

- 경쟁 가게에서 호객행위를 시작하면 우리 가게도 할 수 없이 호객 행위를 할 수 밖에 없다.
- 두 가게가 긴 골목의 가운데에 위치한다.
- 가게마다 포인트 제도(혹은 할인 쿠폰 제도)가 유행이다. 어떤 가게가 먼저 포인트 제도를 실시하면 다른 가게도 곧 뒤따르게 되므로 결과적으로 포인트를 적용받아 싸게 사는 가격이 따지고 보면 정가일 가능성이 높다. 결국 소비자는 소비자대로 포인트 신경 써야 하고 가게는 관리하느라 비용만 추가되고 말 것이다.
- 포인트 제도보다 더 심각한 것은 가격 경쟁이다. 어떤 식당이 음식 값을 내리면 이웃 식당도 음식 값을 내리지 않을 수 없다. 제 살 깎아 먹기식 출혈 경쟁은 식당에도 도움이 되지 않고 공멸을 가져올 뿐이다. 동네 식당의 몰락은 장기적으로 소비자에게도 이득이 되지 않는다.
- 어떤 기업이 설비투자를 늘리면 공급과잉을 무릅쓰고 다른 기업도 따라 갈 수밖에 없다.
- 기업이 경쟁적으로 대학졸업예정자 채용 시기를 앞당기게 된다.
- 어떤 사람이 성형 수술을 하여서 취직이나 사회생활에 유리한 점이 많았다고 하자. 이를 뒤좇아 너도 나도 성형 수술을 하게 되면, 취직이나 사회생활에 유리한 점은 사라지고, 결과적으로 돈만 더 쓴 셈이 된다.
- 누군가 큰 소리로 이야기하면 다른 사람도 큰 소리로 이야기하게 된다.
- 학교 수업에서 누군가가 학원가서 선행학습을 하여서 득을 보았다고 하자. 결과적으로는 모든 학생이 선행 학습을 하게 되고, 선행 학습의 메리트는 사라진다.
- 어떤 과목 혹은 학교에서 성적을 올려주면, 다른 과목 혹은 학교에서 성적을 뒤따라 올려주지 않기 힘들다. 성적 인플레이션이 발생하면, 학생을 채용하는 기업에서는 학교 성적을 불신하여 자격증이나 어학 성

적 등 다른 평가 자료를 요구하게 되어 학교도 학생도 기업도 모두 비용이 많이 들어가게 된다.

- 대학생들이 취업에 보탬이 될까봐 자격증을 여러 개 따기 시작했다. 곧 이어 너도 나도 모두 자격증을 갖추게 되면 힘만 들어갔지 자격증의 약효는 처음만 못하게 된다. 요즈음은 자기 소개서, 면접까지도 열심히 준비를 하여야 하는 세상이 되었다. 대가는 신통치 않은 데도 무한 경쟁으로 치닫고 있다.
- 민주주의에서 투표는 절대적으로 필요한 시민의 권리이자 의무이다. 투표가 성립되어야만 사회가 유지된다. 하지만 모두가 투표하고 자신은 그 시간에 자기 일 하거나 놀러가는 것이 더 유리할 수 있다. 그 결과 젊은 유권자들은 기권하고, 나이 든 유권자들만 투표에 참여하는 현상이 심화되면서 국회의원이나 정치인들이 젊은 층보다는 노년층을 겨냥한 정책을 펴게 된다.

이런 사례에서 가장 먼저 생각할 수 있는 것은 정부의 개입의 필요성이다. 선행학습 규제, 영업시간 제한, 투표 참가의 의무화 등 규제 조치가 좋은 예이다. 이에 못지않게 민간이나 공동체의 자발적이고 자율적인 규제도 시장의 비효율을 개선할 수 있는 중요한 장치들이다.[8] 예를 들면 기업들이 신입사원 채용시기를 통일한다거나, 식당들이 호객 행위를 자제키로 결의하는 것이다. 기본적으로 외모지상주의로 인한 과도한 성형 수술의 비효율 사례에서와 같이 법적, 제도적으로 할 수 없는 경우도 많다. 이런 면에서 시민, 소비자의 인식 개선을 위한 계몽이나 교육의 중요성을 발견할 수 있다.

자원 문제는 기본적으로 시장의 실패 현상이다. 이러한 시장의 실패

8) 제3장 9절 자치의 중요성; 오스트롬의 발견 참고.

를 개선하기 위해 정부의 개입과 규제가 필요하다. 정부에 의한 자원 정책은 크게 직접 규제 정책과 간접 규제 정책으로 구분된다. 직접 규제 정책은 명령 및 통제(command and control) 정책이 주가 된다. 간접 규제 정책은 피구세와 배출권 거래제 같은 시장 기초 정책(market based policy)을 들 수 있다.

그러나, 자원 문제는 많은 이해 당사자간의 복잡, 미묘한 특성을 갖는 반면 정부 규제는 획일적이고, 단순하여 자원 문제 해결에 많은 한계를 갖는다. 이 때문에 이해 당사자간의 자발적인 협상을 강조하는 코즈(R. Coase)식 접근이나, 공유자산에 대한 공동체의 자치를 강조하는 오스트롬(E. Ostrom)식 접근이 현실적 설득력을 얻고 있다. 또한 인류의 양심과 양식, 이성, 도덕심에 호소하는 교육과 홍보, 계몽이나 비정부시민기구(NGO)의 역할도 매우 중요하다.

정부에 의해 주도되는 자원 정책은 효율성에 초점이 맞추어진다. 그러나 자원 정책의 평가 기준(critcria)은 효율성뿐만 아니라, 형평성, 기술 개발에 대한 유인, 신축성, 윤리적 측면, 집행 용이성 등이 포함된다. 정책의 집행 용이성이라고 하면 위반 여부의 감시(monitoring)와 준수되도록 집행함(enforcement)을 뜻한다. 아무리 좋은 제도라도 감시와 집행이 제대로 되지 않으면 오히려 없는 것보다 훨씬 나쁠 수 있다.

우리나라의 교통 제도는 선진국 못지 않게 완비되어 있다. 그러나 밥먹듯이 흔한 신호 위반이나 과속같은 각종 교통 법규 위반, 차량의 원활한 흐름을 가로막는 불법 주정차가 일상화되어 있는 현실에 비추어 이는 제도의 문제가 아니라 만든 제도를 잘 준수하도록 감시와 집행이 잘 되지 않기 때문이다.

이런 경우의 폐단은 법과 제도가 유명무실하게 만드는 정도에 그치지 않는다. 법은 지키는 사람이 오히려 손해 본다는 인식을 심어줘 준법 정신의 약화를 초래한다. 또, 불법을 저지르고도 승복하기 어려운 풍토가 조성된다. 그동안 아무 문제가 없었는데 왜 하필이면 지금 문제를 삼는가, 다른 사람은 다 내버려두고 왜 나만 문제를 삼는가 하고 반발을 초래한다. 경우에 따라서는 법을 집행, 단속하는 사람은 단속 대상자를 선별할 수 있다. 그 결과 표적 단속의 시비가 발생하거나, 단속자와 대상자간의 검은 뒷거래가 발생할 여지가 커진다.

선진 외국의 경우 교통 법규가 잘 준수되고, 법과 제도를 잘 지키는 이유는 시민의식도 있지만, 위반하면 반드시 적발된다는 사회적 통념이 형성되어 있고, 이 사회적 통념은 감시와 집행을 엄격히 해 왔기 때문일 것이다.

3장 자원 문제 해결 방안

1. 자원 환경 정책의 목표

환경 보호를 위한 환경 정책이 강력하면 경제활동이 위축되고, 느슨하면 환경 악화가 심해진다. 환경의 완벽한 보호나 환경 문제의 완전한 해결을 추구하려면 경제활동이 불가능할 것이다. 환경 정책은 다른 경제 정책과 마찬가지로 완벽한 환경 보존이 아닌 사회적 최적 환경 오염 수준, 사회적 최적 환경 보호 수준을 찾고, 그것을 달성하려는 것이다.

사회적 최적점을 어떻게 찾을 것인가? 그림 3-1은 환경 오염의 편익과 피해를 보여준다. 가로축은 오염 물질 배출량을 세로축은 비용을 나타낸다. 경제활동으로 인한 오염물질 배출량의 증가는 사회에 한계 피해(MD marginal damage)를 증가시킨다. 반면 가로축 왼쪽으로 갈수록 오염 배출량이 줄어들어 사회의 피해도 줄어든다. 이러한 오염 저감 행위는 기업의 한계 저감 비용(MAC marginal abatement cost)을 증가시킨다. MAC 곡선은 왼쪽으로 갈수록 올라가는 형태이다. 사회는 오염 배출량이 늘면 오염 피해가 증가하고, 오염 배출량을 줄이려면 저감 비용이 증가하는 트레이드 오프(trade-off) 관계에 놓여 있다.

사회적 최적점은 이 두 곡선이 만나는 E점이다. 아무런 규제가 없을 때 00' 만큼 배출하던 오염 물질을 $0q^*$까지만 배출하고, $0'q^*$만큼은 저감하면 사회적 최적 수준이다. 이 경우 사회적 비용은 오염물질 배출로 인한 피해(△0Eq*)와 오염물질을 저감하는 데 소요되는 비용(△0'Eq*)를 합친 면적(△0E0')가 된다. 이 면적은 가로축 상에서 q*점을 선택할 경우 가장 최소가 된다. 즉 환경 목표는 오염 배출량 q* 점을 달성하는 것이다.

알기 쉽게 환경의 관점에서 보았지만 자원의 관점에서 보아도 마찬가지이다. X축의 배출량을 자원사용량으로 바꿔 생각하면 된다.

그림 3-1 자원 환경 정책의 목표

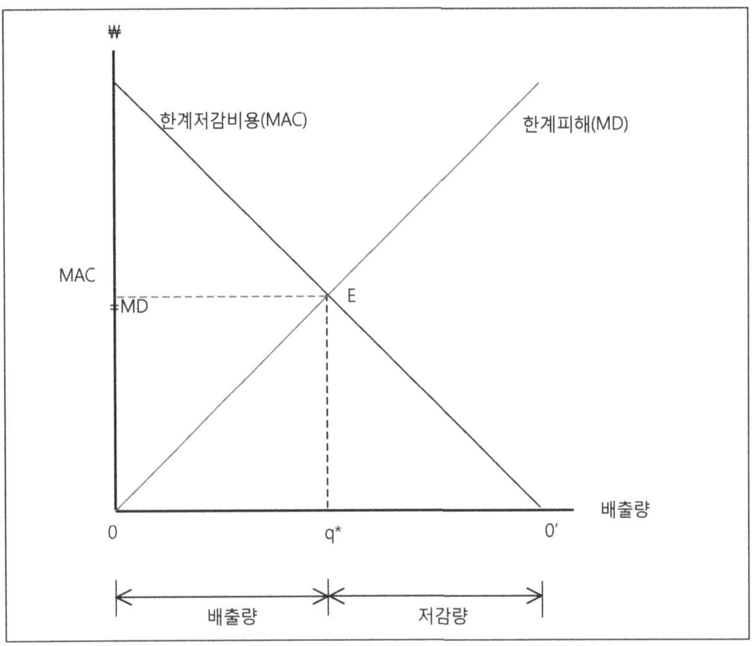

2. 정부의 직접 규제 정책

환경 목표가 정해지면 이 환경 목표를 준수토록 여러 가지 정책을 선택할 수 있다. 가장 직접적인 수단은 정부가 여러 가지 기준(standards)을 직접 제시하고 준수토록 강제하는 것이다. 그림 3-2에서 보듯이 $0q^*$까지 배출을 허용하고 $0'q^*$까지 저감하도록 하는 것으로 배출 기준, 오염 기준, 기술 기준 등이 있으며 구체적으로는 쿼터 부여, 소음, 배출가스 농도, 오폐수 오염 허용 기준 제정, 자동차 10부제 등을 들 수 있다. 이런 직접 규제는 명령 및 통제(command and control) 제도라고 한다.

이 제도는 발상이 단순하고, 직접적이고 명료하나, 잘 준수되고 있는지 관리, 집행을 잘 하지 않으면 규제로서의 의미가 퇴색되기 쉽다. 또 뒤에 설명할 여러 가지 유인 제도에 비해 획일적, 경직적이어서 신축성과 융통성이 없으며 결과적으로 비효율성을 낳을 여지가 많다.

그림 3-2 직접 규제 정책

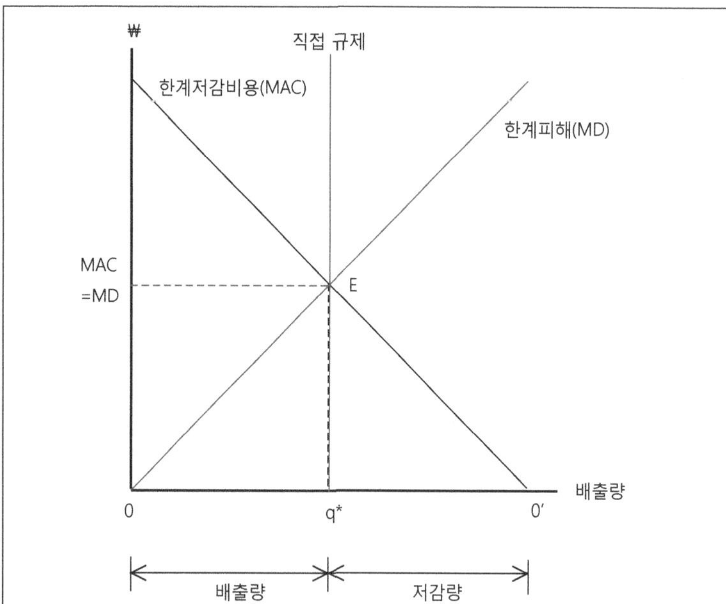

3. 직접 생산

직접 생산(direct production)은 공공재나 자연 자원을 국가가 직접 공급하거나 관리하는 정책이다. 우리나라의 경우 주로 공기업이 이런 역할을 담당하고 있다. 환경, 자원, 에너지 관련 공기업으로는 한국전력공사(전기), 한국가스공사(천연가스), 각 지역도시가스회사(도시가스), 수자원 공사(물), 석유공사(석유개발, 비축), 송유관 공사(석유 수송), 지역난방공사(지역난방, 열과 온수), 석탄공사(석탄), 광물자원진흥공사(광물) 등이 있다. 도로공사(도로), LH(토지 및 주택), 철도, 고속철, 통신(SK, LG, KT 등)과 정유 부문(SK, GS, 현대, 쌍용 등)은 민영화되었다.

정부나 공기업이 직접 공급을 맡을 경우 발생하는 문제는 수요 관리 정책(demand side management)을 소홀히 하고 공급 중시 정책으로 치우치기 쉽다는 점이다. 수요관리 정책의 첫째는 가격 인상이기 때문에 정책으로 인기가 낮고, 도로, 댐, 발전소, 주택, 다리 등을 많이 건설하는 공급정책이 유권자에게 선호되기가 쉽다. 경제성장과 함께 우리나라의 도로, 댐, 발전소, 아파트 등이 많이 건설되고, 전기, 수도, 가스 소비량이 급격히 증가되어 온 것은 이런 점을 반증한다고 할 수 있다. 반면 공기업의 조직은 비대해지고, 경영은 방만해져 과다한 부채를 발생시켜 국가적 폐단이 되고 있다.

4. 간접 규제 정책: 피구세

피구세(Pigovian tax)는 배출이나 오염 행위로 인한 한계 외부 효과의 크기만큼 세금을 부과한다. 정부의 간접적인 개입, 간접 규제, 시장에 기초한 정책(market based policy)이다. 정부가 일단 세금을 부과한 다음에 얼마나 생산, 소비하든 전혀 간섭하지 않기 때문이다. 이 정책은 또 유인 정책(incentive approach)에 속한다. 세금을 내는 기업의 입장에서는 어떻게 해서든 세금 납부액을 줄이려고 오염이나 외부 효과의 크기를 줄이려 할 것이기 때문이다.

피구세에 해당하는 제도로는 탄소세, 대기, 수질 오염물질 배출 부담금(emission charge)[9], 대기질 배출 부담금, 살충제, 부동액, 껌 등 6개 품목의 폐기물 부담금, 쓰레기 분리수거 봉투 유료화 등을 들 수 있다.

그림 3-3에서 보듯이 t 만큼의 피구세 부과시 기업은 0'q만큼 저감하고 $0q_0$ 만큼 배출하는 것이 가장 낫다. 이 경우 오염 저감에 소요된 비용은 △ $0'Eq_0$ 이다. $0q_0$ 만큼 배출함에 따른 총세금 납부액은 빗금친 면적이다. 기업이 자신의 비용 최소화를 위해 선택한 q_0점은 동시에 사회적 최적점이다. 즉 이론상 피구세가 시행되면 사회적 최적 오염수준이 달성된다. 또 기업이 오염물질 배출량에 해당하는 비용을 부담하게 되므로 피구세는 오염자 부담 원칙(PPP)에 부합하는 제도이다.

9) 요금(fee)은 서비스나 어떤 혜택의 댓가로 지불하는 것이고, 세금(tax)는 대가와 관계없이 지불해야 한다. 따라서 요금은 원하지 않으면 회피할 수 있으나, 세금은 그렇지 않다. 부과금(charge)은 이들보다 더 넓은 개념이다. 부담금은 보통 특정 공익사업의 경비조달을 위하여 관련되는 기업이나 단체, 개인 등에 대해 부과된다.

그림 3-3 피구세의 원리

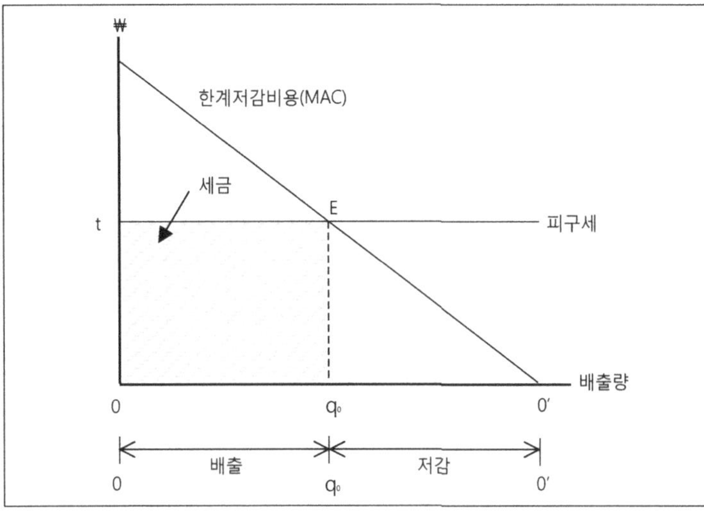

♣ 효율성

피구세의 첫 번째 장점은 비용 효과성(cost effectiveness)이다. 피구세 부과 시 환경 목표를 달성하는 데 드는 비용이 가장 적다. 그림 3-4에서 서로 다른 오염 저감 곡선을 가진 두 기업의 예를 보자. MAC_A는 기업 A의 한계 저감 비용 곡선, MAC_B는 기업 B의 한계 저감 비용 곡선이다. 오염배출에 대해 t 만큼의 세금이 부과되면 A 기업은 q_A, B 기업은 q_B를 선택하게 된다. 이 때 사회전체의 오염 배출량은 $0q_A + 0q_B$ 가 된다.

그림 3-4 피구세 부과 시 기업의 선택

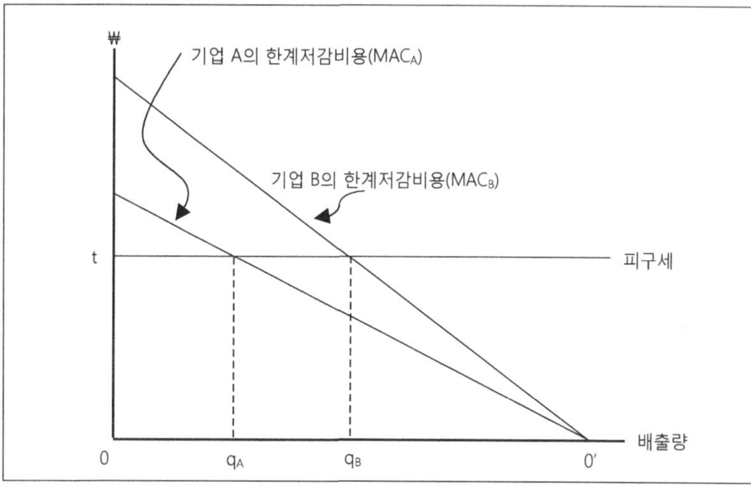

피구세 제도를 명령 및 통제 정책과 비교해 보자. 그림 3-5에서 정부가 두 기업에 동일하게 $0q^*$ 만큼의 오염 배출 한도를 부과할 경우 사회전체의 오염 배출량은 앞에서 분석한 피구세의 경우와 같게 된다. 이 때 두 기업의 오염 저감 비용은 (a+b+c+d+e)+(a+c)가 된다. 그러나, 피구세일 경우에 두 기업의 오염 저감 비용은 (a+b)+(a+c+f)가 된다. (c+d+e)-f〉0 이므로 전자의 사회적 비용이 더 크다.

이 때 두 기업의 한계 오염 저감 비용이 균등화 된다. 즉 경제학에서 비용 최소화 혹은 이윤 극대화의 필요조건인 한계값 균등화 원리(equi-marginal principle)가 성립한다. 즉, 피구세 제도는 동일한 환경 목표를 더 적은 비용으로 달성할 수 있음을 보여준다.

그림 3-5 직접규제와 피구세의 사회적 비용 비교

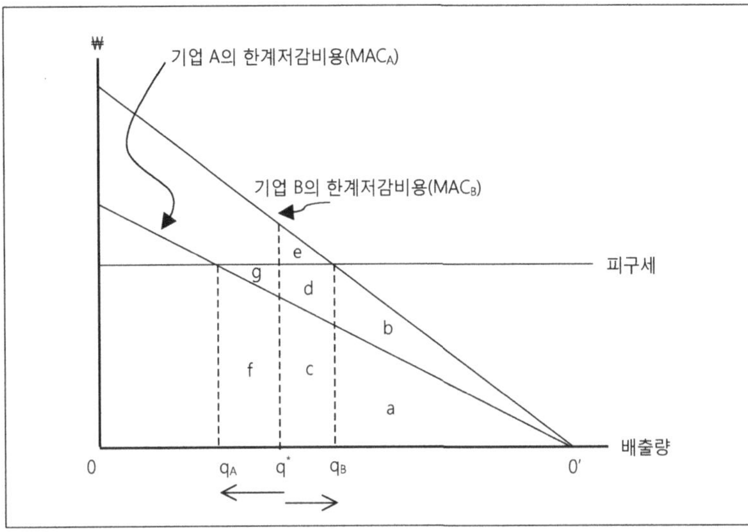

♣ 기술 개발의 유인

피구세 제도 하에서는 기업으로 하여금 오염 저감 기술 개발에 대한 투자나 노력을 강화하게 만드는 유인이 있다. 개발된 오염 저감 기술이나 공정, 제품의 채택을 권장하는 효과도 있다. 기준 제도 하에서 보다 피구세 제도 하에서 기술 개발 시 얻는 이득이 더 큼을 그림 3-6에서 확인할 수 있다. 어떤 기업에 있어서 오염물질 배출의 한계저감비용 곡선은 두 가지가 있다. 오염 저감 기술 개발 이전의 경우는 MAC_B 이다. 오염저감 기술 개발 이후는 MAC_A로 낮아진다.

이제 피구세 제도하에서 오염 저감 기술을 개발할 것이냐 말 것이냐를 기업 입장에서 분석해 보자. 만약 이 기업이 기술을 개발하고(기술 개발 비용은 무시함), 오염 저감량을 $0q_B$에서 $0q_A$으로 늘리는 선택을 하였다고 하자. 기술 개발 이전에는 (a+b)가 저감 비용, (c+d+e)가 세금이었으나, 기술 개

발 이후에는 (a+c)가 저감 비용, e가 세금으로 변한다. 즉 저감 비용은 증가하는 대신 배출량이 감소하므로 세금은 (c+d)만큼 더 적게 낼 수 있다. (a+b)+(c+d+e)에서 (a+c)+(e)로 (b+d)만큼 준다. 따라서 기술 개발의 이득은 (b+d)가 된다.

그림 3-6 피구세의 기술개발 유인

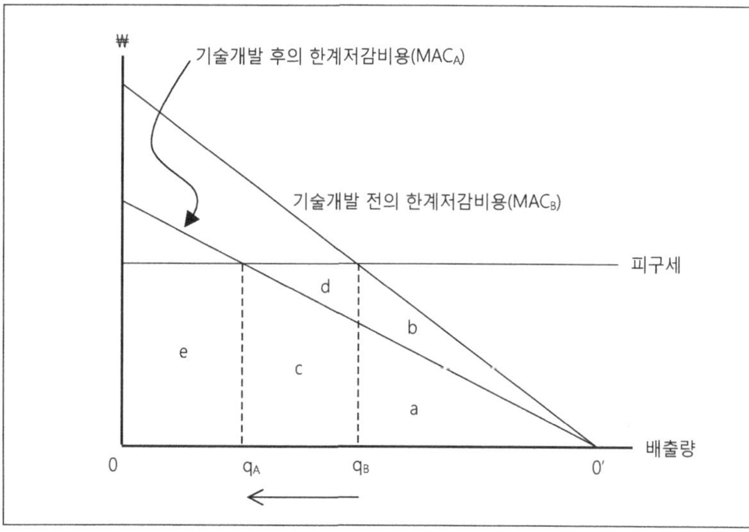

♣ 형평성

정책의 좋고 나쁨을 판단하는 가장 중요한 두 가지 잣대는 효율(efficiency)과 형평(equity, fairness)이다. 피구세는 명령 및 통제 제도와 비교할 때 효율적이다. 앞에서 보았듯이 같은 환경 목표를 더 적은 비용으로 달성할 수 있기 때문이다. 그러나 명령 및 통제 제도에 비해 형평성은 떨어진다. 모든 기업이 동일한 세금을 내고 동일한 양 만큼 자원을 사용하거나, 동일한 오염물질 배출량을 배정받는 것이 아니기 때문이다. 반대로 명령 및 통제제도나 획일적 쿼터제도는 형평성은 높으나 효율성이 떨어진다.

♣ 윤리성

피구세를 내는 기업의 경우 세금을 내었다는 사실로 인해 오염 방출에 대한 죄책감이 줄어들 수 있다. 세금이 면죄부 구실을 하게 되므로, 죄책감이나 도덕심에 의거하여 자발적으로 오염량을 줄이려는 노력이 반감된다. 반면 돈이면 다냐? 라는 반발을 생기게 한다.

♣ 피구세의 이중 배당 가설

경제이론은 일반적으로 조세는 시장의 실패를 초래한다고 분석한다. 조세 부과 시에 달성되는 수요와 공급의 균형은 보이지 않는 손에 의해 이루어지는 가장 효율적인 시장 균형 수준에서 멀어지기 때문이다.

그러나 피구세는 환경 오염이라는 시장의 실패를 개선하기 위해 시행되는 것이다. 따라서 효율적인 자원 배분을 돕는다. 동시에 피구세는 정부에게 세금 수입의 증가를 가져다 준다. 결국 정부의 입장에서 보면 피구세는 시장 실패도 막고, 정부의 세금 수입도 증가되는 두 가지 좋은 측면이 있다. 이 때 정부가 피구세 부과로 생긴 세금 수입 만큼 일반 조세를 삭감할 여력이 생긴다. 일반 조세의 삭감은 그로 인해 존재하고 있던 시장의 실패를 개선하는 셈이 된다. 즉 피구세는 두 군데 시장의 실패를 개선할 수 있다는 것이다. 이를 피구세의 이중 배당 가설(double dividend hypothesis)이라고 한다.

♣ 보조금

보조금(subsidy) 제도는 오염 저감량에 대해 일정한 보조금을 지급함으로써 환경 목표를 달성하려는 것이다. 이론상 보조금의 크기와 피구세의 크기는 같고 방향이 반대이다. 즉 보조금은 마이너스 세금이라고 할 수 있다. 아래 그림 3-7에서 보자. MAC는 어떤 기업의 오염 저감의 한계저감비용 곡선이다. x축의 0'점이 최대 배출점이고 원점은 배출량이 영인 점이다. q_0점은 00'만큼 배출하다가 0'q_0만큼 저감하고 0q_0만큼 배출하는 점이다. 한 단위 배출 저감할 때마다. s 만큼 보조금이 지급된다. 따라서 이 기업은 빗금 면적만큼 보조금을 받게 된다.

보조금 제도에서는 이 보조금의 크기를 조정하여 환경 목표를 달성한다. 예컨대 아래 그림처럼 환경 목표가 q_0라면 보조금 지급 단가를 s로 하면 된다. 배출량을 q_0보다 더 저감시키려면 보조금 지급 단가를 s보다 높이고, q_0보다 늘리려면 보조금 지급 단가를 s보다 낮추면 된다. 피구세는 세금 수입이 증가하지만, 보조금 제도 하에서는 정부 지출이 증가한다. 따라서 피구세는 이중 배당 효과가 있지만, 보조금 제도는 그렇지 아니하다.

그림 3-7 보조금의 효과

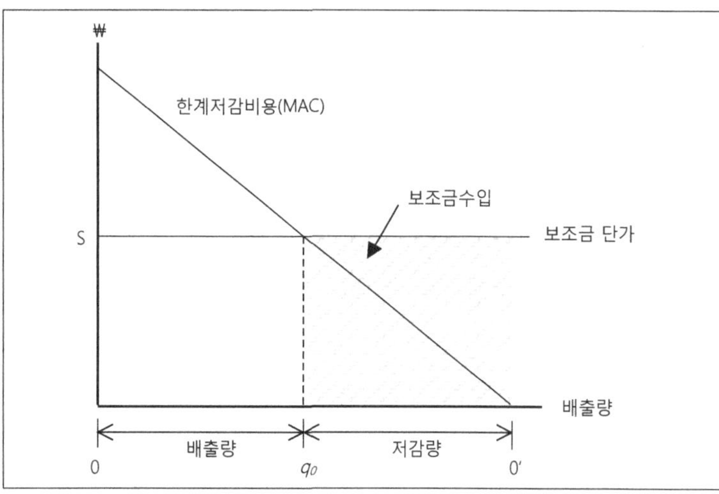

이론과는 달리 현실에서는 보조금 제도가 오염량을 줄이지 못하거나 오히려 늘리는 경향도 있다. 보조금을 노리고 가동을 늘리거나, 설비를 증

설하거나, 신규 진입 조장, 조기 퇴출 방해 등이 발생하는 것을 현실적으로 막기가 어렵다. 정부가 환경 목적으로 보조금을 주는 사례는 태양광 설치, 태양열 설치, 전기차 보조금 등이 있다. 지하철 무임승차나 농사 직불제, 농업용 전기, 농업용 면세유, 에너지 바우처 제도 등은 소득보전 목적이라고 할 수 있다.

5. 간접 규제 정책: 배출권 거래제

♣ 배출권(쿼터)

환경 오염의 우려가 있는 물질의 배출이나 고갈 우려가 있는 자원의 채취를 쿼터로서 제한하여 시장의 실패를 방지하려는 제도이다. 환경오염물질 배출의 경우 배출권(emission permit)을 할당하는 방식이다. 다음 그림 3-8에서 보듯이 환경 목표가 q^* 이면 이 만큼만 쿼터를 발행하여 기업들에게 나눠주는 것이다. 배출권 거래제는 정부가 일단 쿼터만 정해주고 나서는 간섭하지 않으니까 간접적인 개입 혹은 간접 규제 방식이고, 배출권 가격의 고하에 따라서 배출량 혹은 저감량이 결정되는 시장 기초 정책(market based policy)이며, 유인 접근 방식(incentive approach)이다.

♣ 배출권(쿼터) 거래제

배출권 제도는 부여 받은 쿼터를 사고 팔 수 있는가 여부가 중요하다. 배출권 혹은 쿼터의 거래가 허용되는 경우 흔히 배출권 거래제(pollution permit trading), 거래 가능 배출권(tradable permit), 쿼터 거래제(quota and trade), 총량제한 및 거래제(cap and trade) 등과 같이 부른다. 배출권의 거래를 허용하느냐 마느냐의 차이는 어떤 스포츠 경기장 입장권이 기명 입장권인가,

양도 가능한 무기명 입장권인가의 차이로 생각하면 된다. 배출권은 MAC=MD 만큼의 가치를 갖는다. 배출권 거래 시장이 형성된다면 배출권 가격도 이 수준이 된다.

그림 3-8 배출권 정책

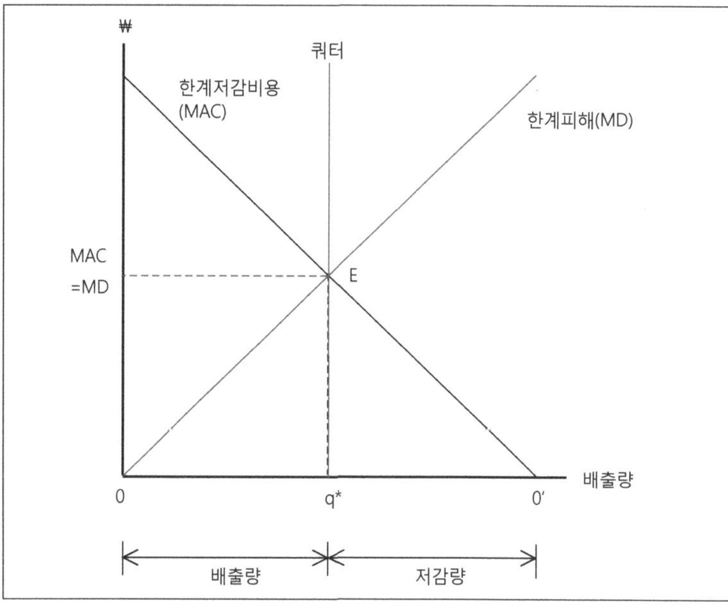

♣ 배출권(쿼터)의 배분 방식

배출권을 배분할 때 정부가 돈을 받고 주거나 그냥 줄 수 있다(무상 분배, 유상분배). 배출권의 지급 대상과 배출권의 규모를 과거의 실적을 반영한 실적분배(grandfathering) 방식, 경매(auction), 추첨, 선착순 등 여러 가지 배정 방식이 있다.

♣ 배출권의 거래 원리

다음 그림 3-9를 통해 배출권 거래 원리를 파악해 보자. 오염물질을 배출하는 두 기업 A, B가 있다. 두 기업의 오염의 한계 저감 비용 곡선은 MAC_A와 MAC_B로 주어졌다. MAC 곡선의 기울기가 낮은 B 기업이 오염 저감에 더 효율적이다. 배출권은 두 기업에게 공평하게 $q_A=q_B$로 주어졌다.

이 경우 쿼터를 어떤 기업이 사고 어떤 기업이 팔게 되는가? 배출을 저감하는 면에 있어서 기업 A는 비효율적이고 기업 B가 더 효율적이다. 기업 A는 돈 들여 저감하느니 배출권을 사는 것이 낫고, 기업 B는 돈 들여 저감하여 배출권을 파는 것이 낫다. q_B를 기준으로 MAC_B 대칭되게 그린다. 이 곡선이 MAC_A와 만나는 점이 두 기업의 한계저감비용이 균등화되는 점이다. 따라서 두 기업 사이에 q_B-q_A만큼 배출권 거래가 발생한다. B기업이 팔고 A 기업이 사게 된다. 이 때 가격은 p^*로 형성된다.

배출권 거래 전의 두 기업의 총 저감 비용은 (a+b)+(a+b+c+d+e+f)이다. 기업 A가 가격 p^*를 지불하고 q_B-q_A만큼 배출권을 구입하게 되면 A 기업 입장에서 f 만큼 이득이다. 기업 B 입장에서는 p^*라는 가격에 팔았으므로 판매 수입은 (b+d+e)가 된다. 배출권을 팔기 위해서 소요된 저감 비용은 (b+d)이다. 즉 e만큼 이득이 생겼다. 두 기업 모두 거래를 통해 이득을 보았다(gains from trade). 사회 전체적으로는 동일한 환경 목표를 달성하는데 (a+b) +(a+b+c+d)의 비용이 들었다. 즉 거래가 허용됨으로서 (e+f)만큼 더 적은 비용으로 환경목표를 달성한 셈이다.

그림 3-9 배출권 거래제 실시 전과 후

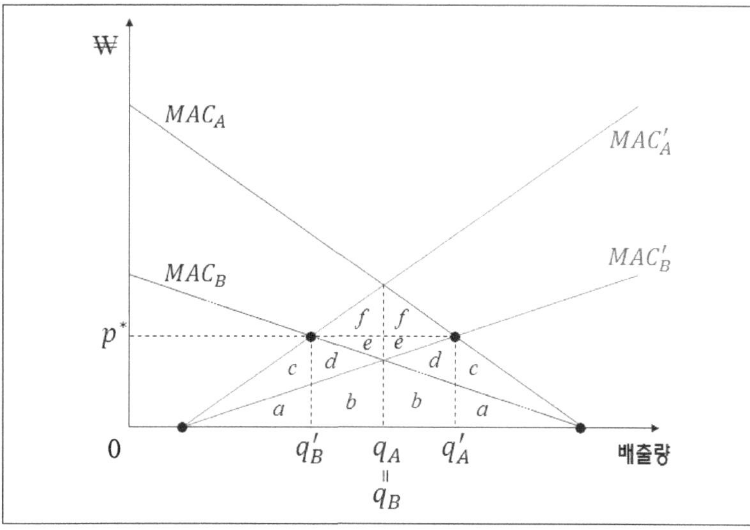

♣ 배출권 거래제의 효율성

배출권 거래제의 경제적 작동은 피구세와 상당히 유사하다. 첫 번째 장점은 비용 효과성(cost effectiveness)이다. 환경 목표를 달성하는 데 드는 비용이 가장 적다. 그림 3-9는 서로 다른 오염 저감 곡선을 가진 두 기업의 예를 보자. 명령 및 통제 정책으로 두 기업에 동일한 환경 목표를 부과한 경우보다 배출권 거래제가 더 적은 비용으로 동일한 환경 목표를 달성할 수 있음을 보여준다. 두 기업의 한계 비용이 균등화 된다. 즉 경제학에서 비용 최소화 혹은 이윤 극대화의 필요조건인 한계값 균등화 원리(equi-marginal principle)가 성립한다. 동일한 환경 목표를 달성하기 위한 피구세와 배출권 거래제는 이론상 시장에서 배출권 가격은 피구세와 같게 형성된다.

♣ 배출권 거래와 저감 기술 개발 유인

피구세와 마찬가지로 배출권 거래제는 기업으로 하여금 오염 저감 기술 개발을 자극하는 유인이 있다. 그림 3-10에서 보듯이 어떤 기업의 한계 저감비용 곡선은 기술 개발 이전에 MAC_B에서 기술 개발 이후 MAC_A로 낮아진다. 이 경우 배출권 거래제 하에서는 저감량을 $0q_B$에서 $0q_A$으로 늘리는 것이 더 유리해진다. 기술 개발 이전에는 (a+b)가 저감 비용이었다. 기술 개발 이후에는 (a+c)가 저감 비용, (c+d)가 배출권 판매 수입으로 변한다. 따라서 기술 개발의 이득은 (b+d)가 된다.

그림 3-10 배출권 거래제와 기술개발

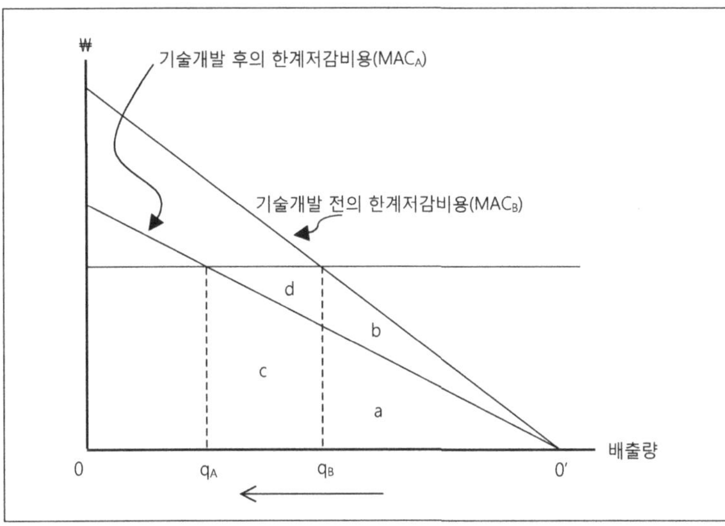

♣ 배출권 거래제의 형평성

배출권 거래제는 분명히 효율적인 장점이 있지만, 형평성이 약하다는 약점이 있다. 잘 사는 나라 사람은 어획권 쿼터를 사서 더 많은 고기를 잡을 수 있다. 반면 못사는 나라 사람은 헐값에라도 쿼터를 팔 수 밖에 없다. 결국 빈익빈 부익부 현상이 심화될 수 있다. 오염 배출권도 마찬가지다. 배출권 구입에 소요한 돈은 소득에 비하면 상대적으로 미미한 수준일 것이다. 약간의 돈으로 배출권을 사서 떳떳하게 배출을 할 수 있다. 반대로 가난한 나라 사람에게는 당장 돈이 궁하여 할당받은 배출권을 헐값에라도 팔 수 밖에 없다. 배출권 거래의 이득은 상대적으로 부유한 국민이 더 누리게 된다.

♣ 배출권 거래제의 윤리성

배출권은 자원의 채굴이나 환경오염을 허가(permit)하는 것이나 이를 오염시킬 수 있는 권리(right)로 인식하거나 행사하게 만든다면 이는 윤리적인 문제를 야기한다. 조세와 보조금은 정부의 수입 혹은 지출과 직결되나 배출권 거래제는 배출권 배분방법에 따라 정부수입과 무관할 수 있다.

♣ 크레디트 거래 방식

배출권 거래제는 그 성격에 따라 크게 배출권(allowance) 거래제와 크레디트(credit) 거래제로 대별된다. 배출권(allowance) 거래세가 일반적이나 기후변화협약상 후자도 중요한 배출권 거래제의 요소로 등장했다. 크레디트 거래제는 참가 국가나 기업이 어떠한 배출 저감 프로젝트에 대해 특별한 저감 노력을 추가로 하지 않았을 경우의 배출량을 가정하여 기준 시나리오(baseline)를 먼저 설정한 다음, 실제 배출량이 기준 배출량보다 적으면 그만큼을 배출저감 실적, 즉 크레디트로 인정하여 이 크레디트를 거래토록 하는 방식(baseline and credit trade)이다.

이 두 가지는 다음과 같은 점에서 다르다. 첫째, 전자는 국가나 기업 등 경제 주체에게 부여된 배출 한도를 바탕으로 이루어지고, 후자는 주로 프로젝트 단위로 이루어진다. 둘째, 전자에의 참여는 강제적인 반면 후자에의 참여는 자발적인 경우가 많다. 셋째, 전자는 실질 배출량만 측정하면 되므로 간단하고 따라서 시행이 용이하나, 후자는 기준 시나리오를 정하는 것이 간단하지 않고 감시, 측정, 공인 등 행정 수요도 크다. 넷째, 따라서 전자는 프로그램의 설계 및 실시 초기에는 행정 비용이 많이 들게 되나 출범 이후에는 거래 비용이 적게 들며, 후자는 거래 비용이 많이 발생하고 불확실성이 크며 거래 기회도 제한적이기 쉽다. 다섯째, 전자는 한도를 초과할 경우 그만큼의 배출권을 구입해야 하는 반면, 후자의 경우는 크레디트가 인정되지 않을 뿐이다.

♣ 이 밖의 배출권 거래 방식

상계 제도(netting, inter-site trading)는 어떤 기업이 여러 현지 공장을 운영할 경우, 각 공장에 부여 받은 배출권의 총량을 넘지 않게 해야 한다. 신규 설비를 만들 경우 기존 설비를 없애든지 하여서 배출의 순증가가 없어야 한다.

상쇄 제도(offset, intra-site trading)는 어떤 지역 내 전체 기업의 수나 기업의 신규 진입에 관계없이 총 배출량은 쿼터로 묶는다. 새로운 기업이 들어오려면 배출권의 신규 배정이 없고, 기존 기업의 배출권을 매입하는 방식이다.

거품제도(bubble, intra-regional trading)는 EU와 같은 지역이 각 국가별로 배출 받은 쿼터를 통합 관리하는 방식이다.

차입(borrowing)은 다음 연도에 할당받게 될 배출권을 이번 연도에 미리 당겨서 사용하는 제도이다. 예탁(banking)은 이번 연도에 할당받은 배출권을 사용하고도 남을 경우 이를 다음 연도에 이월하여 사용할 수 있게 해 주는 제도이다.

♣ 배출권 거래제 실시 사례

미국의 아황산가스 배출권 거래제인 산성비 프로그램(The Acid Rain Program)과 로스앤젤레스의 대기오염물질 거래제인 RECLAIM(The Regional Clean Air Incentives Market) 등이 가장 비용 효과적으로 환경오염 목표를 달성한 대표적인 성공 사례로 평가되고 있다. 뉴질랜드는 수산자원 보호를 위해 어획량 쿼터를 부과하는 TACC(total allowable commercial catch limit), ITQ(individual transferable quotas)와 같은 제도를 1986년부터 시행중이다.[10)]

지구온난화를 막기 위한 유엔기후변화협약으로 이산화탄소 배출권 거래제가 국내외에서 실시되고 있다. 이산화탄소 배출권 거래제의 국내외 실시 사례는 제2부 2장에 소개되어 있다.

2013년 6월부터 실시된 '수질오염총량제'는 하천구간별 목표수질을 정하고 목표수질을 달성·유지하기 위해 오염물질의 허용총량을 산정하여 관리하는 제도다. 수질오염총량제는 규제만을 위한 것이 아니라 지역개발계획, 오염물질 삭감계획을 함께 수립하도록 함으로써 수질을 보전하면서 지역경제도 활성화시킬 수 있도록 도입된 제도다.

하천으로 흘러드는 오염물질의 배출 허용량을 정하고, 이를 토대로 수질을 관리하기 때문에 환경규제의 효율성과 목표수질 달성이 가능하다. 또한 환경총량 범위 안에서 개발을 추진하도록 하여, 환경과 개발을 동시에 고려하는 지속가능한 발전을 추구한다. 쿼터제이기는 하지만 거래가 허용되지는 않는다.

---

10) 외국의 배출권 거래제 도입 및 시행 사례와 교훈은 이기훈 외(1998) 123~142 페이지 참조.

♣ 싱가포르의 자동차 등록증 거래제

상가포르에서는 누구나 자동차를 운행할 수 없다. 도시가 공해와 차량 정체를 유발하지 않는 차량의 총 수량을 먼저 결정한 뒤 그 범위 내에서 매달 새 차의 자동차 등록증을 경매로 판매한다. 도시로 진입할 때는 통행료를 내어야 한다.

♣ 배출권 거래제의 성공 요인

이와 같은 기존의 배출권 거래제 실시 경험으로부터 얻을 수 있는 교훈은 다음과 같다.

1) 배출권(allowance) 거래 방식이 크레디트(credit) 거래 방식보다 경제적, 환경적 측면에서 우월하다.
2) 민간 경제 주체의 참여는 융통성을 높여 주어 효율성을 향상시키는데 중요한 역할을 한다.
3) 기업으로 하여금 투자 결정의 시간적 융통성을 높여줄 수 있도록 예치제도(banking)를 도입하는 것이 중요하다.
4) 배출한도의 분배는 무상분배 방식이 유상분배 방식보다 정치적으로 실질적인 방법이지만, 이는 신규진입에 대한 진입 장벽으로 작용할 수 있음을 염두에 두어야 한다.
5) 자발적인 참여 규정(opt-in 조항)을 두어 되도록 다수가 참여하게 할수록 효과가 크다.
6) 측정이 불확실한 배출원을 포함하는 것은 실질적이지 못하다.
7) 거래 비용이 배출권 거래제의 성패를 결정짓는 요소이므로, 준수 비용(monitoring and enforcement cost)을 줄임으로써 거래 비용을 낮춘 프로그램이 성공할 가능성이 높다.
8) 가격 등의 거래정보 제공은 거래의 불확실성을 줄여줄 뿐만 아니라 거래 프로그램의 공공신뢰 확보에도 중요하다. 거래정보의 제공은

거래사실의 보고 내용을 공개하거나 경매제도를 통해서도 가능하다.

9) 양질의 감시제도가 필수적이다.

10) 배출의 감시와 거래활동에 모두 적용할 수 있는 준수 메커니즘으로 보고(reporting)제도가 필요하다.

11) 크레디트의 거래는 공인제도가 전제되어야 한다.

12) 벌칙의 강도와 준수 정도와는 비례 관계에 있다. 미국의 산성비 프로그램은 강력한 벌칙 조항으로 100% 준수 성과를 낳았다. 즉 감시, 보고 및 제도의 투명성과 강력한 벌칙 조항이 성공의 관건이다.

13) 책임 규정(liability rule)은, 배출권 거래의 경우는 판매자 책임원칙, 크레디트 거래의 경우는 양자 중 어느 한쪽에 책임을 두는 것이 바람직하다. 책임성을 높이면 신뢰성은 올라가나 거래 비용이 증가하는 상쇄(trade-off) 관계가 있다.

6. 재활용 정책

폐기물의 처분은 매립, 투기, 소각, 재활용 등의 방법이 있다. 그러나, 투기와 매립은 2차 오염의 지연이고, 장소적 제약이 심해지고 있으며, 소각도 마찬가지이다. 최선의 방법은 이른바 저감, 재사용, 재활용의 3R(reduce, reuse, recycle)이라고 할 수 있다. 1995년 정액제이던 쓰레기를 봉투에 담아 버리게 하는 종량제로 전환한 것이나 2012년 본격 도입된 음식물 쓰레기 종량제도 이런 취지를 뒷받침하는 제도이다.

폐기물 예치금 제도 혹은 예치금 환불제도(deposit and refund)는 환경 오염 폐기물의 원활한 수거를 위한 제도이다. 재활용이 사회적으로 이득이 되는 것은 각종 유리병, 캔, 페트 병, 종이팩 같은 것들이 있고, 수거로 인한 환경 오염 피해 방지 효과가 큰 것으로는 약, 부탄가스 통, 각종 세제, 건전지, 타이어, 윤활유, 가전제품 등을 들 수 있다. 알루미늄 캔은 캔을 재활용시 에너지 소비량은 새로 만들 때의 10%에 불과하다[11].

맥주와 같은 유리병은 소비자가 구입시 일정 금액, 예를 들어 병당 50원을 예치했다가 공병을 돌려주면서 돌려받도록 되어 있다. 자동차 타이어 가격에는 구입시 폐타이어 처리비가 포함되어 있다. 가전제품과 가구들은 예치금 없이 폐기 단계에서 수거료를 지불한다.

빈 병 회수를 위한 예치금 제도는 큰 실효를 거두지 못하고 있다. 2014년 기준 소매판매 소주와 맥주 17억 8천만 병 가운데 4억 3천만 병만 회수되어 회수율은 24%에 그쳤다. 소비자가 포기한 보증금은 570억원에 이른다. 이는 현재 소주병 40원, 맥주병 50원으로 예치금이 제조원가의 30%에도 못 미치는 낮은 수준이고, 제조업체들도 빈 병 회수에 적극적이지 않기 때문이다[12]. 폐비닐의 경우 kg당 평균 100원, 농약병의 경우 유리병 150원, 플라스틱 병 800원, 봉지류 2,760원을 지급한다.[13]

유럽의 경우 통합제품 정책(Integrated Product Policy)을 도입한 유럽의 경우, 자동차 폐차의 수거 의무를 자동차 제조사에 부과하고 있다. BMW의 회수율은 90% 이상이다. 자동차 제조업체는 폐차를 무료로 수거한 후 자동차 중량의 85% 이상을 재사용하고 80% 이상을 재활용해야 한다. 한국의 자동차는 2011년부터 자발적 협약(VA)으로 수거하고 있다.

2003년 도입된 확대 생산자 책임 재활용 제도(EPR extended producer's responsibility)는 제조업체에 회수 및 재활용 의무를 부과한다. 단말기, 오디

---

11) 알루미늄 호일은 난분해성으로 소각도 어렵고, 매립, 재활용도 안된다. 고온, 강한 산, 알칼리에 녹으니 사용시 주의해야 한다.

12) 2016년부터 소주병 100원, 맥주병 130원으로 올릴 계획이었으나 규제개혁위원회의 제동으로 2017년부터 시행되고 있다.

13) 한국환경공단 홈페이지 www.keco.or.kr 참조.

오, 프린터, 팩스, 복사기, 윤활유, 타이어, 형광등, 합성수지, 포장지, 전지, 양식부자 등의 재활용에 적용된다. 재활용 의무량을 이행하지 못하면 최고 1.3배의 재활용 부과금을 물게 된다. 전기, 전자제품의 의무율은 25% 불과하다.

폐기물 부담금제는 폐기물의 수입, 제조업자가 폐기 처리에 드는 비용을 분담하는 제도로 1993년 도입되어 대기, 수질 오염물질, 살충제, 부동액, 껌 등 6개 품목에 적용하고 있다.

2014년 도입된 재활용목표 관리제는 폐전기, 전자제품을 대상으로 제조, 수입업자에게 인구 1인당 재활용 목표량에 총인구수를 반영하여 출고 비율에 따라 재활용 의무 총량을 할당하는 제도이다.

버려진 자원을 다시 사용하는 것이 재활용(recycle)이라면, 버려진 자원을 그보다 더 쓸모있게 만드는 것이 업사이클(upcycle)이다. 자투리 천으로 만든 조각보, 폐 플래카드로 만든 핸드백, 앞치마 등 다양하다. 특히 페트병, 플라스틱, 비닐, 신문지 등 다양한 쓰레기로 만든 정크 아트(junk art)는 재활용을 예술의 경지로 승화시킨 것이다. 이는 지구환경 문제의 심각성을 환기시키는 동시에 자원 순환의 새로운 경지를 제공하는 창의적인 활동이다.

표 3-1 우리나라 재활용율 추이 단위: %

	2005	2006	2007	2008	2009	2010	2011	2014
폐지[1)]	71.8	75.4	80.8	83.3	89.9	92.7	94.5	88.2
고철[1)]	39.9	38.3	41.2	36.0	40.0	28.9	26.7	N/A
금속캔	44.1	48.2	60.7	64.3	50.2	39.2	50.0	81.2
폐유리	73.0	70.1	72.9	73.0	73.0	75.0	75.0	77.0
폐타이어	77.5	78.8	77.2	74.0	76.1	74.8	75.5	76.7
폐윤활유	62.3	65.3	68.9	67.3	67.6	65.8	72.9	71.2
음식물 쓰레기	93.3	94.2	92.2	90.5	94.7	95.5	N/A	N/A

자료: 환경부, 환경통계연감, 2015.
주) 국내 소비량 중 국내폐지와 고철 사용량임.

7. 자원, 환경 리스크 관리 정책

♣ 리스크와 불확실성

살다보면 크고 작은 위험에 봉착된다. 금광을 발견하거나 복권에 당첨될 수도 있고, 미국의 멕시코 만에서 해상 유전이 폭발하거나[14)], 태안에서 삼성 바지선이 유조선을 들이 받아서 기름이 유출되는 사건도 있었고[15)], 일본 후쿠시마에서는 그렇게 안전하다고 하던 원자력 발전소가 폭발하였다(후쿠시마원전). 또 모든 선택이나 행위에는 여러 가지 크고 작은 위험이 수반된다. 자전거를 타다가 넘어질 수도 있고, 평생의 반려를 만날 수도 있다.

---

14) 2010년 미국 멕시코 만에서 BP사의 석유시추선 Deep Horizon 호가 폭발, 11명이 사망하고 319만 배럴의 원유가 유출되었다. 이로 인해 BP사는 벌금 45억 달러를 포함, 78억 달러의 배상금을 물었다.

15) 삼성 허베이 스피리트호가 정박중인 유조선을 들이받아 기름 8만 배럴이 유출되었다.

이런 위험(danger)과 기회(opportunity)를 포함한 불확실성에 노출되는 것을 리스크(risk)라고 한다. 경제학에서는 발생 확률이 알려진 경우 리스크로, 알려지지 않은 경우 불확실성(uncertainty)으로 구분하기도 한다. 예를 들어 주사위를 던져 3이 나오거나 러시안 루울렛에서 총알이 발사될 경우는 리스크로 분류된다. 내일 비가 온다거나, 담배를 피울 때 폐암이 발생할 가능성은 불확실성이다.

♣ 다양한 대응 방식

리스크에 대한 대응은 매우 다양하다. 담배를 피면서 폐암 걱정을 않는다든지, 헬맷 없이 자전거를 타는 데는 아주 낮은 확률의 사건이라서 설마 그런 일이 나한테 생기려고 하는 심리가 깔려 있다(It can not happen to me syndrome.[16]). 복권을 사는 행위는 그 반대다. 아주 형편없이 낮은 확률인데도 혹시나 당첨되지 않을까 미련을 갖는다. 이처럼 리스크에 대한 대응 방식은 다양하고 때로는 합리성으로 설명되지 않는 경우도 많다.

♣ 리스크 관리

살면서 이런 여러 가지 리스크를 완전히 없애는 것은 불가능하고, 합리적이지도 않다. 합리적인 리스크 관리(risk management)가 차선일 수 있다. 리스크 관리에는 비용이 수반된다. 대신 리스크의 발생 가능성을 낮추고 리스크 발생 시의 피해를 줄일 수 있다. 초기의 작은 투자가 혹시 모를 미래의 큰 피해를 줄일 수 있는 것이다. 삽으로도 못 막을 것을 초기에는 호미로 막을 수 있다. 이른바 사전예방의 원칙(precautionary principle)이다. 이는 오염과 피해간의 인과관계에 대한 과학적 규명이 없어도 오염의 지속적이고 유독, 누적적인 잠재적 피해를 회피하기 위하여 사회가 불확실성이 해

16) 심리학에서 말하는 인식부조화(cognitive dissonance).

소되기 전에 행동하는 것으로 정의할 수 있다.

리스크의 적정 관리, 즉 사전 예방은 어느 정도가 적정한가. 그림 3-11에서 보자. 리스크 관리에 드는 비용 즉 예방 비용(PC precaution cost)은 예방 수준이 증가하면 덩달아 증가하기 때문에 우상향 곡선으로 나타난다. 리스크 발생 시의 예상 피해(ED expected damage)는 예방 수준이 증가하면 감소하는 우하향 곡선으로 나타난다. 이 두 곡선을 합하면 총 사회적 비용(TSC total social cost = PC + ED)이 된다.

그림 3-11 사회적 최적 예방 수준

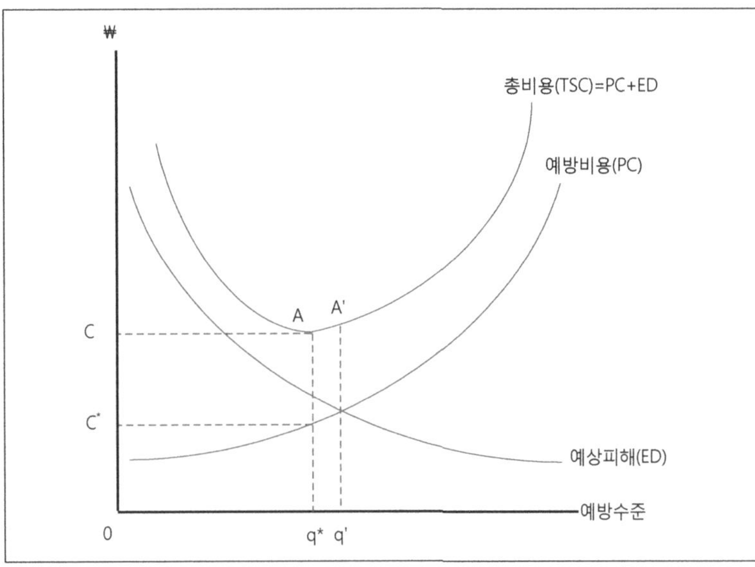

우리는 이 총 사회적 비용을 최소화하는 것이 목적이다. 그림 3-11에서는 q^*점이 총사회적 비용이 최저가 되는 점이다. 즉, 리스크 관리 노력을 q^*까지 하여 리스크 관리 비용을 TSC만큼 지출하는 것이 사회적 최적이다. 이 경우 예방 비용과 예상 피해액을 합한 사회적 비용이 최소가 되기 때문이다. PC와 ED가 교차하는 q′점은 사회적 최적이 아니다. TSC 곡선의 최저점이 아니기 때문이다.

♣ 책임 배상 제도(liability)

도로건설, 재개발 등 적법한 행위이나 이로 인해 손실이 발생했을 경우는 보상, 고의나 과실 혹은 불법 위법행위로 인한 손해는 배상이다. 리스크 발생 시의 책임 및 손해 배상 방식을 규정함으로서 사회적 최적을 달성하려는 리스크 관리 정책으로 많은 국가들이 여러 가지 책임 배상 제도를 도입하고 있다. 이 제도의 목적은 기업으로 하여금 리스크 관리 비용을 c^* 만큼 지출하게 만들려는 것이다. 이 제도는 과실 책임 배상 제도(negligence liability)와 무과실 책임 배상 제도(strict liability)로 나눠 볼 수 있다.

♣ 과실 책임 배상 제도(negligence liability)

배상책임제도는 정부가 사회적 최적 예방 투자 수준을 찾은 뒤 이를 지키는 기업에 대해서는 사고가 발생 시 피해 배상 의무를 면제시켜 주는 제도이다. 이 경우 기업의 예상 비용 곡선은 다음 그림 3-12에서 나타난 굵은 선과 같이 된다. 따라서 이 제도가 시행되면 기업은 예상 비용 곡선의 최저점, 즉 (q^*, C^*)를 선택하게 된다. 이 경우 사회적 최적 선택이 달성된다.

그림 3-12 과실 책임 배상제도 하에서의 최적 예방 투자

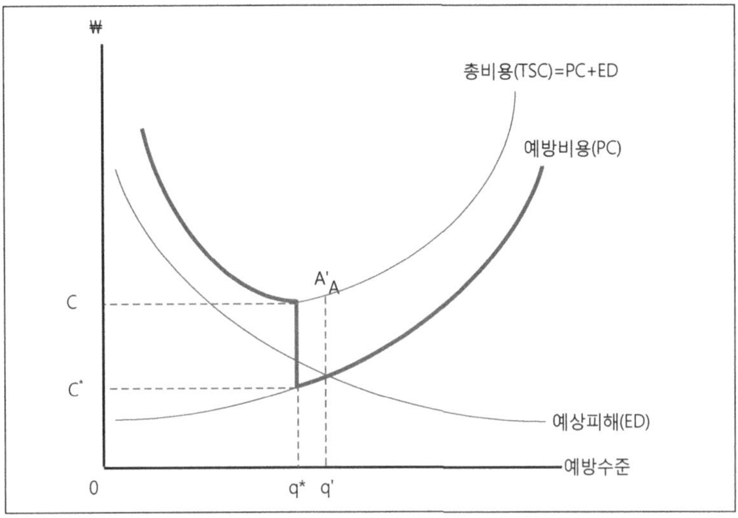

♣ 무과실 책임 배상 제도(strict liability)

기업이 사회적 최적 수준의 예방 조치를 했건 하지 않았건 피해가 발생하면 무조건 기업이 피해를 전부 배상해야 하는 제도이다. 기업의 비용 곡선은 그림 3-13와 같이 TSC = PC + ED 가 된다. 따라서 기업의 입장에서도 비용 최저점은 (q^*, C^*)가 된다. 기업은 이 점까지 예방 비용을 부담하여 사고 확률과 사고시 피해액을 낮추되, 사고가 발생하더라도 배상 의무는 계속 남게 된다.

전반적으로 환경 리스크 관리 제도는 과실 책임 배상 제도에서 무과실 책임 배상 제도로 엄격해 지고 있다. 서양에서는 가해자의 행위가 악의적으로 반사회적일 경우 실제 피해액보다 훨씬 더 많은 손해배상을 물리는 징벌적 배상(punitive damage) 원칙을 적용하여 천문학적인 배상금을 부과하는 사례도 늘고 있다. 우리나라도 시민단체를 중심으로 이 제도의 도입 필요성이 제기되고 있다.

그림 3-13 무과실 책임 배상제도 하에서의 최적 예방 투자

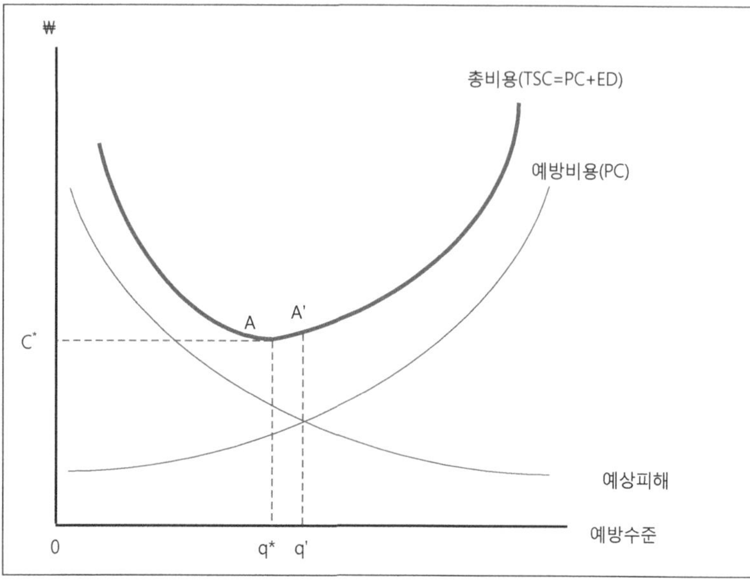

8. 당사자간 협상: 코즈 정리

*"어떤 자원에 완전한 재산권이 주어지기만 하면 그 자원은
원 소유자가 누구이든지 관계없이 가장 높은 가치를
생산하는 용도에 사용될 것이다."*

- Ronald H. Coase

코즈(Ronald H. Coase)는 환경과 자원 문제 발생이 소유권(property right)이 명확하지 않기 때문에 발생하고 있다고 보았다. 따라서 자원 문제에서 발생한 시장의 실패 문제는 정부가 개입하기 보다는 소유권을 명확히 하고

당사자들에게 맡기는 것이 낫다는 것이다. 시장의 실패에는 정부 개입이 불가피하다는 종래의 견해와는 달리 개입 없이 해결될 수 있음을 보여준 공헌을 인정받아 1990년 노벨 경제학상을 받았다.

환경문제가 정부의 규제없이 당사자 간의 자발적인 협상으로 사회적 최적이 달성될 수 있음을 다음 예를 통해 분석해 보자. 텍사스에 소를 키우는 카우보이와 옥수수를 키우는 농부가 초원 한 가운데 있는 물웅덩이를 서로 사용하고자 한다. 카우보이는 소 물 먹이는 데 쓰고, 농부는 옥수수 경작에 사용하려는 것이다(그림 3-14 케이스 1).

물 사용에 따른 농부의 한계 편익(MB_f) 곡선과 카우보이의 한계 편익 곡선(MB_c)은 다음 그림 3-14와 같다고 하자. 우선 물 소유권이 농부에게 있을 경우를 생각해보자. 농부가 모든 물을 다 사용하고 카우보이에게 소 먹일 물 사용을 거부할 수 있지만, 상호간에 더 나은 해결방안이 존재한다. 농부가 물을 $0q^*$까지 소비하고, 카우보이가 $0'q^*$까지 소비하는 것이 사회적 최적이다. 두 사람간에 이런 타협이 이루어졌을 경우 카우보이는 물 덕분에 (a+b) 만큼의 편익이 증가하였고, 농부는 a 만큼의 편익 감소가 생겼다. 따라서 카우보이가 농부에게 최소한 a, 최대한 (a+b) 만큼 보상할 수 있다. 어느 정도 보상하느냐는 두 사람의 협상력에 달려있다. 보상을 어느 정도 하건, 물 사용의 권리가 누구에게 있든 사회적 최적 이용은 협상에 의해 달성 가능하다.

물 소유권이 카우보이에게 있을 경우도 g^*가 사회적 최적이다. 즉 카우보이는 $0'g^*$만큼 사용하고 $0g^*$만큼은 양보한다. 이 경우 카우보이는 c만큼 손해이나 농부는 (c+d)만큼 이득이 증가한다. 따라서 농부는 최소 c, 최대 c+d만큼 카우보이에게 보상할 수 있다.

그림 3-14 물 사용의 사적 협상 (케이스 1)

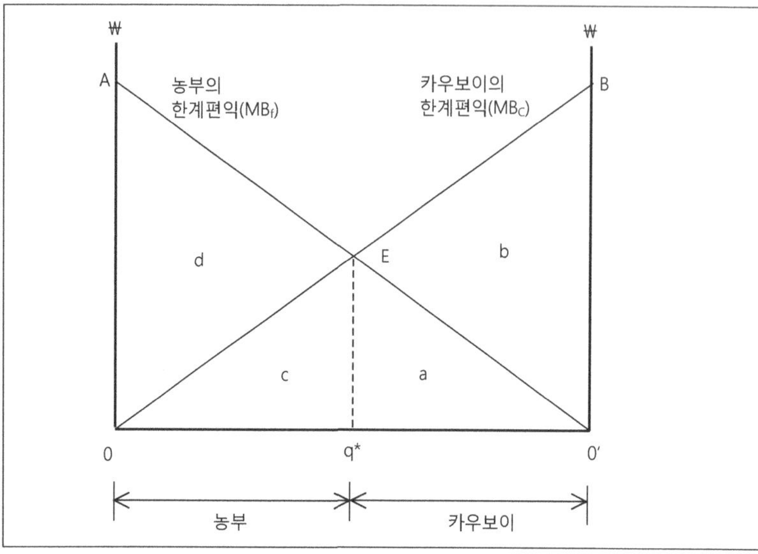

비슷한 사례를 하나 더 보자. 이번에는 카우보이가 키우는 소들이 인근 농부의 밀밭에 들어가서 밀 농사에 피해를 주는 경우이다(그림 3-15 케이스 2)[17]. 카우보이의 소 방목에 따른 한계편익은 우하향하지만, 농부의 경작에 발생하는 피해는 우상향한다.

우선 카우보이가 방목 권리를 포기하고 카우보이가 소를 $0q^*$까지 방목하고, $0'q^*$만큼 방목을 포기하는 것이 사회적 최적이다. 두 사람 사이에 이런 타협이 이루어졌을 경우 농부는 덕분에 (a+b) 만큼의 편익이 증가하였고, 카우보이는 a 만큼의 편익 감소가 생겼다. 따라서 농부가 카우보이에게 최소한 a, 최대한 (a+b) 만큼 보상할 수 있다. 어느 정도 보상하느냐는 역시 두 사람의 협상력에 달려있다. 보상을 어느 정도 하건, 방목의 권리가 누

17) 상류에서 탄광작업으로 하류의 세탁공장이 피해를 보는 경우, 윗집의 피아노 소리에 이웃집이 고통 받는 경우도 여기에 해당한다.

구에게 있든 협상에 의해 사회적 최적 이용은 달성 가능하다. 반대로 농부가 권리를 가졌을 경우는 농부가 양보를 할 수 있다. 농부의 $0q^*$만큼 양보로 카우보이는 (c+d)만큼 편익이 증가하고 농부는 c만큼 피해가 발생한다. 따라서 카우보이는 최소 c, 최대 (c+d)만큼 농부에게 보상할 수 있다.[18]

그림 3-15 방목의 사적 협상 (케이스 2)

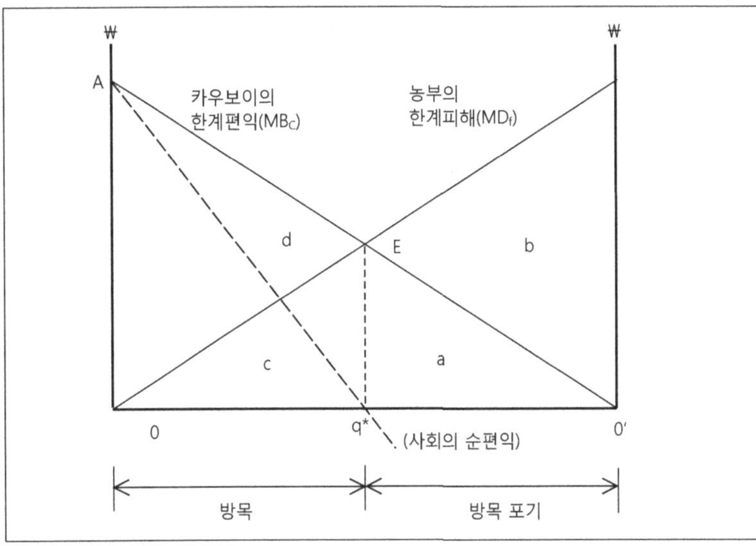

코즈 정리가 성립하려면 소유권(property right)이 명확히 규정되어 있어야 하고, 거래 비용(transaction cost)이 적어야 하며, 거래에 수반되는 정보가 잘 제공되어야 한다는 조건이 필요하다. 연루되는 피해자와 가해자가 많으면 당사자간의 협상이 어려우므로 코즈 정리가 적용되기 어렵다.

---

18) 파레토 최적(Pareto optimum): 다른 사람의 후생을 악화함이 없이 어떤 누구의 후생도 향상시킬 수 없는 상태.

9. 자치의 중요성: 오스트롬의 발견

공유 자산의 집단적인 관리는 이른바 공유자산의 비극이라는 시장의 실패를 초래한다는 것이 주류 경제학의 정설이었다. 엘리너 오스트롬(Elinor Ostrom)은 공유 자산의 관리 실태를 조사하였다. 정부가 관리하는 경우, 집단으로 관리하는 경우, 방치된 경우 등을 조사하였고, 관리가 성공하거나 실패한 경우 그 요인을 분석하였다. 그 결과 정부 아니면 시장이라는 이분법을 벗어난 성공 사례를 많이 찾아내었다. 연구 결과를 수록한 '공유의 비극을 넘어(Governing the Commons) - 공유 자산 관리를 위한 제도의 진화' 라는 책을 출간하였다. 오스트롬은 이 공로를 인정받아 2009년 여성 최초로 노벨 경제학상을 수상하였다.

오스트롬이 밝혀낸 성공적인 공유자원 자치관리의 여덟 가지 디자인 원리는 다음과 같다. 첫째, 공유자원을 사용할 수 있는 권리와 공유자원 자체의 경계가 명확하다. 둘째, 자원의 시간, 공간, 기술, 수량 등을 제한하는 사용 규칙이 현지 조건에 맞는다. 셋째, 규칙에 의해 영향을 받는 대부분의 사람들은 지역의 물리적 환경이나 특수한 여건에 맞추어 규칙을 잘 수정해 나갈 수 있으며, 이러한 규칙 수정 과정에 참여할 수 있다. 넷째, 믿을 수 있다는 평판이나 약속 준수의 공유 규범만으로 안정적인 협동 행위가 일어나기는 부족하기 때문에 감시 활동과 위반에 대한 제재가 뒤따라야 하는데, 이러한 감시 및 제재 활동이 외재적 권위에 의해서가 아니라 참여자 자신들에 의해 수행된다. 다섯째, 규칙을 위반하는 사용자는 누진율이 적용되는 제재(위반 행위의 경중과 맥락에 따라 달라지는)를 받는다. 여섯째, 사용자들 사이에서 혹은 사용자와 공권력 사이에 발생하는 분쟁을 저렴하게 해결할 수 있는 분쟁 해소 장치가 있다. 일곱째, 스스로 제도를 디자인할 수 있는 사용자들의 자율적 권리가 정부 당국에 의해 위협받거나 도전받지 않는다. 여덟째, 그 공유자원이 더 큰 시스템의 작은 부분인 경우는 개인 용도 이용, 제공(provision), 감시 활동, 집행, 분쟁 해결, 그리고 규율 활동 등이 여러 층의 정합적 기업들(multiple layers of nested enterprises)로 조직화된다[19].

우리나라에도 과거 이런 사례는 드물지 않았다. 예를 들어 서해안의 갯벌은 부락 소유로 관리되어 왔다. 바지락을 잡으려면 마을 총회(대동계)에서 허가를 받아야 하며, 30년 전에 5백만 원의 가입비도 있었다. 전라도 장흥, 강진은 갯벌 바지락 밭에 나뭇가지나 돌로 구역을 구분한다. 무녀도에서는 가구당 바지락 채취량을 20kg 자루 2-3개로 제한한다. 다만 시어머니를 모시고 있으면 조금 더 허용한다. 이런 관리 방식은 오스트롬의 성공 사례와 부합된다.

아프리카 코끼리의 멸종 대책의 경우를 보자. 아프리카의 코끼리는 밀렵의 대상이 되면서 멸종 위기를 겪고 있다. 코끼리의 상아가 고가로 팔리기 때문이다. 코끼리의 밀렵을 방지하기 위한 대책으로 케냐, 탄자니아, 우간다와 같은 나라는 법으로 금지시키고 보츠와나, 말라위, 나미비아, 짐바브웨 같은 나라는 부족들에게 자기 땅 위의 코끼리에 대한 소유권을 인정하는 방식을 취하였다. 그 결과 법으로 금지시키고 나름대로 강력한 제재 제도를 도입했음에도 불구하고 개체수는 계속 감소한 반면, 부족들에게 소유권을 일임한 경우는 불법 수렵에 대해 자체적으로 경비하고, 코끼리를 잘 관리하면서 개체수가 안정되는 성과를 낳았다.

10. 자발적 협약

자발적 협약(voluntary agreement)이란 규제 대상자가 스스로 환경목표를 정하고, 이를 준수하겠다는 협약을 규제기관과 맺는 방식이다. 정부가 규

19) 엘리너 오스트롬 저, 윤홍근, 안도경 옮김, 『공유의 비극을 넘어』, RHK, 2010.

제정책을 만들어 시행하고 준수 여부를 감시, 감독할 필요성이 줄고, 배출업체도 유연하게 대처할 수 있다. 기업 스스로 기술 생산 혁신으로 청정 배출 기법이나 공정을 개발 채택할 수 있게 된다. 기업에게는 세제상의 혜택, 자금 지원, 기술 자문, 정보 제공, 환경 친화적 기업 이미지 제고 등의 유인이 있다. 단점은 규제 기관과 피 규제 기관간의 담함이나 유착의 인센티브가 존재하고, 성과가 불확실하다는 점이다.

자발적 협약의 사례로는 폐플라스틱 재활용, 커피 전문점이나 패스트푸드점의 일회용품 줄이기, 친환경 제품을 우선 구매하는 녹색구매 협약 및 기업별 녹색구매 성과 보고서 발간, 백화점이나 대형마트의 친환경 포장, 비닐 쇼핑백 안쓰기, 화장품 업계와의 화장품 용기 줄이기 등을 들 수 있다.

11. 교육과 홍보

환경 문제를 정부가 정책으로 해결할 수도 없거니와 수반되는 비용도 만만치 않다. 환경 문제에 관한 한 어떤 정책보다 교육, 계몽, 홍보의 역할이 훨씬 더 요긴하다.

♣ 교육과 홍보의 중요성

환경 문제의 원인이 무엇인지, 환경과 자원이 왜 중요한지, 자원 고갈이 후세 세대에게 어떤 의미를 가질 것인지, 환경과 자원을 보존하기 위해서는 어떤 일을 해야 할 것인지, 환경 보존이 인류에게 어떤 의미를 가질 것인지, 일상의 생활이 환경 보존 혹은 자원 고갈 방지에 어떻게 기여를 하는지를 알리는 것이 교육과 홍보이다.

이를 통한 정확한 정보와 지식, 이해와 인식의 제고는 자원 고갈 방지나 환경오염 예방을 실천하는 데 매우 효과적인 수단이다. 교육과 홍보, 계몽으로 인한 자원 보존이나 환경 보호의 자발적인 실천은 사회적 비용이 안 든다. 부작용이 없다. 효과가 지속적이다. 자발적 참여자들은 보람, 책임감, 사명감, 자긍심이 고양되면서 상생과 협력, 조화, 배려, 공동체 의식이 배양되는 등의 장점이 많다.

물의 날(3월 22일), 지구의 날(4월 22일), 바다의 날(5월 31일), 자전거의 날(4월 22일), 환경의 날(6월 5일), 환경의 달(6월), 지구를 위한 한 시간(Earth Hour, 3월 셋째 주 토요일), 공정 무역의 날(5월 둘째 주 토요일), 지구 상상 사진전, 환경영화제, 저탄소 생활실천하기 캠페인, 기후변화 대응 시범학교, 기후변화 대응 서포터즈 등 수많은 행사와 프로그램들이 환경의식 고취와 환경 보호 실천에 앞장서고 있다.

자신의 소비 행위가 지구 환경에 어느 정도 영향을 주는 지 생태발자국의 크기를 직접 계산할 수도 있다[20]. 산림청의 carbon tree 계산기[21]는 여행, 파티, 결혼 행사, 가사 행위가 지구온난화에 어떤 영향을 미치는 지 본인이 직접 확인할 수 있게 해 준다. 환경 라벨링 제도(성적 표지)는 소비자들의 제품의 환경부하 정보를 제공하여 녹색 구매를 도우려는 발상의 제도이다. www.gihoo.or.kr은 환경부가 운영하는 기후변화 홍보 포털이다. 세종대학교에서는 누구나 온실가스 배출 경로 시나리오를 만들 수 있는 프로그램을 개발했다[22]. 2050년까지 각 분야별 감축 노력의 정도를 주관적으로 입력하기만 하면 된다. 영국 기후변화 에너지부(DECC) 프로그램을 우리 실정에 맞춘 것이다.

---

20) http://myfootprint.org/en/visitor_information/

21) http://www.forest.go.kr/images/tree_carbon_calculator

22) 2050.sejong.ac.kr 세종대 기후변화 센터

♣ 환경 교육

중앙 정부나 지방 자치 단체는 물론 학교, 언론, 도서관, 박물관, 미술관, 연구기관 등이 지속적이고 체계적으로 연구, 정보 제공, 교육과 홍보를 담당해야 한다. 현재 대부분의 나라에서는 초등학교부터 환경교육과정을 개설하고 있다. 우리나라는 초중고교에 환경과목 개설, 환경교재 개발, 방과후 환경학교 운영, 대학교에 그린캠퍼스 사업 추진 등으로 환경교육을 강화하고 있다. 미국의 경우 1994년부터 GLOBE (Global Learning and Observations to Benefit the Environment, 환경을 위한 범세계적 학습과 관찰) 사업을 통해 학생들의 환경 학습을 장려하고 있다.

♣ 비정부 시민기구의 중요성

환경과 자원의 이용과 같은 범 정부적 이슈의 개선에는 제도권의 움직임 놋지않게 비정부 시민 기구(NGO non government organization) 활동도 큰 기둥이 된다. 그린피스(Green Peace), 지구의 친구(the Friends of the Earth International), 시에라 클럽[23], 세계야생동물기금(WWF World Wildlife Fund), 환경운동연합, 녹색 연합 등 수많은 NGO들이 결성되어 다양한 행사와 활동이 지구 환경의 버팀목이다. 아예 정당을 결성하여 정책화하려는 녹색당의 경우 각국에서 의석수도 증가하고 있고, 집권당이 되기도 한다. 우리나라에서도 2012년 녹색당이 창당되었다.

♣ 민관협력

민관협력을 통해 비산업부문의 저탄소 친환경 생활을 유도하는 대표적인 기구로 한국기후환경네트워크를 들 수 있다[24]. 공공, 기관, 기업, 민

---

23) 뮈르(John Muir)의 국립공원 운동을 계기로 결성되었다.

24) 2008년 그린 스타트 전국 네트워크로 출범한 뒤 2014년 이름을 바꿈.

간단체 등 52개 단체가 참여하고 있으며, 지자체와 지역 단체를 중심으로 전국 245개 지역 네트워크를 구성, 탄소 포인트 제, 온실가스 진단 그린리더 양성, 기후변화 테마 타운, 기후변화 교육센터, 녹색 구매 등 기후와 환경 범국민 실천운동을 추진하고 있다.

환경부는 제주, 부산, 광주, 울산, 과천, 천안, 원주 등을 기후변화대응 시범도시로 지정하고, 이들 지자체간 자발적인 온실가스 감축 협약을 맺고 있다. 환경부의 그린카드는 기존 신용카드에 부가하여 저탄소 친환경제품 구매, 대중교통 이용시 포인트를 적립하여 공공시설 이용시 사용하는 제도이다. 많은 도시들은 또 자체적인 탄소 포인트 제도[25]를 실시하고 있다. 이는 가정, 상업 등의 전기, 상수도, 도시가스 및 지역난방 등의 사용량 절감에 따른 온실가스 감축률에 따라 포인트를 발급하고 이에 상응하는 인센티브를 제공하는 전국민 온실가스 감축 실천 프로그램이다. 적립된 탄소 포인트는 후원 기업이나 단체가 매입하거나, 공공요금이나 사용료로도 쓸 수 있게 하는 제도이다.

유사한 것으로 서울시의 에코 마일리지 제도가 있다. 울산은 탄소배출업체들을 중심으로 출연한 탄소배출권 펀드를 조성하여 CDM 사업에 쓰고 수익금을 재투자한다. 산림청은 국립공원 방문객들의 자발적인 쓰레기 회수에 에코 포인트를 제공하여, 야영장, 대피소, 등산 용품 구입 등에 쓰게 한다.

---

www.greenstart.kr 참조.

25) cpoint.or.kr 참조.

4장 경제적 가치와 효율적 이용

가치와 가격은 다르다. 어떤 재화가 시장에서 비싼 가격에 거래된다고 반드시 가치가 높은 것은 아니다. 그럼에도 불구하고 가치의 한 척도로서 시장 가격만큼 유용한 것도 없다. 조지 메이슨 대학교의 경제학 교수 타일러 코웬(Tyler Cowen)은 "가장 예술적인 것이야말로 상업화되고 대중화되어야 하며, 예술의 가치는 돈으로 환산될 수 있어야 한다."라고 주장한다.

현실에서는 예술품은 시장에서 정해진 가격에 흔히 거래되므로 예술의 가치는 돈으로 환산되는 셈이다. 그러나, 사랑, 사람의 생명, 환경, 맑은 공기와 물, 쾌적함, 안락함, 불쾌감 등은 기래할 수 없는 이른바 비시장 재화이다. 이들은 가격이 존재하지 않아 가치를 가늠하기 어렵다.

그러나, 국가 회계, 정책이나 사업의 평가, 관리, 개발이나 환경 복구를 위한 투자의 의사 결정, 환경 피해 보상 등의 필요성이 증대함에 따라 환경과 같은 비시장 재화 가치 평가의 필요성은 날로 증가하고 있다. 이 장에서는 자원이나 환경과 같은 비시장 재화의 가치를 평가하는 방법과 환경 의사결정 방법에 대해 공부한다.

1. 자원과 환경의 경제적 가치

♣ 경제적 가치

어떤 재화를 한 가지 용도로 사용하게 되면 다른 용도로 사용할 기회를 잃어버리게 된다. 환경이나 자원도 마찬가지이다. 환경의 변화에는 비환경적인 희생, 즉 기회비용이 따른다. 환경의 경제적 가치는 환경질 변화에 대한 지불의사로 파악된다. 즉 환경자원이 증가할 때 혹은 감소할 때의 최대 지불용의가격(WTP willing to pay), 최소 수취용의가격(WTA willing to accept)을 파악하여 환경 자원에 화폐적인 가치를 부여한다.

♣ 경제적 가치의 종류

환경은 경제의 생산 활동에 필요한 에너지와 물질 자원의 공급원이다. 환경은 또 인간활동에 수반되는 각종 폐기물의 처리장(sink)의 역할을 한다. 맑은 공기, 물, 좋은 경치와 같은 쾌적성(amenity)을 제공한다. 동시에 공기, 물, 식량, 햇빛 같은 모든 생명체의 생명유지 서비스의 공급자이다. 이러한 환경이나 자원의 경제적 가치는 사용 가치와 비사용 가치로 크게 구분한다. 사용 가능하느냐 여부는 인간 중심적인 판단이다. 비사용 가치도 시간이 변하고 상황이 바뀌면, 인간의 행태도 달라지면서 사용가치로 바뀔 수 있다.

♣ 사용 가치(use value)

많은 자원은 사용 가치를 갖는다. 이는 목재, 수자원, 수산 자원, 광물 자원 등과 같이 직접 사용 가치를 갖는 경우와 맑은 공기로 인한 쾌적함, 호수나 자연이 주는 아름다움이나 신비함 같은 간접 사용 가치를 갖는 경우로 구분된다.

♣ 비사용 가치 (non-use value)

비록 지금은 아무런 사용 가치가 없으나 미래에 어떤 방식으로 사용될지 예상할 수 없는 경우에 가지는 가치이다. 여기에는 옵션 가치(option value), 유증 가치(bequest value), 이타 가치(vicarious value, altruistic value), 존재 가치(existence value) 등을 들 수 있다.

♣ 옵션 가치 (option value)

주식 옵션과 유사하다. 어떤 회사가 최근 CEO를 임명하면서 동시에 그 회사 주식을 2만 원에 10만 주 살 수 있는 권리(stock option)를 부여하였다. 현재 주가가 주당 1만 원이라면 이 옵션은 현재로서는 아무 가치가 없다. 그러나 이 CEO가 경영을 열심히 하여 주가를 3만 원으로 끌어올렸다면, 이 옵션은 10억 원의 가치를 갖는다. 자연 자원도 고갈되거나 멸종되면 되살릴 수 없다. 이런 비가역적인 선택은 나중에 어떤 방식으로든 사용할 수 있는 선택권(옵션)을 버리는 행위이다. 댐을 건설하면 수몰지구에서 고귀한 유물을 발견할 기회를 놓친다. '개똥도 약에 쓰려면 없다'라는 속담처럼 함부로 버리거나 없애면 나중에 어떤 안타까운 일이 벌어질 수 있으므로 자연 훼손할 때는 옵션 가치를 염두에 두어야 한다.

♣ 유증 가치 (bequest value)

자연은 우리가 조상에게 물려받았고, 이를 잘 보전하여 후손에게 그대로 물려 줄 청지기(집사)로서의 역할(stewardship)을 성실히 수행하여야 한다. 지구와 지구상에 존재하는 모든 것들은 현세대의 소유나 권리가 아니다. 미래 세대가 좋은 용도를 알아내어 사용하려 할 때 이미 고갈되어 버렸다면 큰 손실이 아닐 수 없다. 석유는 적어도 수백만 년에 걸쳐 형성된 화석이다. 인류 역사상 수백만 년 동안 조상들은 이 자원을 건드리지 않고 후손들에게 잘 물려주었건만 산업 혁명 이후 존재한 세대들이 2백 년 동안 값싸고 풍부한 에너지라며 신나게 소비하는 바람에 조만간 고갈될 지경에 이르렀다. 후세대들은 이 검은 물질에서 온갖 희귀한 의약품을 만들거나 또 어떤 용도로 쓸 지 알 수 없는 만큼 잘 물려주고 볼 일이다. 앞으로 1백 년 뒤 후세들은 석유를 박물관에서 구경하면서 이렇게 귀중한 자원을 태워 없앤 현 세대들의 어리석음을 한탄하지 않을까?

♣ 대리 가치 (vicarious value)

잘 가꾸어 놓은 정원이나 숲은 그 소유주뿐만 아니라 주변 사람 모두에게 큰 즐거움을 준다. 자연 자원을 잘 가꾸고 보존하면 자신뿐만 아니라 다른 사람에게도 큰 편익을 준다. 대리 가치(vicarious value) 혹은 이타 가치(altruistic value)는 자연을 다른 사람이 즐길 수 있도록 했을 경우 다른 사람의 후생이 증대될 것이라는 사실이 자신에게 주는 가치에 해당한다.

♣ 존재 가치 (existence value)

사용할 수 있는가 여부를 떠나서 이 세상에 존재하고 있다는 사실 자체가 갖는 가치이다. 사용 가치와 비사용 가치의 구분은 인간 중심적이지만 존재 가치는 오히려 자연 자원의 고유의 가치, 본질적 혹은 내재적 가치(inherent value, intrinsic value)에 가깝다.

♣ 총 경제적 가치

환경이나 자원의 총 경제적 가치는 직, 간접 사용가치에다 비사용 가치들(선택, 유증, 존재가치 등)을 합한 값이다. 생물다양성의 가치(value of biodiversity)는 이런 총 경제적 가치에다가 비인류적 가치(non-human value)를 더 더해준 값이다.

산림과학원은 국내 숲의 경제적 가치가 연간 109조원에 이르는 것으로 추정한 바 있다.

코스탄자(Robert Costanza)는 환경자원이 제공해 주는 서비스의 가치는 연간 33조 달러에 이른다고 평가한 바 있다[26]. 1995년 당시 전 세계 GDP 25조 달러보다 훨씬 더 큰 것으로 추정했다. 구체적으로는 자연의 가치를 대기 가스의 조절이 1.3조 달러, 폐기물의 정화나 처리가 2.3조 달러, 영양 물질의 공급이 17조 달러, 물의 저장 및 정화가 2.8조 달러, 해안 해양 시스템이 가장 큰 20.9조 달러, 대지는 산림이나 습지의 가치 각각 4.7조 달러를 포함하여 12.3조 달러가 된다는 것이다. 이 가치를 면적 단위로 환산하면, 토지당 연간 에이커당 466달러, 해양 시스템은 234달러, 대륙붕을 포함한 연안 환경 시스템이 1,640달러였고, 가장 높은 가치를 갖는 것은 강과 바다가 만나는 하구 지역(estuary)으로 9,240달러에 달한 것으로 평가되었다.

2. 경제적 가치 평가, 측정법

재화의 가치는 지불용의가격(WTP)과 수취용의 가격(WTA)으로 나눠서 측정할 수 있다. 일반 재화는 시장에서 거래되는 시장 가격이 가치를 어느 정도 반영한다. 그러나 자원은 시장에서 거래되지 않는 경우가 많다. 이런 비시장 재화의 가치 측정은 드러난 선호도(revealed preference)를 이용하거나 진술된 선호도(stated preference)를 이용하는 방법이 있다. 전자에는 내재 가격법(HPM)과 여행자비용법(TCM), 후자에는 가상 가치법(CVM) 등이 있다.

---

26) Costanza et al., 1997, The value of the world's ecosystem services and natural capital. Nature 387:253-260

♣ 내재 가격법, 만족 가격법

집값이나 임금은 여러 가지 속성이 혼합된 패키지 가격이다. 예를 들어 아파트 가격은 방의 개수, 평수, 학군, 지하철역에서의 거리, 주변 경관 등을 반영하고 있다. 이런 속성을 가진 재화의 가격을 내재 가격(hedonic price)이라고 한다. 임금은 숙련도, 작업의 위험도, 노동 강도 등 여러 가지 요인에 결정된 내재 가격이다.

여러 가지 임금 데이터를 보면 같은 작업이라도 작업장의 안전시설이 잘 되어 있는 곳보다 안전시설이 열악한 곳의 임금이 상대적으로 높을 수 있다. 상대적으로 위험한 작업 종사자의 임금이 그렇지 않은 경우보다 높은 게 상식적이다. 이런 임금과 작업의 위험도 등에 관한 데이터에서 사람 생명을 어떻게 평가하는 지 파악할 수 있다. 이를 통계적 생명 가치(VSL value of statistical life)라고 한다.

서울의 김포 공항이 이전하면서 주변 주거지의 집값이 상승하였다면 그 상승분의 합이 비행기 이착륙에 따른 소음의 가치(마이너스)이다. 서울 압구정동과 서울의 숲을 연결하는 다리가 생기면 압구정동의 아파트 가격이 상승할 가능성이 높다. 이것은 서울의 숲의 위락 자원으로서의 가치 때문이다. 이 가치는 아파트 값 상승분을 전부 합한 값이 될 것이다. 이처럼 환경질의 한계 변화가 있는 경우는 환경질의 가치를 비교적 쉽게 추출할 수 있다.

일반적으로 집값에 이미 반영되어 있는 주변 자연 경관이나 전망, 맑은 공기, 소음 등 환경질의 가치를 어떻게 평가할 수 있을까. 집값은 여러 가지 요인들 예를 들면 면적, 방의 개수, 건축년도 등과 같은 장소 특성(Si), 지하철역과의 거리, 학군 등과 같은 이웃 특성(Ni)이나 공기, 녹지, 경관등과 같은 환경특성(Ei) 등에 의해 결정된다. 따라서 집값과 다양한 조건에 관한 데이터를 수집하여 다음과 같은 내재 가격 함수를 얻는다. 즉 집값은 n개의 장소 특성, m개의 이웃 특성, q개의 환경질에 영향을 받는다.

$$P=f(S_1 \ldots S_n, N_1 \ldots N_m, E_1 \ldots E_q)$$

P : 집값

$S_1, \cdots, S_n$: 장소 특성

$N_1, \cdots, N_m$: 이웃 특성

$E_1, \cdots, E_q$: 환경질

통상 환경질과 주택가격과의 관계는 아래 그림 4-1 (a)와 같이 나타난다. 환경질이 좋은 곳일수록 집값이 비싸다. 이 함수를 환경질로 미분하면 그림 4-1 (b)와 같이 우하향하는 환경질의 한계잠재가격(MIP marginal implicit price) 곡선(D)을 얻을 수 있다. W_i, W_j는 가계 i와 j의 환경질에 대한 한계편익을 나타내는 한계지불용의가격(MWTP marginal willing to pay) 곡선이다. 따라서 점 A, B에서는 MWTP = MIP 이므로 예산제약하에서 가계의 효용이 극대화된다. 환경질 개선의 가계 편익의 증가분(소비자 잉여)은 이 W 곡선의 아래 면적이 된다. 여기에 분석대상 지역에 거주하는 가계의 수를 곱하여 전체 편익을 추정한다. 실제 추정에서는 보통 W 곡선 대신 한계잠재가격 곡선 D의 아래 면적을 구해 쓴다. 집값에 반영된 주변 자연 경관이나 전망, 맑은 공기, 소음의 가치(혹은 부의 가치)를 추정하는 이런 계량적인 방법을 내재가치법(HPM hedonic price method)이라고 한다.

그림 4-1 주택시장에서 환경질의 경제적 가치

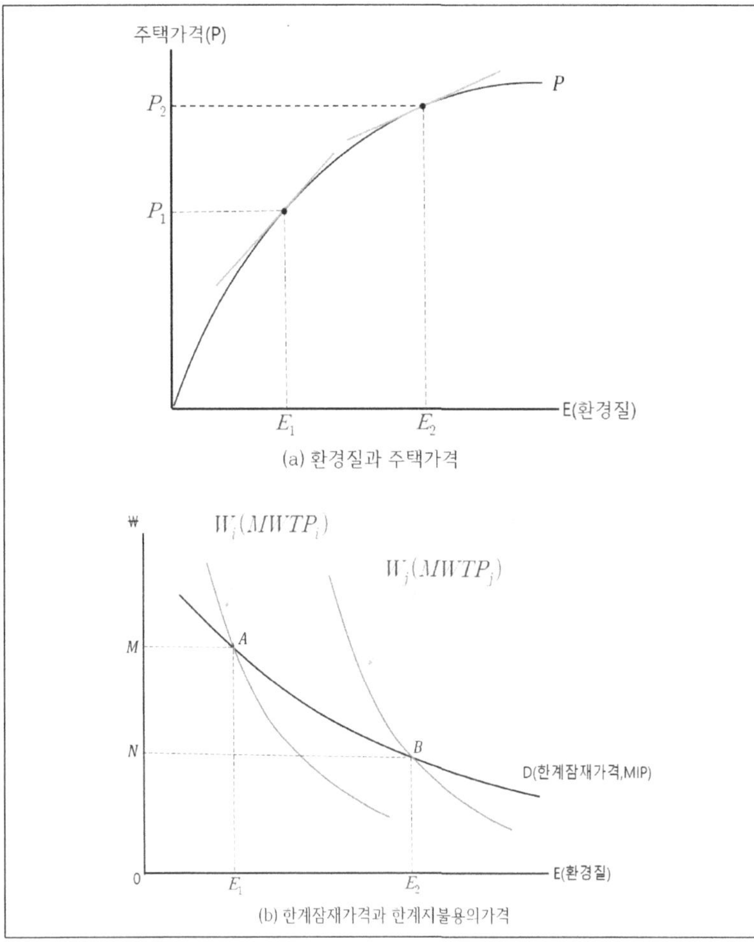

♣ 여행자 비용법

설악산이나 제주도와 같은 관광지의 관광 자원으로서의 가치를 평가하는 방법이다. 관광 자원으로서 가치가 높은 지역에 오는 관광객들이 더 많은 비용을 지출한다는 가정에서 출발한다. 따라서 이런 관광지를 방문객들의 방문 비용을 조사하여 관광지의 가치를 평가한다. 고래 관광, 조류 관찰에 참가하는 관광객들의 기회비용을 조사하면 이들의 위락적 가치를 간접적으로 추정할 수 있을 것이다. 이런 여행자 비용법(TCM travel cost method)은 시장에서 드러난 선호(revealed preference)를 이용하는 방법이다.

여행자 비용법은 개인 여행자 비용법(ITCM individual travel cost method)과 지역 여행자 비용법(ZTCM zonal travel cost method)으로 구분한다. 전자는 각 개인의 여행 경비와 방문 회수를 조사하여 어떤 관광지에 대한 개인의 여행 수요곡선을 추정하는 방법이다. 이 수요는 여행비용(P_i), 소득(M_i), 여행지 특성(Q) 등의 함수이다. 다음 그림 4-2에서 보듯이 방문회수는 방문비용이 높을수록 줄어든다. 이 개인의 여행수요곡선을 기초로, 전체 인구수를 반영하여 지역의 총수요 곡선을 추정한다. 추정된 수요 곡선이 관광지에 대한 사회의 WTP를 나타내므로, 수요곡선의 아래 면적이 대상 관광지의 위락 가치가 된다.

지역 여행자 비용법(ZTCM)은 개인 여행자 비용법과 원리는 대동소이하다. 지역 여행자 비용법은 관광지에 찾아온 여행객들이 어디에서 왔는지를 먼저 파악한다. 이 때 출발지역을 거리에 따라서 몇 군데(m개 지역, i=1,2,3, … ,m)로 구분한다. 특정 지역(i)의 여행 수요곡선을 추정한다. 전체 인구가 N_i 인 i 지역의 여행 수요곡선은 여행비용($P_{i,}$), 소득(M_i), 지역 특성($Q_{i,}$) 등의 함수이다. 즉 $\frac{V_i}{N_i} = D\ (P_i,\ M_{i,}\ Q_{i,})$의 함수 관계를 추정한다. 그러면. 총수요곡선은 $\Sigma V_i = \Sigma N_i \cdot D(P_i,\ M_{i,}\ Q_{i,})$이 된다. 이 여행자 비용법은 환경재의 비사용가치는 파악하기 어렵다.

그림 4-2 개인의 여행 수요 곡선

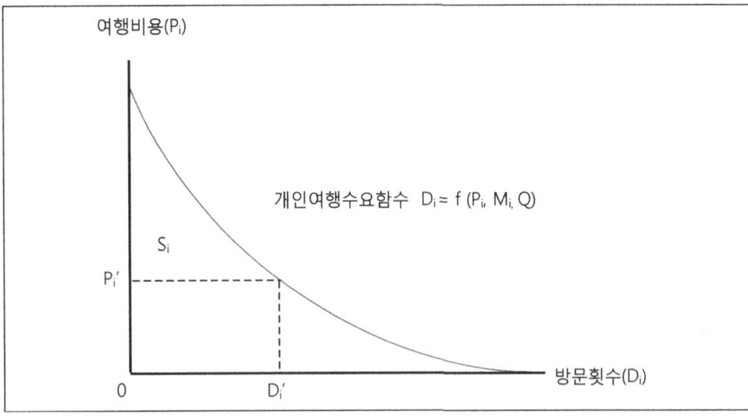

D_i는 개인(i)의 방문회수, P는 여행경비, M_i는 소득, Q는 관광지의 환경수준임.

어떤 관광지에서 시설을 추가하여서 관광 자원의 가치를 높인다고 하자. 예컨대 호수에 분수를 설치하면 관광자원으로서 가치가 향상되고 관광객들이 더 많이 방문할 것으로 기대된다. 이런 분수의 설치의 경제적 가치도 평가 가능하다. 그림 4-3에서 대상 관광지의 환경의 질이 Q에서 Q'로 향상되었다. 그 결과 이 관광지에 대한 수요 곡선이 그림과 같이 상향 이동하였다. 입장료가 종전과 변함이 없다면 개인의 방문회수는 D_i'에서 D_i''로 증가한다. 그로 인한 소비자 잉여의 증가분 $\triangle S_i$에 방문객 수를 곱한 값이 개선된 환경질의 경제적 가치가 된다.

그림 4-3 환경질 개선의 가치

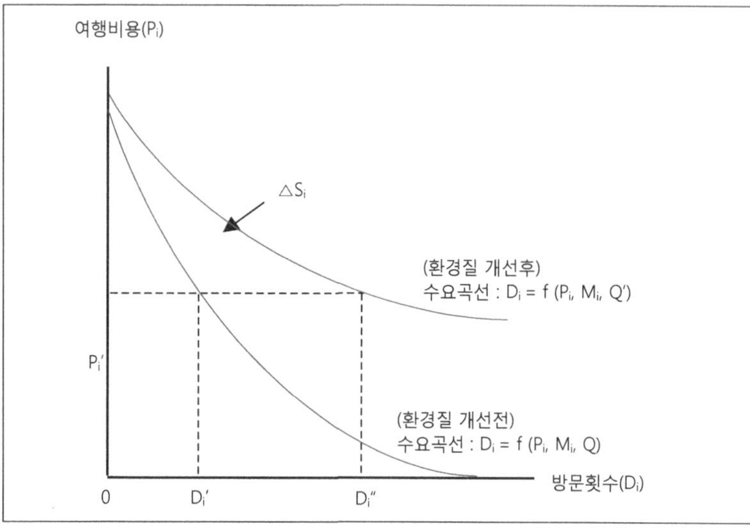

관광지의 환경수준이 개선된(Q→Q') 효과 ($\triangle S_i$)

♣ 가상 가치법

임금이나 집값 등을 통해 소비자의 드러난 선호(revealed preference)가 없을 때, 아예 만든 가상의 시장(constructed market)에서 진술하게 하여 선호를 파악하는 방법이다. 사전과 사후의 환경질 변화에 대한 후생의 차이를 진술하게 하는 것이다. 진술은 설문(survey) 등의 방법을 이용한다. 진술은 선호도를 직접 표명하는 방법으로 입찰, 개방형 질문, 지불카드법, 투표법 등이 있다. 투표법으로는 양분 선택, 2중 양분 선택법 등이 있다.

가상 가치법(CVM contingent valuation method)을 이용하면 예를 들어 새만금 갯벌, 철새 도래지로서의 가치, 태안 유조선 유출 사고, 엑손 발데즈 알래스카 유출 사고의 피해액 추산, 대전 갑천의 수질 개선이 주민에게 얼마만한 편익을 주는가 등을 조사할 수 있다. 이 방법은 필요에 따라 지불용의 가격이나 수취용의가격을 선택적으로 구할 수 있다는 장점도 있다.

♣ 실험

고통과 쾌락의 크기를 돈으로 환산할 수 있을까? 이런 경우 실험(experiment)을 통해 추정한 사례가 있다. 실험 참가자는 100달러를 받는다. 다음에 아주 불쾌한 화학 물질을 30초간 입에 머금고 있어야 한다. 그것이 싫으면 돈을 내어야 한다. 고통을 피하기 위해 얼마를 기꺼이 지불할 것인가라는 지불 용의 가격을 측정할 수 있다. 아니면 얼마의 금전적 보상이 주어지면 다른 사람을 대신해서 이런 고통을 겪는 용의가 있는가를 실험으로 찾을 수 있다. 이런 실험에서는 고통의 수취 용의 가격을 추정하고, 동시에 지불용의 가격과의 괴리 정도도 확인할 수 있다. 대개의 경우 WTA보다 WTP의 값이 적게 추정된다고 한다.

♣ 대체 비용법 (replacement cost method)

새로 조성하거나 복구하는 데 소요되는 비용으로 없어진(없어질) 자원의 가치를 평가한다. 주택 개발 사업으로 없어지게 된 경우 주변에 기존 호수를 대체할 인공 호수를 새로 조성하는 데 소요되는 비용으로 기존 호수의 가치를 평가하자는 아이디어이다.

♣ 경감행위법 (mitigation behavior method)

소음 피해는 방음벽 설치비용으로 평가한다. 소음을 회피하려고 방음벽을 설치한다면 소음의 피해는 최소한 방음벽 설치비용 이상임을 짐작할 수 있다.

♣ 용량 응답법 (dose-response approach)

원래 약학이나 독성학에서 나온 것으로 오염이나 소음이 점증할 때마다 인체, 생산, 작물 등에의 피해액이나 산출, 생산, 작물에의 영향을 측정한다. 인간이나 다른 유기체가 노출되는 오염 물질의 수준과 용량의 안전함과 위험함의 관계를 파악하여 환경 기준이나 정책을 수립하는 데 사용된다[27].

3. 자원, 환경 비용 편익 분석

환경을 개발할 것인가, 보존할 것인가 하는 문제는 우선 TCM, HPM, CVM 등을 통해 환경질 변화의 비용과 편익을 추정한다. 다음은 비용 편익 분석법 등을 통해 프로젝트의 시행 여부를 결정한다.

♣ 비용 편익 분석법

자원, 환경 프로젝트의 의사 결정에도 비용 편익 분석법(CBA cost benefit analysis)이 가장 많이 쓰인다. 그 방법은 일반적인 CBA와 동일하다. 알아 두어야 할 개념은 순편익, 할인, 순편익의 현재가치(present value net benefit), 편익 비용 비율(benefit cost ratio), 내부 수익률(internal rate of return) 등이다.

다음 표 4-1은 사업 초기에 500억 원을 투입하면 다음 기부터 향후 9년간 매년 100억 원의 수입이 생기는 프로젝트의 비용과 편익 분석 사례이다. 이 경우 CBA는 다음 순서를 따르면 편리하다. 우선 매 기 편익에서 비용을 제하여 순편익을 구하고(N = B-C), 다음에 순편익의 현재가치를 구한

---

27) 최근에는 생태기능가치 모형(EFVM Ecosystem Function Valuation Model)으로 발전되었다.

뒤(NPt = N/(1+r)t, r: 할인율), 이 순편익의 현재가치를 전부 합한다. 이 값이 양이면 이 사업은 수익성이 있는 사업으로 판정한다.

여러 가지 프로젝트를 비교 평가할 때 이 값만으로는 충분하지 않다. 편익 비용 비율은 수익성을 정도를 판정하는 데 도움이 된다. 이 값은 편익의 현재가치 합을 비용의 현재가치 합으로 나누면 구해진다. 이 값이 1보다 크면 수익성이 있는 것이다. 여러 가지 대안을 놓고 비교할 때 이 값이 클수록 더 유망한 사업이다.

내부 수익률은 순편익의 현재 가치의 합이 영이 되도록 만들어주는 할인율이다. 표 4-1에서 할인율을 10%로 하였을 때 순편익의 현재가치의 합은 60억 원으로 양의 값이다. 그러나, 할인율을 조정하면 순편익의 현재가치의 합이 영이 된다. 이 할인율이 내부수익률이다. 즉, $\frac{(B-C)}{\sum(1+X)^{t}}=0$ 을 만족시키는 x값이다. 이 비율은 이 사업의 예상 수익률이 된다. 이 비율이 높을수록 유망한 사업이다.

표 4-1 비용 편익 분석 계산 사례 단위: 억 원

연도	0	1	2	3	4	5	6	7	8	9	합계
비용(C)	500	0	0	0	0	0	0	0	0	0	500
편익(B)	o	100	100	100	100	100	100	100	100	100	900
순편익 (N=B-C)	-500	100	100	100	100	100	100	100	100	100	400
순편익의 현재가치(NP)	-500	90	81	73	66	59	54	50	45	42	60

주: 할인율 10%로 계산되었음.

♣ 할인율의 중요성

미래에 발생할 비용과 편익을 현재 가치로 평가할 때 할인율이 의사결정에 매우 큰 변수로 작용한다. 할인율을 높게 잡으면 자원의 미래 편익이나 가치를 과소평가하게 만든다. 또 개발로 발생하는 미래의 피해액을 과소평가하게 만든다. 따라서 멸종이나 자원의 고갈을 촉진 시킬 수 있다. 반면 낮게 잡으면 개선에 대한 투자유인을 줄일 수 있다.

♣ 왜 할인을 하는가?

참을성이 없기 때문이다. 미래는 불확실하기 때문이다. 친구에게 돈을 빌려주었다가 사고로 못 받을 리스크는 항상 존재한다. 또 자본은 생산성이 있다. 소는 잘 키우면 새끼를 치고, 나무는 열매를 맺고, 식물은 증식을 한다. 자본은 미래에는 현재보다 더 많아질 가능성이 크다. 이것이 투자의 한계 생산성이다. 다시 말해 지금의 소 100마리는 미래의 소 110마리와 동급이다. 또 사람들은 참을성이 없다. 지금 출출한 데 손에 든 초콜릿을 지금 먹느냐 기다렸다가 나중에 먹느냐의 선택에서 나중에 먹는 것을 선호할 사람은 드물다(time preference).

♣ 고정 할인율의 한계

역사적으로 할인율, 은행 이자율, 투자 수익률은 크게 변해 왔다. 그러나 그 값은 지속적으로 하락해 왔다. 마르크스는 이윤율 저하의 법칙으로 설명한다. 그런 만큼 장기간의 평가를 요하는 자원 개발 혹은 관련 의사 결정시 불변 할인율을 적용하는 것은 오히려 비현실적이다. 가변 할인율(time varying discount rate)이 더 타당해 보인다.[28] 그러나, 할인율에 관한 한 아직 컨센서스가 없는 실정이다.

---

28) 시간이 바뀌면 달라지는 할인율로서 대표적으로 hyperbolic discount rate $p=(1+\alpha t)^{\rho/t}$를 들 수 있다.

♣ 할인 대신 할증

미래의 편익과 비용을 할인하여 현재 가치화 하는 것은 철저히 현재 세대의 관점에서 평가하려는 것이다. 미래 세대의 고통이나 불편이 지금 닥치지 않았다고 해서 더 낮게 평가할 것이 아니라 오히려 프리미엄을 주어서 더 높게 할증 평가하여야 한다는 주장도 있다. 세대 간 형평성을 중시할 경우 미래 세대의 편익과 비용을 할인하는 것은 문제가 있다.

♣ 형평성의 문제

비용 편익 분석법은 효율성 위주여서 형평성과 분배를 감안하기 어렵다. 예를 들어 단순 CBA로는 사회적 편익이 낮더라도 소득 분배 차원에서 농촌에 더 큰 편익이 돌아가는 것은 더 나은 선택일 수 있다. 시골에 골프장을 건설할 것인가 아니면 상수도 시설을 할 것인가 라는 문제를 보자. 골프장 건설이 훨씬 더 큰 사회적 편익을 제공할 가능성이 높다. 그러나 골프장의 사회적 편익은 도시민에게 돌아가고, 교통 증가, 소음 등 사회적 비용은 지역민에게 돌아갈 것이다. 단순한 CBA로는 이런 문제를 인식하는 데 한계가 있다.

♣ 비용효과분석

비용효과분석(cost effectiveness analysis)은 효과를 화폐가치로 환산하기 어려운 경우, 비용과 효과의 측정단위가 다른 경우 등에 많이 사용한다. 동일한 효과를 적은 비용으로 달성하는 방법이나 프로그램 혹은 같은 비용으로 더 많은 효과를 내는 프로그램을 채택하는 것이다. 효과가 이질적인 경우는 적용이 어렵다는 단점이 있다.

4. 환경 영향 평가

환경 의사결정시 실시하는 중요한 제도로서 환경영향평가(environmental impact analysis)가 있다. 말 그대로 어떤 사업이나 정책이 환경에 미치는 영향을 분석, 예측하고 부정적인 환경영향을 줄이는 방안을 마련하는 것이다. 평가는 대기, 물, 토지, 자연생태, 생활, 사회 및 경제 환경 등 6개 분야에 걸쳐 21개 항목에 미칠 영향을 평가한다.

우리나라에서는 도시개발, 산업입지, 에너지개발, 항만, 도로, 수자원 개발, 철도 건설, 공항 건설, 하천 개발, 매립 및 개간, 관광 단지 건설, 체육 시설 건설, 산지 개발, 특정지역 개발, 폐기물 및 분뇨 처리 시설, 국방,군사, 토석 채취 등 17개 사업을 대상으로 한다. 환경영향평가는 평가서 초안 작성, 주민 의견 수렴, 환경영향평가서 작성 제출, 심의, 사후 관리의 5가지 절차로 이루어진다.

환경영향평가와 사전 환경성 검토로 나눠져 시행되어 오던 환경영향평가는 2012년 환경영향평가법 전부 개정으로 전략환경영향평가, 환경영향평가, 소규모 환경영향평가로 나뉘게 되었다. 전략환경영향평가의 대상사업은 행정계획이다[29]. 행정계획은 정책계획과 개발기본계획으로 구분된다. 정책계획은 관광개발기본계획 등 지역적 범위가 넓고, 기본방향이나 지침적 성격의 계획이다. 개발기본계획은 재정비촉진계획 등 구체적인 개발 구역의 지정 계획이다. 정책계획은 주민의견수렴 대신 전문가 의견 수렴으로 대체하는 대신 개발기본계획은 환경영향평가수준으로 강화되어 있다. 대규모 개발 사업은 환경영향평가를, 환경 민감 지역인 보전용도지역

---

29) 전력수급기본계획은 환경적 영향이 큼에도 불구하고 지금까지 전략환경영향평가를 거치지 않았는 바, 이에 대한 시정이 필요하다는 권고가 제시되었다(전략환경영향평가 제도 개선을 위한 연구 2015 참고)

의 개발사업은 소규모 환경영향평가를 받는다.

예비타당성조사는 총사업비 500억 원 이상이 소요되는 공공건설사업의 타당성과 경제성을 평가한다. 경제적 타당성은 환경적 편익과 비용을 반영한 비용 편익 분석을 위주로 평가되며, 정책적 분석으로서 지역 경제나 환경에의 파급영향들을 평가한다.

5. 자원의 적정 이용

♣ 재생불가능 자원의 최적 이용: 호텔링의 법칙

고갈성 자원(exhaustible, depletible resources)의 효율적 이용에 관한 이론으로는 가장 기본적인 호텔링의 법칙(Hotelling's rule)[30]을 소개한다. 어떤 우라늄 광산이 있다. 단위당 채굴 비용은 c로서 일정하다. 우라늄의 시장 수요곡선은 D로 주어졌고, 최초의 시장 가격은 P_0이다. 우라늄 광산은 완전경쟁이다. 이 광산의 주인은 한정된 매장량(S) 가지고 매 연도 광물의 채굴량을 어떻게 정하여 이윤을 극대화할 수 있을까.

이 경우 우라늄의 시장 가격에서 한계 채굴 비용을 뺀 순 자원 가격(P_0-c)[31]이 이자율(r)만큼 상승하도록 채굴량을 조정하면 된다. 즉 t기의 순 자원 가격은 $(P_t\text{-c}) = (P_0\text{-c}) \times (1+r)^t$ 되게 한다는 것이다. 순 자원 가격은 매년 r% 만큼 상승하게 된다. 또 순 자원 가격의 현재 가치는 어느 시기이든지 항상 일정하게 된다. 이것이 바로 호텔링의 법칙이다.

---

30) Harrod Hotelling, "The Economics of Exhaustible Resources," Journal of Public Economics 39, 1931.

31) 자원의 렌트가 된다.

그림 4-4는 이 관계를 보여준다. 광물에 대한 수요 곡선이 D로 주어졌을 경우 순가격의 최적 경로는 1/4 분면의 곡선과 같이 나타난다. 여기서 T기에 가격이 P_T가 되면 더 이상 채굴이 이루어지지 않는다. 그동안의 누적 채굴량은 3분면의 빗금 친 면적이며 이는 광산의 채굴 가능 총량과 일치한다.

그림 4-4 고갈성 자원의 채굴과 가격 경로

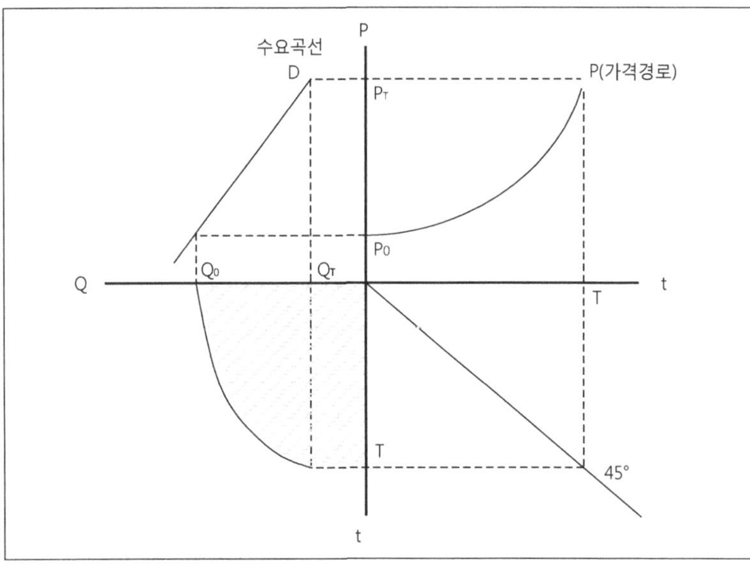

♣ 고갈성 자원의 사회적 최적 이용

호텔링의 법칙에 따른 고갈성 자원의 이용 방법은 광산주에게 최대 이윤을 가져다주는 것이지 사회의 후생 극대화 문제와는 다를 수 있다. 고갈성 자원의 사회적 최적 이용 관계를 보자.

우선 채굴량을 R이라고 하자. U(R)은 채굴량이 R일 때 사회적 후생의 크기를 나타낸다. 사회의 후생 극대화는 채굴된 광물 자원 R에서 얻는 사회의 한계효용, 즉 U'(R)이 매 기간 마다 일정한지 여부로 판단할 수 있다. 즉 U'(R_0)-c = (U'(R_1)-c)/(1+r)이 성립하도록 채굴하는 것이 사회적 최적이다[32]. 여기서 U'(R)은 광물 자원 한 단위의 한계 사회적 편익이다.

6. 재생 가능 자원의 효율적 이용

재생가능 자원의 동물, 식물이나 어류와 같이 증식하는 자원은 어떻게 채취 혹은 수확하는 것이 가장 효율적인가? 그림 4-5는 개체수(stock) Z와 출생량에서 사망량을 뺀 순증식량(flow) Y와의 관계를 보여준다. Z_1 에서는 순증식량이 영이다. 즉 출생량과 사망량이 같다. Z_1 의 왼쪽 영역은 순증식이 마이너스로 개체수는 점점 고갈되어 멸종된다. Z_1 의 오른쪽 영역은 순증식량이 양으로 개체수는 점점 증가하게 된다. Z_1 은 임계(threshold)이다. 총 개체수가 Z_2 에 이르면 다시 순증식량이 영이 되어 개체수는 평형에 이르게 된다. 총 개체수가 Z_2 보다 많을 경우는 출생량보다 사망량이 더 크게 되어 순증식은 마이너스로 된다. 시간이 흐르면 Z_2 로 돌아간다. 이러한 시간 변화에 따른 개체수의 변화는 그림 4-6과 같이 된다.

32) 제약조건하의 극대화 문제 max U(R_0)-cR_0 +(U(R_1)-cR_1)/(1+r) st. S = R_0 + R_1 의 해이다. 여기서 c는 한계채굴비용(일정), S는 자원의 현재 부존량이다.

그림 4-5 개체수와 순증식간의 관계

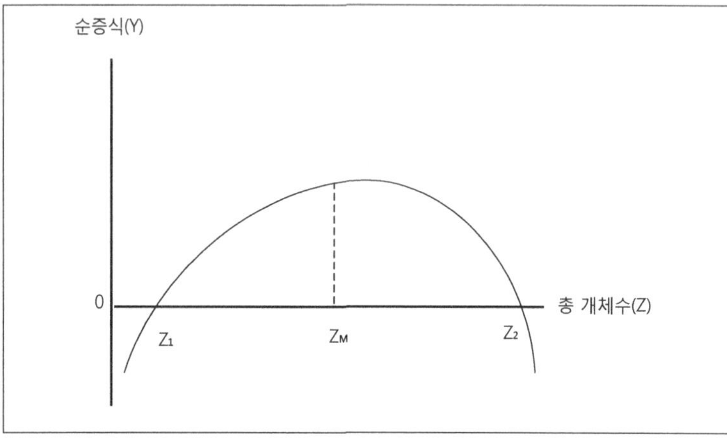

그림 4-6 시간 변화에 따른 개체수의 변화

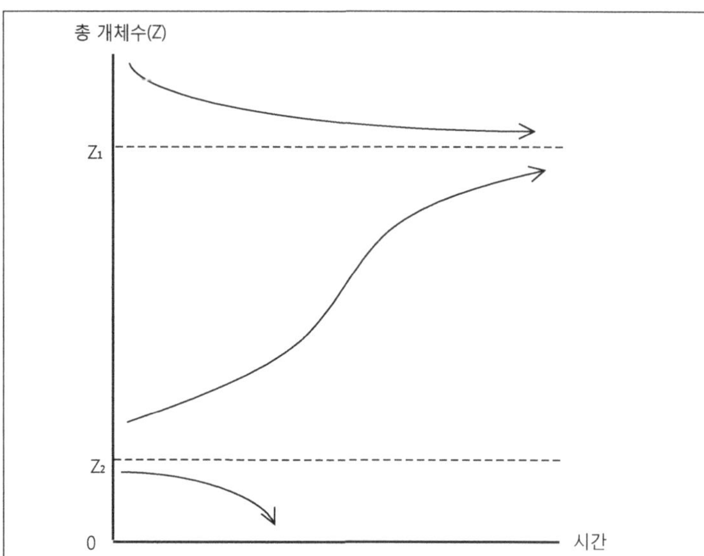

♣ 사회적 최적 수확

이제 이런 상황에서 사회적 최적 어획량을 구해보자. 매 기의 어획량이 H로 주어졌다. 이 경우 개체수와 순증식, 어획량과의 관계는 그림 4-7과 같이 된다. 이제 임계는 Z_1'으로 이동하고, 평형 상태도 Z_2'로 줄어들게 된다. 시간 변화에 따른 개체수의 변화는 다음 그림 4-8과 같다.

그림 4-7 수확량과 개체수의 변화

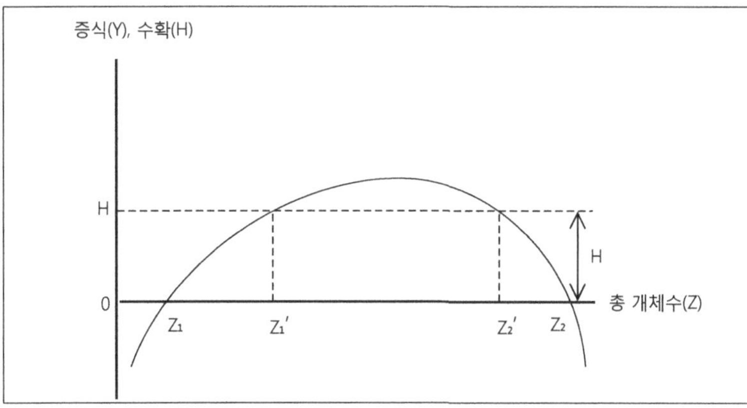

그림 4-8 시간 변화에 따른 개체수의 변화(수확시)

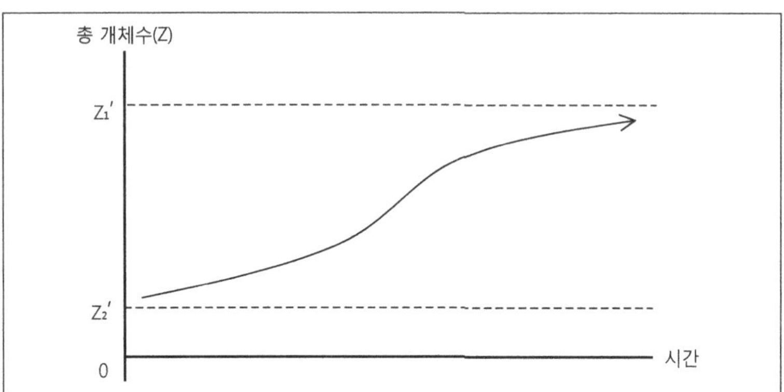

그림 4-9는 어획 노력 E(effort)와 어획에 소요된 비용 TC, 어획으로 인한 총 수입 TR간의 관계를 보여준다. 어획 비용은 어획 노력에 비례한다고 가정한다. 따라서 어획의 한계 비용과 평균 비용은 같고, 총 비용 곡선 TC의 기울기가 된다. 개체수가 많을 때는 평균 수확량도 많으나 개체수가 증가할수록 평균 수확량은 감소한다. 평균값이 감소하면 한계값은 더 빨리 감소한다. 이 관계를 그림 4-9가 보여주고 있다.

시장에서의 이윤극대화 수확량은 E_2 즉 TR = TC인 점이다. 그러나 이 점은 사회적으로 최적이 아니다. 그림 4-9에서 보듯이 렌트가 소진되는 점이다. 개체수가 E_m 점에서 H_m 만큼이 최대 지속가능 어획량(MSY maximum sustainable yield)이다. 수확량이 H_m 을 초과하면 개체수의 고갈 현상이 나타난다. 가장 경제적인 수확량(MEY maximum economic yield)은 개체수가 E_1 에서 H_E 만큼 수확할 때이다. 이 점에서 한계 렌트의 크기가 가장 크다.

여기서 사회적 비용과 개인의 비용간의 괴리를 확인할 수 있다. 사회적으로는 평균비용인 AR이 개인에게는 한계 비용으로 인식된다. 따라서 개인의 자유의사 즉 시장에 방임될 경우의 선택점은 E_2 점이 된다.

그림 4-9 어획 노력과 사회적 최적 어획(= 그림 2-11)

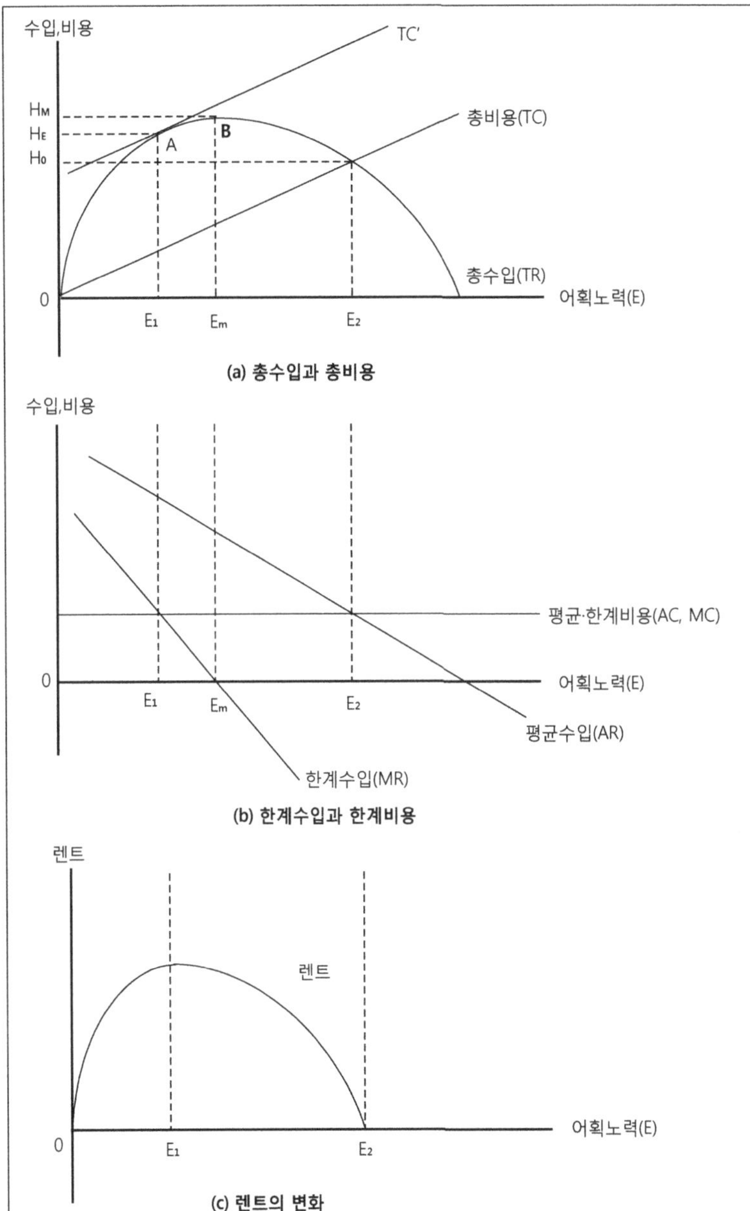

5장 지속 가능한 개발

1. 경제 성장과 행복

한 경제의 경제활동 성과를 나타내는 가장 대표적인 지표는 국민총생산(GNP)이다. 이는 한 경제가 일정기간 생산한 재화와 용역의 가치를 화폐단위로 환산한 것이다. 요즘은 GNP에서 해외 요인을 제거한 국내총생산(GDP)이 이를 대신하고 있다. 우리나라는 1995년부터 생산의 척도로 GNP 대신 GDP를 쓰고 있다. 경제성장은 경제성장율, 통상 실질 GDP의 변화로 측정한다. 선진국이나 신흥 개도국, 중국 등 많은 국가에서 경제는 성장하였다.

한 경제의 소득의 지표로는 GNP나 GDP 대신 국민총소득(GNI)이 널리 쓰이고 있다. 우리나라는 1999년부터 소득의 지표로 GNI를 사용하기 시작하였다. GNI를 인구수로 나눈 일인당 GNI는 한 경제의 구성원의 소득 나타내는 가장 대표적인 지표이다. 산업혁명 이후 세계 인구도 증가하였지만, 생산규모가 더 빠른 속도로 증가하여, 일인당 GNI도 크게 늘었다.

♣ 이스터린의 역설

그러나, 소득의 증가가 복지 후생의 증가와 직결되지 않는다. 자살자, 정신병자, 우울증, 스트레스, 암, 헬조선 등 오히려 복지수준의 후퇴도 발견된다. 남캘리포니아주립대학(USC) 교수 이스터린(Richard Easterlin)은 소득이 높은 국가 국민들이 느끼는 행복감이 소득이 낮은 국가 국민들의 행복감보다 더 높지는 않으며, 한 국가내에서 소득이 높아질수록 행복감이 따라서 증가하지 않았다는 조사 결과를 발표하였다. 이것이 바로 이스터린의 역설(Easterlin paradox)[33]이다.

GNP, GDP, GNI 같은 생산이나 소득의 지표가 삶의 질이나 후생 복지와 관련 있는 자원의 감가상각, 환경 폐해, 토양 침식, 교육, 건강, 여가, 노동 시간, 소득 불균형, 질병 등의 변화를 반영하지 못하는 불완전한 지표라는 점에도 원인을 찾아 볼 수 있다.

2. 경제 성장과 환경

경제 성장이 환경에 어떤 영향을 주는가? 경제 성장은 자원의 사용 증가와 대기 오염이나 폐기물 발생 증가를 가져와 자원 고갈 및 환경질 악화를 초래한다는 주장과 이에 부합되는 현실 사례를 많이 본다. 경제성장에 따른 산업화, 도시화도 환경 문제를 악화시키는 요인이다.

♣ 환경 쿠즈네츠 곡선 가설

러시아계 미국인 경제학자 쿠즈네츠(Simon Kuznets)는 1955년 소득 분배와 소득 수준은 역 U자 관계가 있다고 하였다[34]. 즉 경제성장 초기에는 소득 분배의 균등도가 악화되다가 경제 발전이 성숙 단계에 들어서면 다시 개선되는 현상을 말한다. 환경의 질과 경제 성장의 관계도 이와 유사하다고 본다. 즉 경제가 성장하면 초기에는 환경이 악화되다가 최대치(전환점,

33) 그러나, 한 국가내에서는 고소득자가 저소득자보다 더 행복함을 느끼는 것으로 조사되었다.

34) Kuznets, Simon, Economic Growth and Income Inequality, American Economic Review 45, March 1955. pp. 1-28.

turning point)에 이른 다음에 환경은 개선된다는 가설이다. 이것이 환경 쿠즈네츠 곡선 가설(EKC Environmental Kuznets Curve Hypothesis)[35]이다. 이 때 경제성장은 일인당 GDP로, 환경질을 나타내는 지표로는 보통 오염물질 배출량, 오염물질 지수, 대기질, 수질 변화 등을 사용한다.

그림 5-1 환경 쿠즈네츠 곡선

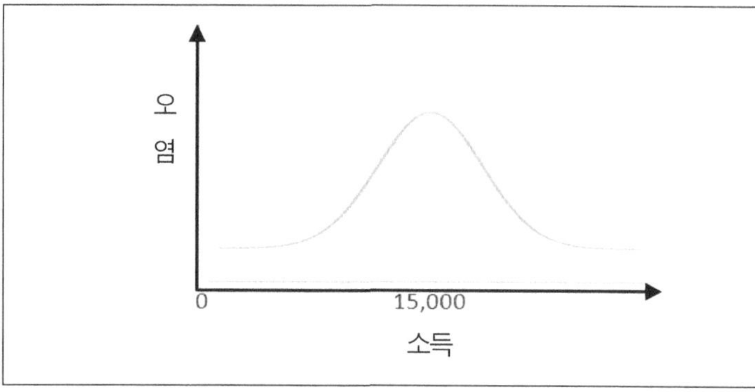

EKC 가설을 입증하는 현실 사례도 많다. 경제가 성장하면서 아황산가스 배출, 수질 오염, 소음, 악취 등은 개선된 사례가 많다. 실제로 많은 선진국들은 환경 또한 뛰어나다. 공해나 환경 문제는 오히려 개도국이 더 심각하다.

왜 이런 관계가 나타날까. 여러 요인들이 지적된다. 우선 소득이 증가함에 따라 사회의 환경질에 대한 요구가 증가한다는 점이다. 환경질에 대한 상대 가격이 올라간다. 이에 따라 환경 개선을 위한 정부투자가 증가한다. 동시에 환경오염에 대한 규제도 강화된다. 환경 친화적 제품에 대한 욕

35) 이 개념은 그로스만(Gene Grossman)과 크루거(Alan Kruger)에 의해 1991년 처음 제시되었다. (Environmental Impacts of a North American Free Trade Agreement, in p. Garber (Ed.), The US-Mexico Free Trade Agreement, Cambridge MA: MIT Press. 1991. 참고)

구와 소비가 증가한다. 자연히 환경 관련 기술 진보가 이루어진다. 경제가 성장하면서 산업구조도 굴뚝 산업에서 서비스 산업으로 고도화된다. EKC 가설이 주는 정책적 함의는 매우 크다. 한마디로 경제만 성장하면 환경은 개선되므로 환경 정책이 중요하지 않다는 점을 시사한다.

그러나, 자연 자원의 소비나 생물다양성 보존, 지구 환경 문제에 있어서는 이러한 증거를 찾아보기 힘들다. 에너지, 토지나 자원의 사용은 소득의 증가에도 불구하고 감소하지 않고 있다. 온실가스 배출 등과 같은 지구적 환경 문제에도 EKC 가설은 성립되지 않는 것으로 나타나고 있다.

3. 경제 성장의 지속가능성

산업혁명 이후 환경과 관련하여 경제의 미래를 예측한 학자로서는 맬더스(Thomas Malthus)를 꼽을 수 있다. 그는 『인구론』(An Essay on the Principle of Population, 1798)에서 '식량은 산술 급수적으로 증가하나 인구는 기하급수적으로 증가'하기 때문에 경제의 미래를 비관하였다. 20세기에는 칼슨(Rachel Carson)이 『침묵의 봄(Silent Spring, 1962)』에서 산출을 늘리려고 사용하는 DDT와 같은 농약의 남용이 가져올 사회의 파멸을 경고하였다. 얼리히(Paul Ehrlich)는 『인구폭발(Population Bomb, 1968)』을 통해 인구 문제의 심각성을, 와드(Barbara Ward)는 『하나뿐인 지구(Only One Earth, 1972)』에서 환경오염과 지구생물다양성 파괴를 우려하였다.

♣ 성장의 한계

본격적으로 성장의 한계를 예측한 것은 1972년 로마 클럽(The Club of Rome)이다. 로마클럽의 의뢰를 받은 메사추세츠공과대학(MIT)의 메도우즈

(Donella Meadows) 등은 시스템 다이나믹스라는 시뮬레이션 기법을 통해 세계의 인구 구조와 생태계의 변화에 관하여 장기적으로 예견하면서, 그 결과를 담은 『성장의 한계(The Limits to Growth)』라는 책을 발간하였다. 현재의 소비 패턴과 성장 수준이 지속되면 기술의 향상을 감안하더라도 50년내에 주요 자원의 고갈 현상이 심화되고, 환경오염, 개발도상국의 인구 증가 등으로 100년 이내에 지구상에는 '성장의 한계'가 나타날 것이 핵심이다[36].

그림 5-2 2100년까지의 세계 경제 변화 전망

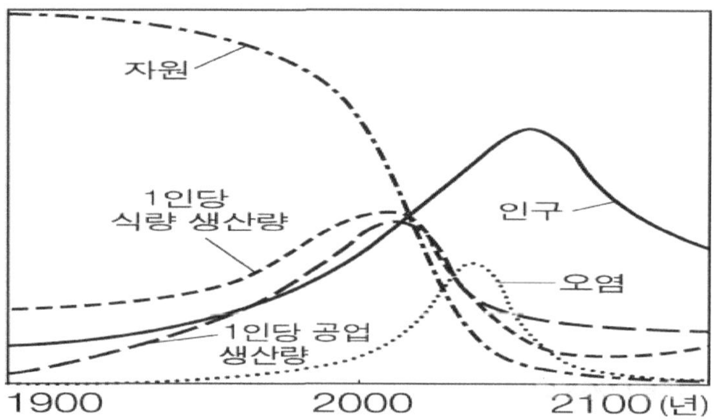

자료: 이상수, Basic 고교생을 위한 사회용어사전, 신원문화사(naver 지식백과).

최근 들어서 고어(Al Gore)는 『위기의 지구(Earth in the Balance, 1992)』에서 생태학적 위기를 대처하기 위한 범지구적 마샬플랜을 제안하였다[37]. 언론가 헤르츠가드(Mark Hertsgaard)는 『지구 오디세이(Earth Odyssey, 1999)』[38] 자신

---

36) 호주 연구소 CSIRO의 터너(Graham Turner)는 2008년 『성장의 한계』 발간 후 30년 기간 동안의 변화는 『성장의 한계』에서 밝힌 예측에 부합한다고 평가하였으며, 2014년에는 지구시스템의 붕괴를 피하기보다는 붕괴된 시스템에 준비하는 것이 더 중요할 것이라고 결론지었다.

37) 고어는 또 저서 『불편한 진실(An Inconvenient Truth, 2006)』과 동명의 영화 제작 등 지구온난화 대응활동으로 노벨평화상(2007)을 수상하였다.

38) 부제는 우리의 환경적 미래를 찾아서 세계를 돌다(Around the world in search of our environmental future).

이 직접 환경오염과 자원고갈 현장을 돌아보고 나서 이러한 현상이 가져올 지구와 인류의 미래를 우려하였다.

피케티(Thomas Piketty)에 따르면 세계인구의 증가율은 다음 그림 5-3 그래프와 같은 종 모양을 보일 것으로 전망됐다. 다시 말해 21세기 말에 세계 인구 증가율이 영으로 돌아가는 가는 것이다.

그림 5-3 세계인구 증가율 추이와 전망

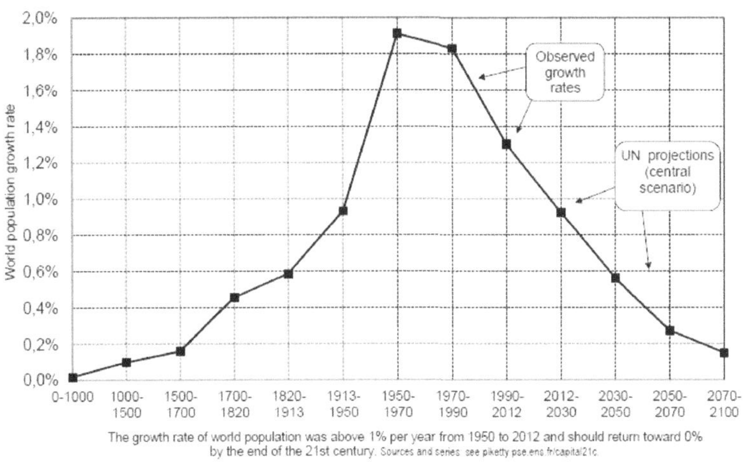

자료: Piketty.pse.ens.fr/en/capital21c.

♣ 자원의 고갈: 피크 오일

산업혁명이후 세계 경제가 의존하고 있는 석유, 석탄, 천연가스와 같은 화석연료는 향후 60-200년 내에 고갈된다. 주 에너지원의 고갈은 화석연료에 기반을 둔 경제 성장의 지속 불가능성을 의미한다. 한편 미국의 석유 지질학자인 허버트(King Hubbert)는 1956년 허버트 곡선 가설을 통해 산유량이 장기적으로는 종 모양(bell shape)이 될 것이며, 산유량이 최대에 달하는 피크 오일(peak oil)이 나타날 것으로 예측한 바 있다. 그는 미국의 석유 생산량 피크는 1970년대 말이 될 것으로 예측한 바 있다. 실제로 미국의 산유량은 1980년 무렵을 고비로 하강 곡선을 그리게 된다. (제2부 제1장 에너지경제학 허버트 곡선 참조)

많은 지질학자들은 과거와 같은 초대형 유전의 신규 발견이 최근 20~30년간 없었고, 탐사 기술이 고도로 발달한 현재의 상황에서 앞으로도 기대하기 어렵다고 보고 있다. 탐사 및 개발 기술의 발달은 심해저 유전이나 극지대 유전의 생산을 가능하게 하고는 있지만 세계 석유 생산의 큰 증가는 거의 기대하기 어려운 상황이다. 따라서 세계 석유 생산 곡선도 허버트 곡선을 그릴 것으로 의견이 모아지고 있다.

♣ 생태발자국: 지구 부양능력의 초과

이 개념은 1993년 캐나다 브리티시 콜롬비아 대학원생이던 웨커네이걸(Mathis Wackernagel)과 그의 지도교수 리스(William Rees)에 의해 만들어졌다. 인간은 식량, 주거, 교통, 소비 등 자신의 소비 활동의 종류와 크기에 따라 지구에 크고 작은 생태발자국(ecological footprint)을 남긴다. 지구상의 인간 한 사람당 생태발자국의 크기는 자신이 소비하는 자원을 제공하거나 배출하는 온갖 폐기물들을 처리할 수 있는 농경지, 산림지 등 땅의 면적으로 환산하여 합한 뒤 인구수로 나누어 구한다.

생태발자국 네트워크(Footprint Network)에 따르면 2012년의 경우 세계 인구 1인당 생태발자국의 크기는 2.8 gha[39]로 계산되었다. 반면 지구가 제공할 수 있는 생태 용량 혹은 부양능력(carrying capacity)은 1.7 gha였다. 따라서 현재 인류의 소비는 지구의 부양능력을 70% 이상 초과하고 있다. 현재와 같은 소비를 뒷감당하려면 지구가 0.7개 더 필요하다는 의미이다. 따라

39) gha(global 헥터 아르)는 토지의 면적(ha)을 전지구적 비교가 가능하게 해당 토지의 생태적 생산성을 반영, 변환한 값.

서 지금은 지구의 부양 능력을 초과하는 인류의 소비로 인해 지구 자원의 원본(stock)이 잠식당하고 있는 상황이다. 더구나 상황은 지속적으로 악화되고 있다. 1961년에서 2012년 사이에 생태 용량은 3.2 gha에서 1.7 gha로 준 반면 생태발자국의 크기는 2.4 gha에서 2.8 gha로 늘어난 것이다.

선진국으로 갈수록 이 면적이 넓은 것으로 나타났다. 20%에 불과한 선진국 국민이 세계 자원의 86%를 소비하고 있다. 우리나라의 경우, 환경 용량은 0.7 gha에 불과하나 생태 발자국의 크기는 5.7 gha에 달해 5.0 gha 만큼 환경 적자를 지고 있는 것으로 나타났다. 특히 1961-2012년 사이에 생태 용량은 1.3 gha에서 0.7 gha로 준 반면 생태발자국은 0.8 gha에서 5.7 gha로 급증하였다[40].

이와 유사한 지표로 탄소배출량을 기준으로 만들어진 탄소 발자국(carbon footprint)이 있다. 우리나라의 세계 인구비중은 0.7%에 불과하나 탄소발자국 비중은 1.7%를 차지, 세계 8위에 올라있다.

---

40) 세계자연기금 한국본부(WWF-Korea), 한국생태발자국보고서 2016:지구적 차원에서 바라본 한국의 현주소, 2016.6

표 5-1 세계 주요국의 생태 발자국과 환경 용량

	생태 발자국		환경용량		환경부담	
연도	2007	2011	2007	2011	2007	2011
세계	2.7	2.7	1.8	1.7	−0.9	−0.9
아프리카	1.4	1.2	1.5	1.2	0.1	0.0
가봉	1.4	2.5	29.3	25.9	27.9	23.4
아시아	1.8	2.5	0.8	1.0	−1.0	−1.5
일본	4.7	3.8	0.6	0.7	−4.1	−3.1
북한	1.3	1.2	0.6	0.6	−0.7	−0.6
남한	4.9	4.5	0.3	0.7	−4.5	−3.8
몽고	5.5	4.5	15.1	14.2	9.6	9.7
UAE	10.7	8.1	0.8	0.6	−9.8	−7.6
유럽	4.7		2.9		−1.8	
핀란드	6.2	4.8	12.5	13.2	6.3	8.4
프랑스	5.0	4.2	3.0	2.9	−2.0	−1.2
독일	5.1	4.4	1.9	2.1	−3.2	−2.3
러시아	4.4	4.5	5.7	6.7	1.3	2.2
영국	4.9	4.2	1.3	1.4	−3.6	−2.8
중남미	2.6	2.5	5.5	5.3	2.9	2.8
볼리비아	2.6	2.7	18.8	16.9	16.3	14.2
북미주	7.9	6.7	4.9	4.7	−3.0	−2.0
캐나다	7.0	6.6	14.9	14.6	7.9	8.0
미국	8.0	6.8	3.9	3.7	−4.1	−3.1
오세아니아	5.4		11.1		5.8	
호주	6.8	8.3	14.7	16.1	7.9	7.7
뉴질랜드	4.9	5.1	10.8	8.9	5.9	3.8

주: 환경부담의 마이너스 숫자는 환경적자를 나타냄.
자료: www.footprintnetwork.org/atlas

4. 환경 친화적이고 지속가능한 개발

석유를 비롯한 주요 자원의 고갈과 지구온난화와 같은 환경 문제가 아니더라도 세계 경제는 이미 심각한 위기 상황이다. 70년대부터 시작된 중남미 외채위기, 구소련의 해체, 90년대의 동아시아 경제위기로 확산되었으며 급기야 서구 선진국으로 파급되어 유로존의 많은 국가들이 재정파탄에 이르렀고, 2007년에는 자본주의의 심장부라는 월가에서부터 글로벌 금융위기로 확대되었다. 양적 완화, 마이너스 금리 등 극한 처방에도 불구하고 아직까지 세계 경제의 심각한 위기는 어떻게 전개될지 예측하기 어려운 상황에 처해있다.

과거와 같은 경제성장은 지속가능하지도 않고 바람직하지도 않다는 인식이 확산되면서 이제 세계적으로 지속 가능한 개발(SD sustainable development)이 추구되고 있다. 이 개념은 유엔의 세계환경개발위원회(WCED World Commission on Environment and Development)가 1987년 발표한 '우리 공동의 미래(Our Common Future, 1986)'[41]에서 제시되었다. 이른바 브룬틀란트(Brundtland) 보고서[42]라고도 불리는 이 보고서에서 WCED는 자원과 환경이 향후 세계경제성장의 제약요인으로 작용할 것으로 내다보면서, 세계 각국은 이제 환경 친화적이고 지속가능한 개발(ESSD environmentally sound and sustainable development)을 추구할 것을 권고하였다. 지구적으로 생각하고 지역적으로 행동하기(Think Globally Act Locally)를 슬로건으로 1992년 브라질 리우데자네이루에서 '환경과 개발에 관한 UN 회의(UNCED UN Conference on Environment and Development)'가 열렸다. '지구정상회의(Earth Summit)'으로도 불

41) 1992년 브라질 리우에서 지구정상회담(Earth Summmit)의 개최와 의제 21, 리우 선언, 지속가능개발위원회의 설립의 토대가 되었다.

42) WCED의장이었던 전 노르웨이 수상 브룬틀란트(Gro Harlem Brundtland)의 이름에서 비롯되었다.

리는 이 회의에서는 환경친화적이고 지속가능한 개발(ESSD)이 주제로 채택되었다.

브룬틀란트보고서에서 지속가능한 개발이란 "미래 세대가 그들의 필요를 충족시킬 수 있는 가능성을 손상 시키지 않는 범위내에서 현 세대의 필요를 충족시키는 개발(development that meets the needs of the present without compromising the ability of future generations to meet their own needs.)"이라고 정의하였다[43]. 정의에서 보듯이 지속가능성에서 강조되는 것은 효율성이 아니라 형평성이다. 형평성은 세대간 형평성(inter-generational equity)과 세대내 형평성(inter-generational equity)으로 대별된다.

♣ 세대간 형평성(inter-generational equity)

세대간 형평성은 말 그대로 미래 세대들도 현세대들이 누렸던 만큼을 누릴 수 있는 가능성을 가져야 한다는 것이다. 석유는 산업혁명 이후 약 300년 기간 동안에 살았던 사람들만 사용하고, 그 이후 세대들은 석유의 혜택을 누릴 수 없다. 오히려 비닐, 플라스틱, 농약 등 각종 석유화학 폐기물에 시달리게 된다. 원자력 발전의 경우 현 세대들은 값싼 전기를 이용하는 반면 후세대들은 방사능폐기물을 떠안게 된다. 대표적인 세대간 불평등이라고 할 수 있다.

---

43) 유엔환경계획(UNEP)은 'Progress towards national and international equity, as well as the maintenance, rational use and enhancement of the natural resource base and that underpins ecological resilience and economic growth'라고 정의하고 있다. 2005년 WSSD(World Summit on Sustainable Development)에서는 지속가능개발의 목표를 경제 개발, 사회 개발, 환경 보호로 제시하였다. 부연하면 환경적으로 건전하고(environmentally sound), 사회적으로 형평성에 맞으며(socially equitable), 경제적으로 살아남을 수 있어야(economically viable) 지속 가능하다고 한다.

♣ **세대내 형평성**(intra-generational equity)

지속 가능한 개발은 현 세대와 미래 세대간의 이른바 세대간 형평성의 추구만을 중시하기 쉽다. 그러나 현 세대 내에서도 여러 국가, 민족, 지역간의 형평성, 이른바 세대내 형평성도 그것 못지않게 강조된다. 남녀 격차, 학력 격차, 빈부 격차, 자원 격차, 정보 격차 등 세대내 형평성이 악화되면 사회는 건강하지 않고, 지속가능하지도 않다. 그럼에도 불구하고 최근 들어 이런 격차 현상이 더 심화되고 있다. 20%의 인구가 전체 부의 80%를 소유하고 있고, 전체 자원 소비의 80%를 차지한다는 소위 20대 80 현상이 이를 대변하고 있다. 샌더스(Bernie Sanders) 민주당 대통령 후보는 미국 상위 0.1% 인구가 차지하는 자산비율이 1985년 10%에서 2015년 22%로 증가하였고, 하위 90%가 차지하는 자산은 36%에서 23%로 감소하여, 부의 쏠림 현상이 심화되고 있다고 주장하였다. 또 지난 2년간 늘어난 최고 부자 15명의 재산은 1700억 달러로 하위 40% 재산보다 더 많다고 추정하였다[44]. 미국 5%의 인구가 미국 전체 에너지의 25%를 쓰고 쓰레기의 19%를 배출한다. 미국 캘리포니아 주민들이 정원 잔디를 가꾸는 데 소요되는 물이면 아프리카의 식수 부족 문제를 해결하고도 남는다고 한다.

5. 지속 가능성 지표

가. GDP의 개선

GDP와 GNI 가 성장과 소득의 지표이지만, 행복이나 삶의 질을 나타내는 데는 상당한 한계가 있음을 지적한 바와 같다. 삶의 질에 큰 영향을 미치는 건강, 여가, 환경 등의 변화를 반영하는 지표를 개발하려는 여러 가

---

44) www.berniesanders.com 참조

지 방법들이 시도되고 있다. 대표적으로 경제후생지표(MEW measure of economic welfare), 참성장지표(GPI genuine progress indicator), 녹색 GDP 등을 소개한다. 이런 지표값들을 통해 GDP나 GDI 데이터보다 국민의 후생 복지의 변화, 나아가 사회의 지속가능성의 변화를 더 잘 파악할 수 있다고 보는 것이다.

♣ 경제후생지수

예일 대학의 노드하우스(William Nordhaus)와 토빈(James Tobin)이 성장이나 소득의 지표인 GDP의 한계를 개선하려는 시도로서 1972년 처음 제시되었다. 경제후생지표(MEW measure of economic welfare)는 GDP에다 여가, 비임금 노동, 환경피해 등의 가치를 반영하여 조정한다.

♣ 참성장지표

경제후생지수는 1989년 데일리(Herman Daly)와 콥(John Cobb)이 군사비 지출이나 자원 소모와 같은 추가적인 비용을 차감한 지속가능경제후생지수(ISEW index of sustainable economic welfare)로 보완되었으며, 최근에는 참성장지표(GPI)로 발전되었다. 이는 GDP와 같은 통상의 소득 지표에 복지를 창출하는 비시장 서비스의 가치는 더하되 자원 고갈의 방어적 지출이나 훼손비용을 차감하고 자본 스톡의 변화를 반영하는 방식으로 계산된다[45]. 구체적으로는 다음 식과 같다.

$$GPI = A + B - C - D + I$$

A: 소득

B: 복지를 창출하는 비시장서비스의 가치

C: 자연 자원 고갈에 대한 민간의 방어적 지출

---

45) 범죄, 자동차 사고, 통근 시간, 빈부 격차, 가정 파괴율 등을 포함시키는 사례도 있다.

D: 자연과 자연 자원의 고갈, 훼손 비용
I : 자본 스톡의 증가와 국제 무역의 수지

♣ 녹색 GDP

녹색 GDP(Green GDP)는 GDP에서 환경귀속비용 즉 자연자원 소모비용, 환경악화비용 등을 반영한 것이다. 예를 들면 재생 불가능 자원의 소비량, 재생 가능 자원의 소비량, 오염의 피해액 등을 제외한 것이다.

녹색 GDP = GDP − 자원 소모 비용 - 환경 악화비용

$= GDP - (P - MC_{NR}) \cdot \triangle NR - (P - MC_{R}) \cdot \triangle R - V \cdot \triangle S$

△NR: 비재생성 자원 소비량

△R: 재생자원 소비량

△S: 오염량

△v: 한계제거비용

녹색 NDP는 순국내생산(NDP)에서 환경귀속비용을 제한 것이다. NDP는 GDP에서 인공 자본의 감가상각을 제외한 것이다. 즉,

녹색 NDP = GDP − 인공 자본의 감가상각 − 자원 소모 비용
− 환경악화비용
= NDP − 자원 소모 비용 - 환경악화비용

♣ 한국은행, 그린GDP의 추계

중국은 2004년 환경오염피해가 663억 달러(GDP의 3.05%)에 달한다고 2006년 추정, 발표한 바 있다. 녹색 GDP로는 성장률이 그만큼 감소되는 것이다. 또 다른 연구는 중국의 지난 10년간의 환경오염과 자원소모의 비용은 GDP의 8~12%에 달한다고 추정하였다. 이 경우 중국의 녹색 GDP 성

장률은 사실상 영이 되는 셈이다.

녹색GDP가 유엔의 환경경제통합계정(SEEA) 추계방식을 따라 작성되면 환경요인 조정 국내총생산(EDP environmentally adjusted net domestic product)이 된다[46]. 홍종호, 김승우(1998)는 국내 최초로 SEEA 방법에 따라 우리나라 1994-96년 EDP를 추정한 결과 NDP보다 약 3% 적은 것으로 나타났다. 즉 연간 환경비용이 NDP의 3% 정도로 추정했다.

나. 자본량의 평가 방식

한 사회가 가진 자본은 생산의 수단으로 기계, 공장과 같은 인공자본(K)만 생각하기 쉬우나, 땅이나 생산물의 원료를 제공하고 공기와 물, 쾌적한 환경을 제공하는 자연 자본(R), 단순한 노동력뿐만 아니라 기술과 지식을 가진 인적 자본(H), 그리고, 제도나 문화, 신뢰, 전통, 공동체와 같은 사회적 자본(S)으로 이루어진다.[47] 자본은 모든 인간 활동의 원천이다. 한 국가나 사회의 자본량이 줄지 않는 것을 지속가능성으로 정의한다.

♣ 약 지속성과 강 지속성

사회에 존재하는 여러 종류의 자본의 양은 시간에 따라 변한다. 그러나 자본의 총량만 줄지 않으면 지속 가능성이 유지된다고 간주하는 것이 약 지속성(weak sustainability)의 개념이다. 즉 자본간 대체 가능성(substitutability)을 폭넓게 인정하는 것이다. 예컨대 자연 자본의 총량(stock)은 감소하였으나 그 대신에 인공 자본이 증가하여 전체 자본의 총량이 줄지 않았으면 지속성이 유지된다고 보는 것이다.

---

46) GDI로부터 계산되면 환경요인 조정 국내총소득(EDI)이 된다.

47) 금융자본(financial assets)도 개인에게는 자본임에 틀림없으나 국가적으로는 누군가가 금융자본만큼 부채를 지고 있으므로 사회적 자본량에 포함시키지 않는다. 예컨대 돈은 중앙은행의 부채, 채권은 발행자의 부채이다.

그러나 강 지속성(strong sustainability)은 기본적으로 인공 자본이 자연 자본을 대체하는 데는 한계가 있다는 개념이다. 특히 대기의 구성, 오존층, 기후, 지구온난화 등 인간 생존에 필수적이나 대체가 불가능한 필수 자연 자본(Kn)의 총량이 감소하면 지속성이 훼손되는 것이다. 재생 가능 자원의 경우 재생되는 범위 내에서 소비하면 자원의 원본이 감소되지는 않는다. 재생 불가능 자원이라고 하더라도 인공 자원으로 대체 가능한 경우도 있다. 그러나 석유나 석탄 같은 자원을 인공물로 대체하는 데는 한계가 있다. 필수 자원의 경우 한 방울이라도 사용하면 자원량은 감소할 수밖에 없고 강 지속성은 유지되지 않는다.

♣ 총국부

한 국가의 자본의 가치를 합산하면 총국부(TNW total national wealth)가 된다. 이는 자연자본(R), 인적자본(H), 인공자본(K), 사회적 자본(S)에 각각 그 자본들의 가격 즉, P_R, P_H, P_K, P_S를 곱하여 얻어진다. 즉,

$$TNW = P_R \cdot R + P_H \cdot H + P_K \cdot K + P_S \cdot S$$

지속가능성이란 이 총국부가 시간적으로 감소하지 않을 때 충족된다. 이 개념은 자본간 대체가능성을 폭넓게 인정하는 약지속성에 해당한다. 즉, 자연자본의 가치가 감소해도 총국부가 감소하지 않도록 다른 자본에 투자하여 가치를 높이면 지속성으로 보는 것이다. 이 방법은 각 자원의 가격 혹은 가치를 어떻게 측정하느냐 하는 문제가 남는다.

♣ 참저축

투자로 이어지는 저축 데이터에서 우리는 그 사회의 자본량(capital stock)의 순변화를 알 수 있다. 한 사회의 저축이 줄지 않으면 자본량이 줄지

않는다. 사회의 지속가능성을 저축의 변화를 파악한다. 흔히 총저축에서 자본의 감가상각을 제외한 순저축(NS net savings) 혹은 고정자본형성으로 본다. 순저축은 환경과 자원에의 충격이나 변화는 포함되어 있지 않다. 순저축에 인적 자본이나 자연 자본의 변화분을 포함시킨 개념이 참저축(GS genuine savings)이다. 참저축이 영보다 크면 자본량이 증가한 것이고, 참저축이 음이면 자본량이 감소한 것이다. 참저축은 총저축(S gross savings)에서 인간 자본(M man-made capital)의 감가상각분(δM)과 자연자본(N)의 감가상각분(δN)을 제외한 것이다[48]. 즉,

$$GS = S - \delta M - \delta N$$

δM: 인간자본의 감가상각

δN: 자연자본의 감가상각

♣ 하트위크 규칙

자본 총량의 증가, 감소로 지속성을 평가하지 않고, 그 자본의 사용에서 얻는 효용의 크기가 어떠한가로 지속성을 평가할 수 있다. 힉스(J. R. Hicks, 1937)는 초기 자본량에서 한 기간 동안 소비하고 나서 다음 기에 소비하는 수준이 처음에 비해 줄지 않았을 때 지속가능하다는 개념을 제시했다.

하트위크(John Hartwick, 1977[49])는 개인의 소비의 지속가능성 개념을 제시하였다. 하트위크는 지속가능성이란 일인당 소비 수준이 가장 높은 일정한 수준을 유지하는 것으로 간주하였다. 따라서 재생불가능 자원을 소비하였을 경우 이 자원의 소비에서 오는 렌트를 인공 자원에 투자해야만 지

48) 세계은행은 이런 정의를 이용하여 세계개발지수(World Development Indicators)의 구성요소로 각국의 총저축과 참저축을 매년 발표한다.

49) Hartwick, John M. (1977) "Intergenerational Equity and the Investment of Rents from Exhaustible Reosurces" American Economic Review, 67, December, pp. 972-74

속가능성이 유지된다. 이것을 자연 자원 렌트의 지속성 투자 규칙(the invest resource rents for sustainability rule) 혹은 하트위크 규칙(Hartwick's rule)이라고 한다. 재생 불가능 자원이 존재하는 상황 하에서 지속가능성에 관한 가장 유명한 규칙이다.

다. 환경 지속성 관련 지표

환경지속성을 평가하는 대표적인 지표가 환경지속성 지수(ESI environment sustainability indeces[50]))이다. 1999년부터 세계경제포럼(World Economic Forum), 예일(Yale) 대학(YCELP), 콜롬비아 대학(CIESIN)이 공동으로 작성한다. 여기에는 환경시스템(environmental system), 환경부하 저감(reducing stresses), 인간취약성 저감(reducing human vulnerability), 사회와 제도적 대응능력(social & institutional capacity), 지구환경 기여도(global stewardship) 등 5개 분야를 평가한다. 2012년 우리나라는 178개국 가운데 43위를 차지한 바 있다.[51]

표 5-2 세계주요국의 환경 지속성 지수 순위

	2006	2008	2010	2012
한국	42	51	94	43
핀란드	3	4	12	19
스위스	16	1	2	1
일본	14	21	20	23
미국	28	39	61	49
벨기에	39	57	88	24
중국	94	105	121	116

자료 : 환경부, 환경 백서, 2014.

유엔환경계획(UNEP)에서는 환경취약성 지수(EVI environmental vulnerability

50) www.ciesin.org/ESI

51) 환경성과지수 가운데 초미세먼지(PM2.5)항목은 우리나라가 171위로 최하위권임.

index)와 환경성과 지수(EPI environmental performance index)를 작성한다. OECD는 환경 지표 18개, 경제사회지표 15개, 총 33개 지표를 토대로 지속가능성 지표(SDI sustainable development index[52])를 만든다. 또 OECD는 주거, 소득, 직업, 공동체, 교육, 환경, 민주 거버넌스, 건강, 삶의 만족도, 치안, 노동-삶의 균형 등 11개 측면의 복지를 평가하여 your better life index(BLI)를 발표한다[53]. 유엔지속가능개발위원회(UNCSD UN Commission on Sustainable Development)는 사회, 경제, 환경, 제도의 4개 분야 57개 지표로 줄인 핵심가능 지표[54]를 발표하며, EU의 지속가능성 지표[55]도 있다. 유엔이 1990년부터 매년 발표하는 인간개발지수(HDI human development index)는 삶의 질, 소득 불균형 감소, 교육, 유아 사망률, 질병 사망률 등을 종합 평가한 것이다. 부탄의 국민행복지수(GNH gross national happiness)는 1972년 부탄 왕이 제시한 철학적 개념을, 2010년 부탄학 연구 및 GNH 연구센터에서 구체화한 것으로 정신적 건강, 시간균형, 사회와 공동체의 활력, 문화적 활력, 교육, 생활수준, 좋은 거버넌스, 생태적 활력 등 8개 요인을 평가한다.

라. 경제와 환경의 상호 작용 평가 - 환경계정

기존의 국민계정은 경제활동존체의 정보를 요약 제공하지만, 환경이나 자원과의 관계나 영향에 관한 정보는 담고 있지 않다. 지속 가능 발전은 환경과 경제발전의 양립을 추구한다. 따라서 환경과 경제의 상호 작용을 기록할 통계 체계가 필요하다. 이러한 목적으로 개발되고 있는 여러 가지 환경계정들을 소개한다.

---

52) oecd.org/dac/indicators/htmlist.htm

53) http://www.oecdbetterlifeindex.org

54) http://www.un.org/esa/sustdev/isd-htm

55) www.europa.eu.int/comm/eurostat/public/datashop

그림 5-4 환경경제계정의 체계

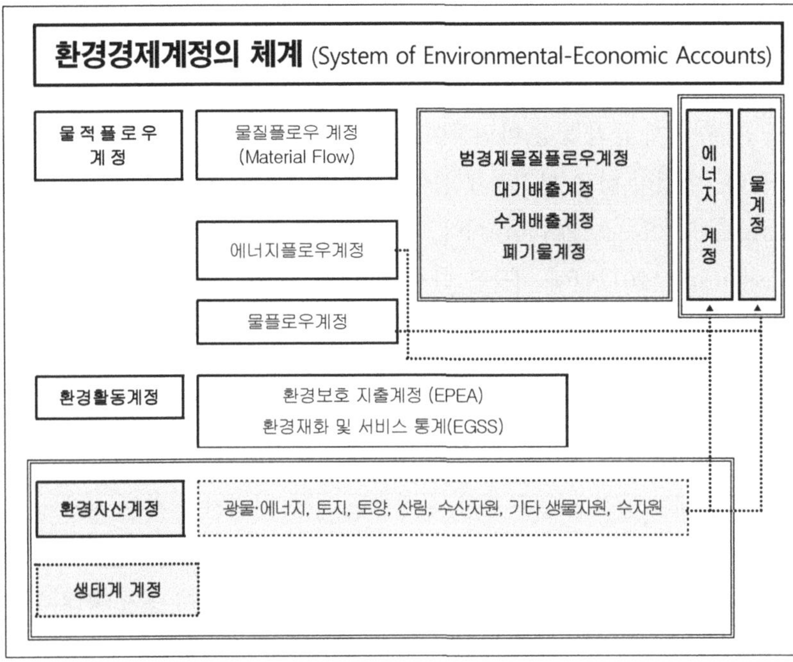

자료: 통계청.

♣ 국민계정체계

유엔은 한 나라의 종합적인 경제수준과 각 경제주체간의 거래활동을 기록하는 국제표준을 만들었다. 이것이 국민계정체계(SNA system of national accounts)이다. 1993년 처음 제정된 SNA는 나중에 SNA 2008로 보완되었다[56]. SNA에 속하는 국민경제의 종합재무제표로는 경상 계정(생산과 소득), 축적 계정(자본과 금융), 국외 거래 계정, 대차 대조표 계정 등이 있다. 여기에 대응되는 통계는 산업연관표, 국민소득계정, 자금순환표, 국제수지표, 국민대차대조표 등 다섯 가지이다.

---

56) Systems of National Accounts 2008, EC, IMF, OECD, UN, WB, 2009 New York. 이의 정리본으로 2008 국민계정체계 (한국은행, 2010.2) 참고.

♣ 환경경제 통합계정

SNA는 한 나라의 경제활동에만 국한된다. 경제활동은 자연자산이나 환경과 영향을 주고 받는다. 유엔은 환경과 경제와의 관계에 관한 개념, 정의, 분류, 회계 규칙 등을 마련하여 SNA의 위성계정으로 작성할 것을 권고하였다. 이것이 바로 환경경제 통합계정(SEEA system of integrated environment and economic account, SEEA-1993)이다. 유엔은 2003년에 이를 수정 보완하였으며(SEEA-2003), 2012년에 이들을 다시 수정 보완하여 국제표준으로 승인하였다(SEEA-2012).

SEEA는 일정 기간 중 발생한 자연자산이나 환경자산의 감모나 질적 악화 등 여러 가지 변동을 화폐로 평가하여 국민계정체계에 맞게 기록한다. SEEA에는 물질 플로우 계정, 환경활동 계정, 환경자산 계정, 생태계 계정 등으로 크게 구분된다. 이들을 활용하여 단순한 국내총생산(GDP)보다 삶의 질이나 지속가능성을 더 잘 반영하고 있는 환경 요인 조정 국내 총생산(EDP environmentally adjusted net domestic product)을 작성한다[57].

♣ 물질 플로우 계정

물질 플로우 계정(MFA material flow account)은 경제활동으로 인한 자원의 사용이나 오염물질의 배출을 산업별, 오염매체별로 파악할 수 있게 해 준다. 여기에는 범경제 물질 플로우 계정(EWMFA economy wide material flow account), 환경 국가회계행렬(NAMEA national accounting matrix including environmental accounts), 물적 투입산출표(PIOT physical input-output table) 등이 있다. EWMFA는 자연계에서 식량, 에너지, 광물 등 자연계의 모든 물질의 경제로의 흐름(flow)을 보여주는 체계이다.

---

57) 홍종호, 김승우(1998)는 국내 최초로 SEEA 방법에 따라 우리나라 1994-96년 EDP를 추정한 결과 NDP보다 약 3% 적은 것으로 나타났다. 즉 연간 환경비용이 NDP의 3% 정도로 추정했다.

♣ 환경 국가회계행렬

1993년 네덜란드에서 처음 개발되어 여러 나라로 파급되고 있는 환경 국가회계행렬(NAMEA national accounting matrix including environment accounts)은 경제정보를 담고 있는 화폐 단위 국민계정행렬(NAM national accounting matrix)과 환경 정보를 담고 있는 물량 단위 환경계정(EA environmental account)을 국민계정의 분류체계에 맞추어 결합한 것이다. 경제활동과 주요 오염원과의 관계, 환경경제효율성(eco- efficiency) 분석, 배출량 전망, 정책의 유발효과나 파급 효과 분석의 도구로 활용되고 있다. 우리나라에서는 대기오염, 수질, 폐기물, 에너지 등 결합된 환경 자원 물질에 따라 NAMEA-air, water, waste, energy 등으로 개발되어 있다[58].

♣ 물적 투입산출표

물적 투입산출표(PIOT physical input-output table)는 국민계정체계의 산업연관표(IO table)에 해당한다. 그러나, 화폐 단위인 산업연관표와는 달리 경제의 흐름과 에너지, 자원의 투입, 환경 오염물의 배출 등을 실물단위로 파악할 수 있게 만들어진다.

♣ 환경 산업연관표

국민계정체계는 소득의 발생, 분배, 처분만 나타낸다[59]. 이런 소득 순환에다 산업간의 재화와 용역의 거래도 포함하여 행렬 형식으로 나타낸 것이 산업연관표이다[60]. 이러한 산업연관표를 기초로 산업활동과 폐기물,

---

58) 김종호, 물적 플로우 계정 및 환경 자산 계정 작성을 위한 통계 인프라 연구, 2013, 통계개발원.

59) 2008 국민계정체계, 한국은행, 2010 참조.

60) 보통 공급표(supply table)와 사용표(use table), 이를 결합한 레온티에프 투입산출표(혹은 대칭적 투입산출표)로 구성된다.

환경오염물질 배출과의 관계를 파악할 수 있게 만든 것이 환경산업연관표(E-IO environmental input-output table)이다. 에너지 산업연관표는 산업활동과 에너지 투입과의 관계를 연계한 것이다.

♣ 환경 사회회계행렬

산업연관표를 제도부문까지 포함하여 행렬 형식으로 만든 것이 사회계정행렬(SAM social accounting matrix)이다. 이 SAM을 환경부문까지 확장한 것이 환경 사회계정행렬(E-SAM, SAMEA; SAM including environment account)이다.

♣ 환경활동계정

환경활동계정에는 환경보호 지출계정(EPEA environmental protection expenditure accounts)과 환경산업(EGSS environmental goods and service sector)이 있다. 환경보호 지출계정은 환경 보호를 위해 지출한 국민 경제의 비용을 제도부문별, 산업별, 오염매체별로 보여준다[61].

♣ 환경자산계정

환경자산으로는 광물 및 에너지, 토지, 토양자원, 목재, 수산자원, 기타 생물자원, 수자원 등이 있다. SEEA에서는 실물이나 화폐단위로 측정 가능한 투입요소의 기반으로 정의하고 있다. 환경자산계정(environmental assets account)은 국민계정체계에서 파악되지 않는 환경자산의 총량과 그 변화를 알려준다[62].

---

61) 우리나라의 환경보호지출규모는 명목GDP의 4.3%에 해당하며, 2004~2006년 중 연평균 8.9%의 높은 성장률을 보인 것으로 추계되었다(한국은행, 환경보호지출계정 개발결과, 2008. 2).

62) 김종호, 물적 플로우 계정 및 환경 자산 계정 작성을 위한 통계 인프라 연구, 2013, 통계개발원.

Part Ⅱ

자원 문제의 실제

1. 에너지 경제학
2. 기후 변화 경제학
3. 수자원 경제학
4. 지구촌 자원 문제
5. 새로운 패러다임

1장 에너지 경제학

1. 에너지의 개념

♣ 에너지(energy)란

에너지는 그리스의 에너게이아(energeia)라는 말에서 나왔다고 한다. 이는 활동(activity)과 작동(operation)의 의미라고 한다. 현대적 의미에서 에너지라는 말은 토마스 영(Thomas Young)이 최초로 쓰기 시작하였다.

자원 경제학에서의 에너지란 빛이나 열을 발생시킬 수 있는 능력과 일을 할 수 있는 능력을 말한다. 열을 발생시킬 수 있는 에너지는 나무와 같은 전통적인 땔감에서 석탄이나 석유와 같은 화석 연료, 핵 분열시 많은 열을 발생시키는 우라늄 등을 들 수 있다. 일을 할 수 있는 능력은 소와 같은 가축의 힘, 바람, 파도, 조류와 같은 자연의 힘, 탄성에너지, 중력과 같은 위치 에너지 등을 들 수 있다.

모든 에너지의 원천은 태양이다. 태양빛은 광합성 반응을 통해 식물과 나무로 저장되었고(바이오매스), 오랜 세월을 거쳐 석유와 석탄, 천연가스라는 화석 연료(fossil fuels)가 된다. 풍력, 조력, 파력 등 모든 신재생 에너지도 태양에너지에 의해 생성된다, 지구에 도달하는 태양 에너지는 30%가 대기층에서 우주로 다시 반사되고, 나머지 30%만 지구에 도달한다. 이 가운데 1%를 식물이 광합성으로 이용한다. 이 식물은 이 에너지의 1~3%만 광합성에 이용한다. 초식 동물은 식물의 10%만 이용하고, 나머지는 열이나 땀으로, 육식 동물은 이의 10% 밖에 활용하지 못한다. 즉 초식 동물은 0.002%, 육식 동물은 태양 에너지의 0.0002%만 이용한다.

♣ 에너지 소비 패턴

현실적으로 인간의 자원의 소비 형태는 양적인 측면에서, 자원의 소비량이 급증하고 있다. 예컨대 최근 세계 전체의 10년간의 석유 소비량은 과거 100년간 보다 더 많다. 질적인 측면에서는 소비 행태가 재생가능 자원보다는 재생 불가능, 고갈성 자원으로 급속히 이동했다. 땔감, 바이오매스나 석탄 같은 연료 대신에 석유, 가스 등 화석 연료가 주종이며, 전기와 같은 고급 연료의 소비가 급증하고 있다. 연료뿐만 아니라, 일상생활 제품이나 비료, 농기계 등도 모두 화석 연료 의존적으로 되었다. 예를 들어 모시, 삼베 같은 전통 섬유 소비는 찾아보기 힘들고 대세는 화학 섬유이다. 싸리비, 바가지, 낫, 퇴비 대신에 플라스틱, 비닐, 페트 병, 화학 비료, 기름을 쓰는 트랙터 등이 주종을 이루게 되었다.

♣ 열역학 법칙과 에너지

열역학 제1법칙(the 1st law of thermodynamics)은 질량보존의 법칙 또는 에너지 불변의 법칙이라고도 한다. 우주에 있어 물질과 에너지의 총합은 일정하다. 더 이상 창조와 소멸은 없다. 에너지는 변화하는 것은 형태뿐이며, 본질은 변하지 않는다.

열역학 제2법칙(the 2nd law of thermodynamics)은 엔트로피(entropy) 증대의 법칙이다. 엔트로피는 물질계의 열상태를 나타내는 물리량이다[1]. 물질이나 에너지는 엔트로피가 증가하는 방향으로 움직인다. 질서있는 상태에서 무질서한 상태로, 높은 온도에서 낮은 온도로, 빠른 운동에서 느린 운동으

---

[1] 19세기 중반 독일 물리학자 클라우지우스(Rudolf Clausius)가 제기한 개념.

로 움직인다. 결국에는 무질서하고 낮은 온도, 움직이지 않는 상태가 된다. 엔트로피는 증가한다. 결국에는 못 쓰는 자원만 남는다. 열역학 법칙은 자원의 고갈은 필연적임을 시사한다.

♣ 재생가능 에너지

에너지는 재생가능 에너지와 재생 불가능 에너지로 구분한다. 재생가능 에너지는 태양열, 태양광, 풍력, 수력, 조력, 파력, 바이오매스, 지열 등으로 신재생 에너지(new and renewable energy)들이다. 바이오매스는 동식물의 몸뚱이 그 자체를 의미한다. 식물이건 동물이건 사체를 쌓아두면 열이 나는 것은 동식물 그 자체가 에너지 덩어리임을 알 수 있다. 재생가능에너지는 그 원천이 태양 에너지인 만큼 무궁무진하다. 고갈되지 않는다. 그러나 단점은 저장과 수송이 어렵다는 점이다.

♣ 재생 불가능 에너지

재생 불가능 에너지(non-renewable energy)는 석유, 석탄, 천연가스 등 대부분의 화석연료들이다. 재생 불가능 에너지는 대부분 고갈성 자원이다. 매장량이 한정되어 있어 사용하는 만큼 총량이 줄고 언젠가는 고갈되고 만다. 이런 연료들은 광합성으로 형성된 탄소가 주성분이어서 사용할 때마다 대기 중으로 이산화탄소를 배출한다는 것이다. 지구온난화의 주범이다.

♣ 에너지의 단위

석유나 석탄은 톤과 같은 무게로 잰다. 천연가스는 세제곱미터와 같은 부피 단위로 센다. 석유도 배럴이라는 부피 단위를 흔히 쓴다. 석유 1톤과 석탄 1톤은 같은 무게이나 서로 비교가 불가능하고 천연가스는 더욱 더 비교가 힘들다. 비교나 합산을 위해서 열량 단위로 환산할 필요가 있다. 열량 단위는 칼로리(calorie), 쥬울(joule), BTU(British thermal unit) 등이 있다.

1BTU는 1파운드(454g)의 물을 화씨 1도 올리는 데 필요한 에너지이다. 1쥬울은 1뉴톤의 힘으로 물체를 1미터 움직이게 하는 힘이다. 여기서 1뉴톤이란 1kg의 물체를 초당 1m의 가속도가 생기게 하는 힘을 말한다. 또 1쥬울은 1와트의 전력을 1초 소비하는 에너지이다. 따라서 1와트는 1초에 1쥬울의 일에 해당한다. 전압 1볼트로 1암페어의 전류가 흐르는 전력을 말한다. 칼로리는 1기압에서 물 1g을 섭씨 15.5도로 1도 올리는 데 필요한 열량이다. 우리 몸의 하루 칼로리 요구량은 2,000-2,500kcal 이다. 마력(HP horse power)은 75kg의 물체를 1초에 1미터 움직이게 하는 힘이다. 1hp는 750와트에 해당한다. 중형 승용차는 대략 140-200마력 정도이다.

표 1-1 에너지 단위 환산표

단위	J	cal	Btu	kWh	hp
1 J	1	0.239	9.480×10^{-4}	2.778×10^{-7}	3.726×10^{-7}
1 cal	4.186	1	3.968×10^{-3}	1.163×10^{-6}	1.560×10^{-6}
1 Btu	1054.882	251.996	1	2.931×10^{-4}	3.930×10^{-4}
1 kWh	3,599,406	859845.2	3412.142	1	1.341
1 hp	1.355,594	0.324×10^{-3}	1.285×10^{-7}	3.766×10^{-7}	1

자료: 에너지경제연구원, 에너지통계연보, 2015.

♣ 1차 에너지와 최종 에너지

에너지는 사용 단계에 따라 1차 에너지(primary energy)와 최종 에너지(final energy)로 구분한다. 1차 에너지는 자연 상태에서 채취되어 가공되지 않은 상태의 에너지를 말한다. 원유, 가공되지 않은 원탄, 천연가스, 나무 등이 1차 에너지이다. 발전을 위한 수력도 1차 에너지이다.

♣ 자원의 공급 과정

탐사(exploration) 단계에서는 자원의 크기, 규모, 지질학적 성상, 부존량을 확인한다. 이 과정은 탐사, 시추, 평가 단계를 포함한다. 다음은 개발(development) 단계로 매장물의 윤곽이 드러나 경제성이 있다고 판단되면 채굴 혹은 채광 준비를 하는 과정이다. 채굴(extraction)은 판매나 소비를 위해 1차 에너지를 생산하는 단계이다.

♣ 광물 자원의 경제성

광물 자원의 경우 지질학적 지식, 경제적 회수 가능성, 기술적 회수 가능성의 정도에 따라 매장량(reserves), 자원량(resources), 자원량 기반(resources base) 등으로 구분한다. 지질학적으로 추정되는 자원량 기반 가운데 시추에 의해 발견되지 않았거나 발견되었더라도 상업성이 확인되지 않은 자원을 의미한다. 매장량은 시추에 의해 존재가 확인되었고, 기술적으로 회수가능하고, 상업성이 확인된 경우 매장량으로 부른다. 이런 매장량 가운데 기술적 리스크가 가장 낮고 존재의 신뢰성이 매우 높은 경우 확인 매장량(proved reserve)이라고 한다.

표 1-2 광물 자원의 분류(Mckelvey Box)

<table>
<tr><td colspan="3">identified resources</td><td colspan="2">undiscovered resources</td></tr>
<tr><td colspan="2">demonstrated</td><td rowspan="2">inferred (possible)</td><td rowspan="2">hypothetical (known district)</td><td rowspan="2">speculative (unknown)</td></tr>
<tr><td>measured (proved)</td><td>indicated (probable)</td></tr>
<tr><td colspan="3">매장량(reserves)</td><td></td><td></td></tr>
<tr><td colspan="5">자원량(resources)</td></tr>
<tr><td colspan="5">자원량 기반(resources base)</td></tr>
</table>

↑ 경제성

← 지질학적 확실성 —

자료 : U.S. Bureau of Mines and U.S. Geological Survey (http://www.usqs.qov).

♣ 전환과 최종에너지

열에너지를 일 에너지로, 일 에너지를 열, 빛 에너지 등으로 형태를 바꾸는 것을 전환(transformation)이라고 한다. 이런 전환은 인류의 역사상 산업혁명 이전에는 찾아보기 어렵다. 가축이나, 풍력, 수력 같은 일 에너지는 그냥 동력원으로 일하는 데 쓰고, 나무나 석탄은 열을 얻는 데만 사용했을 뿐이다. 열에너지를 일 에너지로 최초로 바꾼 것이 제임스 와트의 증기 기관이다. 증기 기관차, 자동차 등은 석탄, 석유, 증기와 같은 열에너지를 동력이라는 일 에너지로 바꾼 것이다. 물이 가진 위치 에너지를 전기 에너지로 변환하는 것이 수력 발전이다.

에너지 산업에서 전환은 조금 더 넓은 개념이다. 일차 에너지가 정제와 같은 가공단계를 거쳐 소비자가 쓸 수 있는 상태의 이차 에너지나 최종에너지로 바꾸는 과정을 전환이라고 한다. 석유의 경우 석유 정제(정유, refinery), 원탄을 석탄이나 연탄으로 가공하거나 천연가스를 도시가스로 제조하는 것이 전환이다. 석유의 경우 정유 과정을 거쳐서 비등점에 따라 LPG, 휘발유, 나프타, 등유, 경유, 항공유, 벙커 C, 윤활유, 아스팔트와 같은 석유류 제품들이 만들어진다. 소비자가 사용 가능한 상태로 전환된 것을 최종 에너지(final energy)라고 한다.

♣ 발전

전기 생산(electricity generation, power generation)은 열, 일, 빛, 위치 에너지를 전기에너지로 바꾸는 과정이다. 수력은 위치 에너지를, 풍력, 조력, 파력 발전은 운동 에너지를 전기 에너지로 바꾼 것이다. 태양광 발전은 반도체를 이용하여 빛 에너지를 전기 에너지로 전환한 것이다. 화력 발전은 물을 끓여 만든 수증기의 힘으로 터빈을 돌려서 전기를 생산한다. 물을 끓이는 데는 석탄, 석유, 천연가스 등이 이용된다. 따라서 수력, 풍력, 조력 발전은 신재생 에너지이지만, 화력 발전은 아니다. 원자력 발전은 농축된 우라늄이 핵분열 할 때 나오는 열을 이용하여 터빈을 돌려 전기를 생산한다. 원자력 발전은 화석연료를 사용하지 않으므로 지구 온난화를 일으키지는 않는다. 그러나 원자력 발전 과정에서 생기는 방사능 폐기물들은 다른 화력 발전들이 야기하는 지구 온난화를 능가하는 여러 가지 문제점을 낳는다.

복합화력(combined cycle)은 1차 발전에서 생기는 폐열을 회수하여 터빈을 돌려 전기를 추가 생산하는 방식이다. 따라서, 열효율이 더 높다. 복합화력 가운데 폐열을 난방용으로 쓰는 것이 열병합 발전(cogeneration)이다.

♣ 전환 효율

석유의 경우 매장된 석유 추출 효율은 95%이다. 즉 5%의 손실이 발생한다. 여기에다 운송 시 10%, 정유 시 30%, 배달 시 15%의 손실이 또 발생한다. 즉 최종 에너지로 소비자의 손에 도달할 때까지 총에너지의 50%가 소진된다. 이 최종 에너지를 자동차 연료로 쓸 경우 효율은 20%에 불과하다. 나머지는 열과 진동, 소음으로 사라진다. 따라서 땅속에서 추출한 석유 에너지 100을 자동차는 9.7%, 즉 10%도 채 쓰지 못한다는 얘기다.

발전의 경우 효율은 수력 80-90%, 석탄 화력 40%이나 석유와 가스 화력은 35% 수준이다. 전기를 전등으로 사용할 경우의 효율은 5%에 불과하다. 즉 전등은 원래 석유 에너지의 2% 미만을 사용하는 대표적인 비효율 기기이다. 평균적으로는 1차 에너지에서 70%가 최종에너지로, 이의 50%가 유효 에너지(useful energy)로, 마지막으로 에너지 서비스는 이의 40% 수준이다.

♣ 에너지 서비스

최종 에너지는 전기, 전자제품이나 기계와 같은 에너지 사용기기에서 마지막 전환을 거쳐 유효 에너지(useful energy)가 된다. 에너지 서비스는 에너지 설비가 유효 에너지를 사용하여 제공하는 동력, 빛, 열, 차가움, 습함, 건조함, 소리, 파동 등이다.

2. 세계 에너지 시장

가. 1차 에너지

♣ 에너지 소비 총량

전 세계가 소비하는 연간 1차 에너지의 총량은 2015년 기준으로 131.5억 석유 환산 톤(toe tons of oil equivalent)에 이른다. 에너지원별로는 석유 43.3억 톤으로 전체의 32.9%를 차지하고 있고, 석탄 38.4억 톤으로 전체의 29.2%, 다음이 천연 가스로 31.4억 톤 23.9%를 차지한다. 원자력으로 5.8억 톤 가량 소비하고 있으며 비중은 4.4%에 이른다. 수력과 신재생에너지 비중은 9.6%이다.

그림 1-1 에너지원별 구성비(2015년)

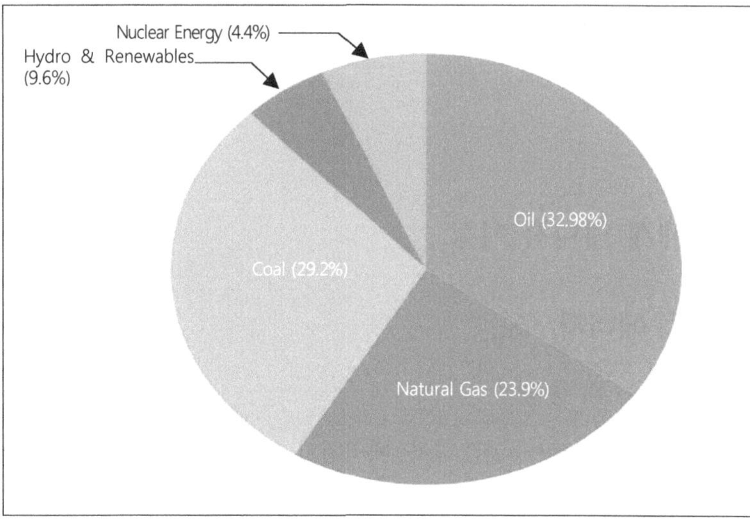

자료: BP, Statistical Review of World Energy, 2016.

♣ 국별 에너지 소비량

2009년까지 세계 최대 에너지 소비국은 미국이었다. 그러나 중국의 에너지 소비가 급격히 증가, 2015년 기준으로 중국은 22.9%이고 미국은 17.3%를 차지하면서 중국이 세계 최대 소비국이 되었다. 두 나라가 세계 에너지의 40%를 소비하는 셈이다. 그 다음으로 인도(5.3%), 러시아(5.1%), 일본(3.4%), 캐나다(2.5%)이고 독일, 프랑스, 한국, 브라질이 2% 수준이다. 아프리카는 전 대륙을 통틀어 3.3% 밖에 되지 않는다. 브라질을 제외한 중남미 대륙도 통틀어서 3.1%에 불과하다.

표 1-3 세계 1차 에너지 소비량

단위: 석유환산 백만톤(mtoe)

	2002	2012	2015	점유율 (2015, %)
US	2,292.9	2,210.4	2,280.6	17.3
Canada	305.1	326.6	329.9	2.5
Mexico	145.9	188.5	185.0	1.4
Total North America	2,744.0	2,725.4	2,795.5	21.3
Brazil	187.2	279.3	292.8	2.2
Total S. & Cent. America	480.8	673.8	699.3	5.3
France	256.6	244.7	239.0	1.8
Germany	335.8	316.7	320.6	2.4
Italy	175.8	162.2	151.7	1.2
Russian Federation	628.5	695.3	666.8	5.1
Spain	136.4	142.4	134.4	1.0
Ukraine	133.2	122.6	85.1	0.6
United Kingdom	221.9	201.9	191.2	1.5
Total Europe & Eurasia	2,853.3	2,934.3	2,834.4	21.6
Iran	148.5	238.6	267.2	2.0
Saudi Arabia	129.3	235.7	264.0	2.0
Other Middle East	84.8	119.9	131.4	1.0
Total Middle East	470.0	784.3	884.7	6.7
South Africa	98.7	123.7	124.2	0.9
Other Africa	106.8	150.2	169.9	1.3
Total Africa	287.3	405.4	435.0	3.3
Australia	115.6	131.2	131.4	1.0
China	1,156.0	2,795.3	3,014.0	22.9
India	332.0	599.8	700.5	5.3
Indonesia	111.4	170.8	195.6	1.5
Japan	508.6	468.5	448.5	3.4
South Korea	203.0	270.5	276.9	2.1
Total Asia Pacific	2,880.0	5,098.9	5,498.5	41.8
Total World	9,715.3	12,622.1	13,147.3	100.0
of which: OECD	5,458.5	5,483.9	5,503.1	41.9
Non-OECD	4,256.8	7,138.2	7,644.2	58.1
European Union	1,754.5	1,681.7	1,630.9	12.4
CIS	915.8	1,012.5	950.4	7.2

주: 지열, 태양열, 땔감 등 거래되지 않는 에너지원은 제외
자료: BP, Statistical Review of World Energy, 2016.

나. 석유

♣ 국제 원유가격 추이

아래 그림 1-2에서 보듯이, 국제원유가는 1970년 제1차 석유 파동이 일어나기 전까지는 상당히 낮은 수준에서 안정되었다. 그러나, 제1차 석유 파동으로 원유가는 배럴당 10달러 대로 급등하였고, 1979~1980년의 제2차 석유 파동을 겪으면서 배럴당 30달러대로 뛰었다. 그 이후 장기간 하향 안정세를 보였던 국제 유가는 1997년 무렵부터는 다시 급격한 상승세를 보여 2010년 이후 2014년 중반까지는 배럴당 100달러 수준을 상회하였다.

그림 1-2 국제 원유가격 추이(1861~2015)

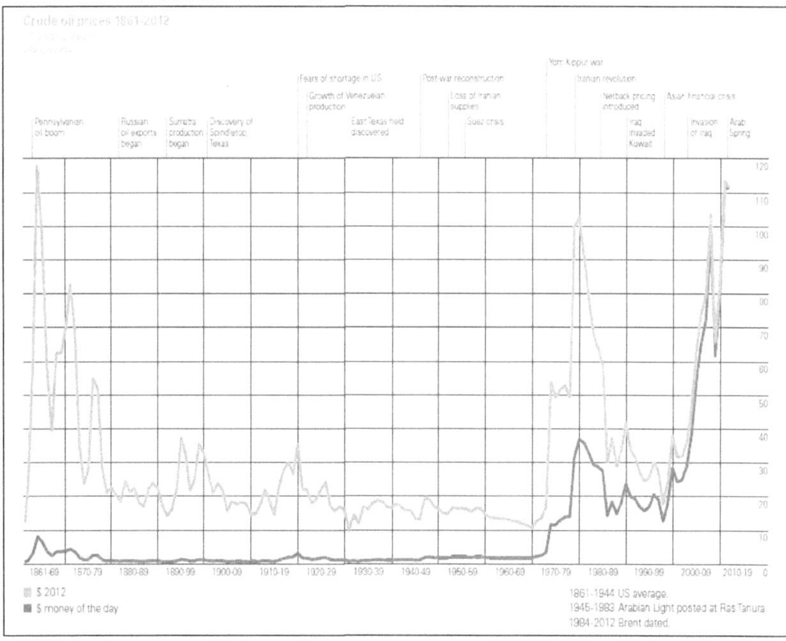

자료: BP, Statistical Review of World Energy, 2015.

그러나, 국제원유가는 2014년 중반 이후 폭락하였다. 국제거래의 대표유종으로는 보통 중동 시장의 경우 두바이(Dubai)유, 북미 시장에서는 미국 서부텍사스산 중질유(WTI west Texas intermediate), 유럽 시장에서는 북해산 브렌트(Brent)유를 들 수 있다. 아래 그림 1-3에서 보듯이 국제 원유가는 WTI 기준으로 2015년 초반에 배럴당 50달러 이하로 떨어졌고, 2016년 초반에는 배럴당 30달러 이하 수준으로 더 떨어졌으며, 2017년 들어서도 배럴당 50달러 수준에서 맴돌고 있다.

그림 1-3 최근 국제원유가 추이

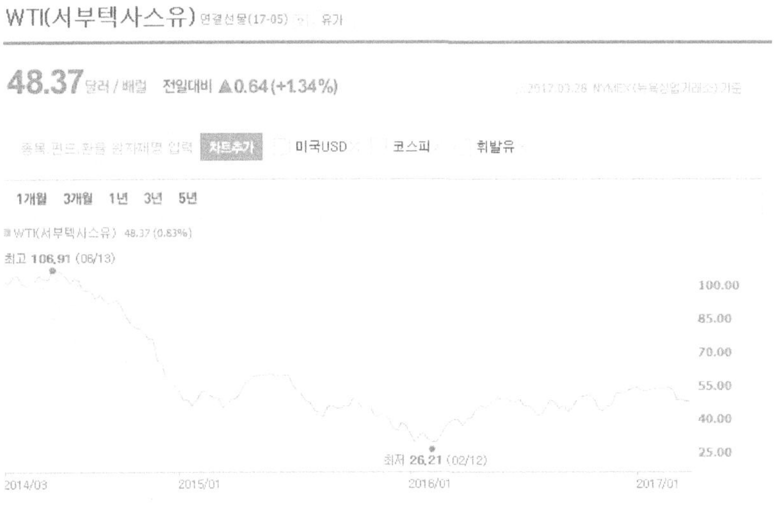

자료: 네이버 금융(info.finance.naver.com/marketindex)

♣ 세계 석유 소비량

세계 석유 소비에서 미국이 차지하는 비율이 19.7%로 단연 1위이다. 두 번째인 중국은 12.9%이다. 두 나라의 총에너지 소비량은 엇비슷하나, 미국은 석유 의존도가 높고, 중국은 석탄 소비량이 월등히 많다. 다음은 일본(4.4%), 인도(4.5%), 러시아(3.3%) 순이다. 러시아는 대산유국이자 석유 수출대국이므로 석유의 국내 소비량은 상대적으로 적은 편이다. 우리나라의 점유율은 2.6%로서 브라질(3.2%)보다는 적으나 독일, 캐나다나 프랑스보다 많다.

표 1-4 세계 석유 소비량

단위: 천 배럴/일(tbl/d)

	2002	2012	2015	점유율 (2015, %)
US	19,761	18,490	19,396	19.7
Canada	2,172	2,372	2,322	2.3
Mexico	1,864	2,063	1,926	1.9
Total North America	23,797	22,926	23,644	23.9
Brazil	2,045	2,905	3,157	3.2
Other S. & Cent. America	1,259	1,297	1,336	1.5
Total S. & Cent. America	5,090	6,782	7,083	7.5
Belgium	653	620	661	0.7
France	1,953	1,676	1,606	1.8
Germany	2,697	2,356	2,338	2.5
Italy	1,915	1,346	1,262	1.4
Netherlands	934	926	835	0.9
Russian Federation	2,544	3,119	3,113	3.3
Spain	1,493	1,291	1,226	1.4
United Kingdom	1,710	1,530	1,559	1.7
Total Europe & Eurasia	19,651	18,605	18,380	19.9
Iran	1,497	1,915	1,947	2.1
Saudi Arabia	1,810	3,462	3,895	3.9
Other Middle East	1,215	1,601	1,733	1.9
Total Middle East	5,560	8,770	9,570	9.8
Other Africa	1,355	1,873	1,993	2.2
Total Africa	2,577	3,579	3,888	4.2
Australia	843	1,021	1,006	1.1
China	5,205	10,229	11,968	12.9
India	2,413	3,685	4,159	4.5
Indonesia	1,210	1,631	1,628	1.7
Japan	5,312	4,688	4,150	4.4
Singapore	713	1,201	1,339	1.6
South Korea	2,317	2,458	2,575	2.6
Taiwan	969	983	1,031	1.1
Thailand	846	1,252	1,344	1.3
Total Asia Pacific	22,086	30,001	32,444	34.7
Total World	78,763	90,663	95,008	100.0
of which: OECD	48,321	45,509	45,643	47.5
Non-OECD	30,442	45,154	49,365	52.5
European Union	14,807	12,948	12,712	13.9
CIS	3,488	4,233	4,091	4.4

자료 : BP, Statistical Review of World Energy, 2016.

♣ 세계 원유 교역량

단일 국가로서 원유를 가장 많이 수입하는 나라는 단연 미국이다. 미국의 원유 수입량은 2015년의 경우 하루 940만 배럴로 세계 전체 교역량의 15.4%를 차지했다. 연간 수입량은 여기서 365일을 곱하면 된다. 과거 원유 순수출국이던 중국의 원유 수입량이 급격히 증가하고 있다. 2015년 기준으로 볼 때 중국 석유 소비량은 하루 1,197만 배럴로 급증하였으나, 국내 산유량은 하루 431만 배럴에 불과하여 하루 7백만 배럴 이상의 원유를 수입하게 되었다. 원유의 최대 수출 지역은 당연히 중동이다. 중동 지역의 수출량은 전 세계 수출량의 33.7%를 차지한다. 구 소련권의 수출 시장 점유율은 16.6%로서, 원유 수출이 이 지역의 주요한 외화 수입원이다.

표 1-5 세계 원유 교역량

단위: 천 배럴/일(tbl/d)

	2009	2012	2015	점유율 (2015, %)
수입				
US	11,453	10,587	9,401	15.4
Europe	12,608	12,569	13,648	22.3
Japan	4,263	4,743	4,346	7.1
Rest of World	20,023	21,213	25,631	41.9
Total World	53,447	55,787	61,223	100.0
수출				
US	1,947	2,682	4,636	7.6
Canada	2,518	3,056	3,828	6.3
Mexico	1,449	1,366	1,372	2.2
South & Cent. America	3,748	3,830	4,068	6.6
Europe	2,074	2,193	2,905	4.7
Russia	7,257	7,457	8,253	13.5
Other CIS	1,790	1,848	1,875	3.1
Middle East	18,409	19,581	20,619	33.7
North Africa	2,938	2,596	1,632	2.7
West Africa	4,364	4,557	4,458	7.3
Asia Pacific	5,631	6,299	7,006	11.4
Rest of World	1,323	322	571	0.9
Total World	53,447	55,787	61,223	100.0

자료: BP, Statistical Review of World Energy, 2016.

♣ 세계 석유 생산량

세계의 석유 생산량은 2015년 기준 하루 약 9,167만 배럴이며, 연간 36억 톤에 해당한다. 세계 산유량에서의 비중은 사우디아라비아 13.0%를 포함한 중동이 32.4%, 러시아 12.4%를 포함한 유라시아 19.4%, 북미 20.9%, 아프리카, 아시아/태평양지역과 중남미가 모두 9.1%씩을 차지한다. 석유수출국 기구(OPEC) 회원국들의 생산량은 전체의 41.4%에 이른다. 구소련은 대 산유국이다. 이 지역 석유 생산량은 세계 전체의 15.6%를 차지한다. 이렇게 보면 중동 국가를 중심으로 한 OPEC과 러시아가 세계 원유 생산의 60% 가량 차지하는 셈이다. 세일 가스 붐에 힘입어 최근 수년 사이에 미국의 산유량 비중은 13.0%로 크게 증가하였다.

♣ 세계 석유 매장량

세계 석유 매장량은 1조 7천억 배럴 정도이다(약 2,343억 톤). 이 가운데 질반가량인 8,035억 배럴이 중동 지역에 있다. 사우디 2,666억 배럴, 이란 1,578억 배럴, 이라크 1,431억 배럴 순이다. 북미 지역은 2,380억 배럴, 러시아 1,024억 배럴, 아프리카 1,291억 배럴 수준이다. 전세계의 매장량을 현재의 생산량으로 나눈 가채년수(R/P 비율)는 50.7년이다. 즉 현재와 같은 생산 수준이면 현 매장량은 50.7년 정도면 고갈 단계에 달한다는 의미이다. 더구나 세계 석유 매장량이 정정이 불안한 중동 지방에 집중되어 있다. 최근 베네쥬엘라의 오리노코 강 일대에 대규모 초중질유(heavy oil) 유전이 발견되었다. 이는 세계전체 매장량의 10%를 상회할 것으로 추정되고도 있다. 그러나, 아직 이 유전의 기술적, 경제적 타당성은 불확실하므로 매장량에 포함시키지 않았다.

표 1-6 세계 원유 생산량 단위: 천 배럴/일(tbl/d)

	2002	2012	2015	점유율 (2015, %)
US	7,625	8,883	12,704	13.0%
Canada	2,858	3,740	4,385	4.9%
Mexico	3,596	2,912	2,588	2.9%
Total North America	14,079	15,535	19,676	20.9%
Brazil	1,499	2,149	2,527	3.0%
Venezuela	2,974	2,701	2,626	3.1%
Total S. & Cent. America	6,742	7,322	7,712	9.1%
Kazakhstan	993	1,662	1,669	1.8%
Norway	3,333	1,917	1,948	2.0%
Russian Federation	7,755	10,639	10,980	12.4%
Total Europe & Eurasia	16,324	17,124	17,463	19.4%
Iran	3,580	3,814	3,920	4.2%
Iraq	2,116	3,116	4,031	4.5%
Kuwait	2,032	3,171	3,096	3.4%
Saudi Arabia	8,907	11,635	12,014	13.0%
United Arab Emirates	2,439	3,403	3,902	4.0%
Total Middle East	21,960	28,532	30,098	32.4%
Algeria	1,653	1,537	1,586	1.6%
Angola	905	1,784	1,826	2.0%
Libya	1,375	1,509	432	0.5%
Nigeria	2,103	2,430	2,352	2.6%
Total Africa	7,965	9,327	8,375	9.1%
China	3,351	4,155	4,309	4.9%
Total Asia Pacific	7,853	8,378	8,346	9.1%
Total World	74,922	86,218	91,670	100.0%
of which: OECD	21,503	19,474	23,534	24.9%
Non-OECD	53,419	66,744	68,136	75.1%
OPEC	29,282	37,536	38,226	41.4%
Non-OPEC	45,640	48,682	53,445	58.6%
European Union	3,400	1,528	1,507	1.6%
CIS	9,523	13,592	13,914	15.6%

자료: BP, Statistical Review of World Energy, 2016.

표 1-7 세계 원유 매장량

단위: 10억 배럴

	2002	2012	2015	점유율 (2015, %)	가채년수
US	30.7	44.2	55.0	3.2	11.9
Canada	180.4	173.7	172.2	10.1	107.6
Mexico	17.2	11.4	10.8	0.6	11.5
Total North America	228.3	229.3	238.0	14.0	33.1
Brazil	9.8	15.3	13.0	0.8	14.1
Venezuela	77.3	297.7	300.9	17.7	313.9
Total S. & Cent. America	100.3	328.8	329.2	19.4	117.0
Kazakhstan	5.4	30.0	30.0	1.8	49.3
Norway	10.4	7.5	8.0	0.5	11.3
Russian Federation	109.7	105.5	102.4	6.0	25.5
Total Europe & Eurasia	142.7	158.2	155.2	9.1	24.4
Iran	130.7	157.3	157.8	9.3	110.3
Iraq	115.0	140.3	143.1	8.4	97.2
Kuwait	96.5	101.5	101.5	6.0	89.8
Saudi Arabia	262.8	265.9	266.6	15.7	60.8
United Arab Emirates	97.8	97.8	97.8	5.8	68.7
Total Middle East	741.3	799.3	803.5	47.3	73.1
Angola	8.9	12.7	12.7	0.7	19.0
Libya	36.0	48.5	48.4	2.8	306.8
Nigeria	34.3	37.1	37.1	2.2	43.2
Total Africa	101.6	130.6	129.1	7.6	42.2
China	15.5	18.1	18.5	1.1	11.7
Total Asia Pacific	40.6	42.2	42.6	2.5	14.0
Total World	1,354.9	1,688.3	1,697.6	100.0	50.7
of which: OECD	250.9	246.4	255.3	15.0	29.7
Non-OECD	1,103.9	1,441.8	1,442.3	85.0	58.0
OPEC	903.3	1,204.6	1,211.6	71.4	86.8
Non-OPEC	451.6	483.7	486.0	28.6	24.9
European Union #	7.8	6.0	5.6	0.3	10.1
CIS	123.9	144.2	141.1	8.3	27.8
Canadian Oil Sands: Total	174.4	167.8	166.2	9.8	

* More than 100 years.

자료 : BP, Statistical Review of World Energy, 2016.

♣ 허버트 곡선

석유 지질학자인 허버트(King Hubbert)는 1956년 미국의 석유 생산량은 장기적으로 종 모양(bell shape)이 될 것이며 피크는 1970년대 말이 될 것으로 예측한 바 있다. 발표 당시 미국은 신규 유전이 많이 발견되면서 석유 생산량은 계속 증가할 것으로 기대되던 시기였다. 그러나 미국의 신규 유전 발견이 뜸해지고, 기존 유전의 생산량도 점차 체감하면서 미국의 산유량은 1980년 무렵을 고비로 하강 곡선을 그리게 된다. 허버트의 예측이 정확히 들어맞은 셈이다. 이 종 모양의 좌우 대칭 곡선을 허버트 곡선이라고 한다.

♣ 피크 오일

이를 계기로 세계 석유 학자들은 전 세계의 석유 생산량도 허버트 곡선을 그릴 것인지에 대해 논쟁을 벌여 왔다. 지금까지의 세계 석유 생산량은 꾸준히 증가하다가 1980년 전후하여 주춤한 뒤 1990년 중반 이후 다시 증가하고 있다. 그러나 그 증가세는 현저히 줄어들었다는 사실이다. 많은 지질학자들은 과거와 같은 초대형 유전의 신규 발견이 최근 20~30년간 없었고, 탐사 기술이 고도로 발달한 현재의 상황에서 앞으로도 기대하기 어렵다고 보고 있다. 탐사 및 개발 기술의 발달은 심해저 유전이나 극지대 유전의 생산을 가능하게 하고는 있지만 세계 석유 생산의 큰 증가는 거의 기대하기 어려운 상황이다. 따라서 석유 학자들 사이에는 세계 석유 생산 곡선도 허버트 곡선을 그릴 것이라는 데 동의하는 편이다.

그러나 세계 석유 생산의 정점 이른바 피크 오일(peak oil)이 언제인가에 대해서는 견해가 다소 엇갈린다. 이미 피크가 지나갔다는 데서부터 2010년 시점이라는 견해, 멀게는 2030년에 도래할 것이라는 다소 낙관적인 견해가 공존한다. 분명한 것은 앞으로 늦어도 이삼십년 안에 세계 석유 생산의 정점이 오리라는 점이고, 정점을 지나면 산유량이 급속도로 고갈될 것이라는 전망이다. 학자에 따라서는 피크 오일로 석유가격이 계속 상승하면 지구상에 부존되어 있는 셰일 가스(shale gas), 오일 샌드(oil sand)와 오일 셰일(oil shale) 등 비전통적 석유(unconventional oil)의 경제성이 높아지고 석유 대체 자원화가 충분히 가능할 것으로 보아 석유 고갈이 그렇게 빠르게 도래하지 않을 것이라는 낙관적인 견해도 있다.

다. 천연가스

천연가스(natural gas)의 세계 매장량은 187조 m^3 이다. 이 가운데 중동과 러시아의 매장량이 112.3조 m^3에 달한다. 그러나 지역별 분포를 보면 원유에 비해 천연가스는 중동의 비중이 현격히 낮고 대신 러시아의 비중이 크게 높다. 전체적으로는 석유보다 고르게 분포되어 있고 매장량도 많으며, 개발의 진행이 더디어 추가 개발 여지도 많은 편이다. 현재 수준이면 52.8년 정도 쓸 수 있다.

천연가스는 80년대 이후 급속한 속도로 수요가 증대하여 2015년 현재 1차 에너지에서 차지하는 비중이 18.7%를 차지하고 있다. 80년대에는 석유 파동으로 인한 고유가의 대안으로, 최근에는 친환경 에너지원으로, 특히 기후변화로 인한 온실가스 저배출 에너지원으로 인기가 높다[2].

천연가스 거래에는 소비시장의 규모가 매우 크고, 장기계약이 선호되는 규모의 경제가 매우 중요한 요소이다. 유럽과 아시아태평양 지역이 최대 고객이다. 천연가스의 경우 부피가 커서 수송과 운반에 어려움이 많다. 유럽 지역은 파이프라인(PNG)을 이용하고, 일본, 한국, 대만 등지에서는 초저온 고압으로 액화한 액화천연가스(LNG)의 형태로 수입한다[3]. 세계 천연

---

2) 화석연료의 이산화탄소 배출량은 석탄이 94.6 톤/TJ, 석유가 73.3 톤/TJ 인 반면 천연가스는 56.1 톤/TJ 에 불과하다.

가스 교역은 30%가 LNG, 나머지는 PNG 형태로 이뤄진다.

천연가스 가격은 북미 지역은 Henry Hub, 유럽 지역은 NBP(National balancing point). 천연가스 가격은 전통적으로 석유가격에 영향을 많이 받는다. 6대 1 규칙이나 10대 1 규칙이 대표적으로, 석유 가격이 배럴당 60달러이면 천연가스 가격은 이의 1/6 ~ 1/10인 백만 Btu 당 6~10 달러 수준으로 형성된다는 가설이다.

♣ 셰일 가스(Shale Gas)

진흙이 쌓여 만들어진 퇴적암(셰일) 층에 존재하는 천연가스이다. 보통의 천연가스는 퇴적층에서 생성된 후 시간이 지나면서 지표면 방향으로 이동해 한 군데에 고여 있다. 반면 셰일 가스는 퇴적암 층 위에 있는 불투과 암석층 때문에 이동하지 못하고 그대로 남아 있다. 즉 셰일가스는 모여 있지 않고 암석의 미세한 틈새에 넓게 퍼져 있다. 이 때문에 1800년대에 발견됐지만 채굴 기술도 없고, 비용도 많이 들 뿐 아니라 환경 오염의 우려가 높아서 방치되어 왔다.

2000년대 들어서 혁신적인 채굴기술이 개발되면서 생산이 본격화되고 있다. 이는 퇴적암 층에 수평으로 시추관을 삽입한 뒤(수평시추), 물, 모래, 화학약품의 혼합액을 고압으로 분사해서 암석에 균열을 일으켜(수압파쇄) 가스가 스며 나오면 시추관을 통해 포집하는 방식이다. 이런 기술로 북미 셰일가스의 탐사·개발 단가는 2007년 1,000㎥당 73달러에서 2010년 31달러로 크게 낮아졌다. 이에 따라 북미 셰일가스 생산량도 2000년 84억㎥에서 2010년 1,288억 ㎥로 15.4배나 급증했다. 셰일가스의 확인매장량은 187조 4,000억 ㎥로 전 세계가 59년간 사용할 수 있는 양이다. 이는 31개국을 대상으로 조사한 것으로 향후 더 확대될 수 있다.[4] 미국의 경우

[3] 영하 160도로 낮추면 부피가 600분의 1로 줄어든다.

표 1-8 세계 천연가스 매장량

단위: 조 m^3

	2002년 말	2012년 말	2015년 말	점유율 (2015, %)	가채년수
US	5.3	8.7	10.4	5.6	13.6
Total North America	7.4	11.1	12.8	6.8	13.0
Venezuela	4.2	5.6	5.6	3.0	173.2
Total S. & Cent. America	7.0	7.7	7.6	4.1	42.5
Norway	2.1	2.1	1.9	1.0	15.9
Russian Federation	31.3	32.0	32.3	17.3	56.3
Turkmenistan	2.3	17.5	17.5	9.4	241.4
Total Europe & Eurasia	43.0	56.6	56.8	30.4	57.4
Iran	26.7	33.8	34.0	18.2	176.8
Iraq	3.2	3.6	3.7	2.0	*
Qatar	25.8	24.9	24.5	13.1	135.2
Saudi Arabia	6.6	8.1	8.3	4.5	78.2
United Arab Emirates	6.1	6.1	6.1	3.3	109.2
Total Middle East	71.6	79.7	80.0	42.8	129.5
Algeria	4.5	4.5	4.5	2.4	54.3
Egypt	1.7	2.0	1.8	1.0	40.5
Nigeria	5.0	5.1	5.1	2.7	102.1
Total Africa	13.8	14.4	14.1	7.5	66.4
Australia	2.4	3.5	3.5	1.9	51.8
China	1.3	3.2	3.8	2.1	27.8
Indonesia	2.6	2.9	2.8	1.5	37.8
Malaysia	2.5	1.1	1.2	0.6	17.1
Total Asia Pacific	12.5	14.8	15.6	8.4	28.1
Total World	155.2	184.3	186.9	100.0	52.8
of which: OECD	14.9	18.3	19.6	10.5	15.1
Non-OECD	140.3	166.0	167.3	89.5	74.5
European Union	3.1	1.5	1.3	0.7	10.8
CIS	37.7	53.0	53.6	28.7	71.3

주: *More than 100 years.
자료: BP, Statistical Review of World Energy, 2016.

4) 삼성경제연구소, 셰일가스가 가져올 3대 변화, 2012.

2022년 가스 순 수출국이 되고 에너지 중 가스의 비중이 현재의 두 배로 늘어 2030년이면 에너지 자급이 가능할 것으로 전망되고 있다.[5)]

우리 정부는 2020년까지 천연가스 수입의 20%를 셰일 가스로 충당한다는 계획을 추진하고 있다. 저렴한 가격의 이점에다 에너지 수입선을 다변화하는 장점이 있기 때문이다. 석유화학 업계에도 큰 변화가 예상된다. 북미의 석유화학업계의 경쟁력이 크게 향상된다. 석유화학의 주원료인 에틸렌을 나프타에서 추출할 경우 단가가 톤당 1천 달러이나 셰일 가스에서 추출할 경우 톤당 600달러 수준이면 가능하기 때문이다. 문제는 우리나라에서는 아직 셰일 가스에서 에틸렌을 추출할 시설이 없다는 점이다.

라. 석탄

♣ 세계 석탄 분포

화석 연료 가운데 가장 매장량이 풍부한 것이 석탄이다. 석탄은 또 세계 각 지역에 비교적 골고루 분포되어 있다. 석탄 매장량은 2015년 기준으로 미국이 세계 전체의 26.6%, 러시아가 17.6%, 중국이 12.8%를 차지한다. 전체 매장량은 8,915억 톤으로 현재의 소비 수준으로 약 114년 동안 채굴 가능한 양이다.

♣ 세계 석탄 소비

석탄은 열량 기준으로 가스나 석유보다 값싼 에너지이다. 석탄 소비량의 70%는 발전용이다. 세계 전기 발전량의 40%는 석탄 연소에서 나온다. 서계 최대 수출국은 호주와 인도네시아이다. 주요 수입국은 일본, 중국, 한국 등이다. 세계 석탄소비의 절반은 중국이 차지한다. 석탄 화력 발

---

5) IEA

전 보급이 급속히 이루어지면서 중국의 석탄 소비가 최근 10년새 3배가 늘어 2015년 기준 석유환산 19.2억 톤으로 세계전체 소비량 38.4억 톤의 절반을 차지했다. 그러나, 중국도 최근 기후변화협약의 온실가스 감축에 전향적인 입장으로 선회함에 따라 에너지원으로서 석탄의 위치는 더욱 위축될 전망이다. 석탄 산업은 규모의 경제를 높이기 위한 대형화, 월 공법과 같은 채굴기술의 고급화, IGCC와 같은 석탄액화 및 가스화, 탄소포집 저장(CCS) 등으로 활로를 모색하고 있다.

표 1-9 세계 석탄 매장량

단위: 백만 톤

	2009	2012	2015	점유율 (2015, %)	가채년수
US	238,308	237,295	237,295	26.6	292
Total North America	246,097	245,088	245,088	27.5	276
Total S. & Cent. America	15,006	12,508	14,641	1.6	150
Kazakhstan	31,300	33,600	33,600	3.8	316
Russian Federation	157,010	157,010	157,010	17.6	422
Ukraine	33,873	33,873	33,873	3.8	*
Other Europe & Eurasia	19,233	22,175	6,882	0.8	187
Total Europe & Eurasia	272,246	304,604	310,538	34.8	273
South Africa	30,408	30,156	30,156	3.4	120
Total Middle East & Africa	33,399	32,895	32,936	3.7	123
Australia	76,200	76,400	76,400	8.6	158
China	114,500	114,500	114,500	12.8	31
India	58,600	60,600	60,600	6.8	89
Total Asia Pacific	259,253	265,843	288,328	32.3	53
Total World	826,001	860,938	891,531	100.0	114
of which: European Union	29,570	56,148	56,082	6.3	111
OECD	352,095	378,529	384,815	43.2	191
CIS	225,995	228,034	227,833	25.6	428
Non-OECD	247,911	482,409	506,716	56.8	83

자료: BP, Statistical Review of World Energy, 2016.

표 1-10 세계 석탄 소비량 단위: 석유환산 백만톤

	2009	2012	2015	점유율 (2015, %)
US	496.2	437.9	396.3	10.3
Total North America	530.7	472.0	429.0	11.2
Germany	71.7	80.5	78.3	2.0
Russian Federation	92.2	98.4	88.7	2.3
Total Europe & Eurasia	475.4	527.4	467.9	12.2
South Africa	93.8	88.3	85.0	2.2
Total Africa	100.8	95.8	96.9	2.5
China	1680.4	1923.0	1920.4	50.0
India	282.8	330.0	407.2	10.6
Japan	101.6	115.8	119.4	3.1
South Korea	68.6	81.0	84.5	2.2
Total Asia Pacific	2333.2	2674.8	2798.5	72.9
Total World	3473.6	3814.4	3839.9	100.0
of which: OECD	1051.7	1049.1	979.2	25.5
Non-OECD	2421.9	2765.3	2860.7	74.5
European Union	267.0	293.7	262.4	6.8
CIS	161.5	180.7	154.2	4.0

자료: BP, Statistical Review of World Energy, 2016.

마. 원자력

♣ 세계 원자력 소비량

원자력 발전량은 2014년 기준 5.8억 석유 환산 톤으로 세계 에너지 소비에서 차지하는 비중은 6%에 이른다. 미국의 원자력 발전량은 세계 전체 원자력 발전량의 32.6%로 단연 1위이고, 다음이 프랑스로 17.0%를 차지한다. 러시아는 7.6%, 중국 6.6%, 한국 6.4% 순이다.

표 1-11 세계 원자력 발전량 단위: 석유환산 백만 톤

	2002	2009	2012	2015	점유율 (2015, %)
US	185.8	190.3	183.2	189.9	32.6
Canada	17.0	20.2	21.3	23.6	4.0
Total North America	205.0	212.9	206.5	216.1	37.1
Total S. & Cent. America	4.4	4.8	5.1	5.0	0.8
Belgium	10.7	10.7	9.1	5.9	1.0
Bulgaria	4.6	3.5	3.6	3.5	0.6
Czech Republic	4.2	6.2	6.9	6.1	1.0
Finland	5.1	5.4	5.3	5.3	0.9
France	98.8	92.7	96.3	99.0	17.0
Germany	37.3	30.5	22.5	20.7	3.6
Hungary	3.2	3.5	3.6	3.6	0.6
Russian Federation	32.1	37.0	40.2	44.2	7.6
Slovakia	4.1	3.2	3.5	3.4	0.6
Spain	14.3	11.9	13.9	12.9	2.2
Sweden	15.6	11.9	14.6	12.9	2.2
Switzerland	6.1	6.2	5.8	5.3	0.9
Ukraine	17.7	18.8	20.4	19.8	3.4
United Kingdom	19.9	15.6	15.9	15.9	2.7
Total Europe & Eurasia	280.7	265.0	266.7	264.0	45.3
South Africa	2.9	3.1	2.8	2.4	0.4
Total Africa	2.9	3.1	2.8	2.4	0.4
China	5.7	15.9	22.0	38.6	6.6
India	4.4	3.8	7.5	8.6	1.5
Japan	71.3	65.0	4.1	1.0	0.2
South Korea	27.0	33.4	34.0	37.3	6.4
Taiwan	8.9	9.4	9.1	8.3	1.4
Total Asia Pacific	117.7	128.2	77.8	94.9	16.3
Total World	610.6	613.9	559.3	583.1	100.0
of which: OECD	524.6	511.5	444.1	447.6	76.8
Non-OECD	86.0	102.4	115.2	135.5	23.2
European Union	224.3	202.5	199.8	194.1	33.3
CIS	50.2	56.3	61.1	64.6	11.1

자료: BP, Statistical Review of World Energy, 2016.

다른 에너지에 비해 원자력 발전은 지난 10년간 크게 증가한 것은 아니다. 반원전에 대한 인식이 확산되고 있기 때문이다. 1986년 구소련의 체르노빌에서 발생한 원전 폭발사고에 이어 2011년 3월 11일 일본 후쿠시마에서 발생한 원전 폭발 사고는 지구 온난화에 대한 대안으로서 다시 조성되려던 원전 붐을 순식간에 식혔다. 일본과 많은 유럽 국가들은 원전 축소 혹은 탈 원전을 선언하고 있다.

지난 10년간 세계 원전 발전량 증가는 한국, 중국, 미국, 러시아에서 대부분 발생했다. 한국에서는 저탄소 녹색성장의 핵으로 원전 건설 확대가 굳건히 자리잡고 있다.

3. 우리나라 에너지 사정

2017년 6월 새 정부는 탈원전, 석탄화력 포기, 신재생에너지 비중의 획기적인 확대를 골자로 하는 새 에너지정책을 제시하였다. 이에 따라 우리나라 에너지 수급에는 근본적인 변화가 초래될 전망이다.

♣ 에너지 소비

우리나라 에너지 소비는 급속한 증가해 왔다. 표 1-12에서 보듯이 80년대와 90년대에는 연 평균 소비 증가율이 8~10%에 달했다. 1인당 에너지 소비량도 1970년대에서 2000년에 이르기까지 10년마다 거의 두 배로 증가하였음을 알 수 있다. 2000년대 들어서는 소비 증가 속도가 상당히 둔화되었다.

우리나라는 에너지 소비 대국이다. 2014년 기준 에너지원별로 우리나라 소비가 세계에서 차지하는 비중을 보면, 원자력 5.7% 세계 5위, 석유

2.9% 세계 8위, 가스 1.5% 세계 15위, 전기 2.5% 세계 9위, 석탄 2.2% 세계 7위이고, 에너지 총 소비량은 1차 에너지 기준 2억 4,300만 톤으로서 2.1%, 세계 9위 소비국이다.

표 1-12 우리나라 에너지 소비량 단위: 1,000 석유환산톤

	1963	1970	1980	1990	2000	2009	2011	2014	2015
1차 에너지 소비량	10,932	19,678	43,911	93,192	192,887	243,311	276,636	282,938	287,479
1인당 에너지 소비량	0.40	0.61	1.15	2.17	4.10	4.99	5.27	5.61	5.64

자료: 에너지경제연구원, 에너지 통계연보, 각호.

♣ 높은 수입 의존도

우리나라는 에너지의 대부분을 수입에 의존한다. 1988년 2,430만 톤에 이르렀던 국내 무연탄 생산은 1989년부터 363개 탄광 중 334개 탄광이 폐광되었다. 2014년 기준 에너지 수입액은 1,741억 달러로 총 수입액의 33.1%를 차지한다. 이 가운데 원유 수입량은 12억 5,400만 배럴, 수입액은 1,299억 달러이다. 국제석유시장에서 석유가격이 배럴당 1 달러만 올라도 우리나라 석유 수입 부담은 1년에 12억 달러 이상 증가한다. 다음으로 천연가스 수입액은 314억 달러이고, 석탄 수입액은 121억 달러이다. 우리나라 에너지 수입 의존율은 95.2%이다. 2015년의 경우 유가 급락으로 에너지 수입액이 1,027억 달러로 격감하였다.

표 1-13 우리나라 에너지 수입 및 수입 의존도

	1963	1970	1980	1990	2000	2009	2011	2014	2015
1차 에너지 수입량 (1,000 toe)	1,217	9,345	32,289	81,894	187,484	234,672	266,842	269,271	272,535
1차 에너지 수입액 (백만 달러)	-	-	6,572	10,908	37,888	91,160	172,490	174,137	102,715
수입 의존도 (%)	11.1	47.5	73.5	87.9	97.2	96.4	96.5	95.2	94.8
총수입액에서 차지하는 비중 (%)	-	-	-	15.6	23.6	28.2	32.9	33.1	23.5

자료 : 에너지경제연구원, 에너지 통계연보, 각호.

♣ 에너지원별 소비량

우리나라는 여러 에너지 가운데 석유에 가장 많이 의존하고 있다. 2015년 1차 에너지 기준으로 석유의 소비 비중이 38.1%이다. 석탄은 소비 비중이 29.7%로 화력 발전과 철강 제조용으로 많이 도입된다.

도시가스 제조용으로 1986년부터 도입되기 시작한 천연가스는 비중이 크게 늘어 15.2%에 달하고 있다. 천연가스는 화석연료 가운데 가장 청정연료에 속한다. 천연가스 연소시 이산화탄소(CO2) 배출량이 석탄의 절반, 질소산화물(NOx)는 석탄의 1/4, 석유의 절반이고 황산화물(SOx)은 배출되지 않는다. 평택과 인천에 인수기지가 있으며, 배관망을 통해 한국가스공사(KOGAS)가 수입 및 도매, 지역도시가스사가 소매를 담당한다. 수입시 부피를 줄이기 위해 액화 천연가스(LNG) 형태로 도입된다.

60, 70년대에 주요한 에너지원이었던 땔감이 거의 없어지면서 수력을 포함한 신재생에너지의 비중은 현재 4.9% 밖에 되지 않는다. 반면 원자력의 비중은 12.1%로 크게 높은 편이나 원전 확대 정책에 따라 앞으로 계속 높아질 것으로 전망된다.

표 1-14 우리나라 1차 에너지원별 구성비 단위: %

	1963	1970	1980	1990	2000	2009	2011	2014	2015
석탄	39.3	31.3	33.1	26.2	22.2	28.2	30.2	29.9	29.7
석유	9.5	41.2	52.7	53.8	52.1	42.1	38.1	37.1	38.1
천연가스	-	-	0.0	3.2	9.8	13.9	16.8	16.9	15.2
원자력	1.4	3.7	7.5	14.2	14.1	13.1	12.0	11.7	12.1
기타 (수력+신재생)	49.8	23.8	6.7	2.6	1.8	2.7	3.0	4.5	4.9

자료 : 에너지경제연구원, 에너지 통계연보, 각호.

♣ 부문별 에너지 소비량

에너지 소비 부문은 산업, 수송, 가정, 상업, 공공 부문으로 크게 구분한다. 여러 부문 가운데 산업 부문의 에너지 소비 비중이 전체의 62.5%로 가장 높다. 가정상업부문의 비중은 꾸준히 줄고 있고, 수송부문의 비중은 꾸준히 증가하다가 2000년 들어서 감소 추세로 돌아섰다. 2015년 현재 비중은 둘 다 17~8% 내외로 거의 비슷한 수준이 되었다.

표 1-15 우리나라 부문별 최종 에너지 소비 비중 단위: %

	1977	1980	1990	2000	2009	2011	2014	2015
산업부문	38.3	44.1	48.1	56.0	58.3	61.6	63.6	62.5
가정·상업부문	39.7	37.3	29.3	21.6	19.6	18.2	16.6	16.7
수송부문	12.3	13.1	18.9	20.7	19.7	17.9	17.6	18.4
공공·기타부문	9.7	5.6	3.7	1.8	2.4	2.3	2.2	2.4

자료: 에너지경제연구원, 에너지 통계 연보, 각호.

♣ 일인당 에너지 소비량

우리나라는 인구 1인당 에너지 소비량이 웬만한 선진국들보다 많은 편이다. 2014년 기준 1인당 1차 에너지 소비량은 한국이 5.32 석유환산톤으로서 영국, 일본, 독일보다도 더 많다. OECD 평균은 4.2톤이다. 미국은 6.94톤으로서 선진국 가운데 가장 많다.

표 1-16 주요국 1인당 에너지 소비량(2014년)

구분	1차 에너지(toe/인)
영국	2.78
일본	3.48
독일	3.78
한국	5.32
OECD평균	4.16
미국	6.94
세계	1.89

자료: 에너지경제연구원, 에너지통계연보, 2016.

♣ 에너지 원단위

에너지 소비 효율은 GDP 1,000 달러(PPP 기준)를 생산하는 데 소비하는 에너지의 양으로 흔히 표시한다. 이를 에너지 원단위 혹은 에너지 집약도(energy intensity)라고 한다. 표 1-17에서 보듯이 2013년 우리나라의 에너지 원단위는 0.17이다. 즉 1천 달러 어치 GDP를 생산하기 위해 0.17 석유 환산톤을 투입하였다는 것이다. 이 에너지 원단위는 선진국 가운데 한국이 가장 높다. 우리나라의 에너지 원단위가 높은 이유는 철강, 조선, 자동차, 시멘트 등 에너지 집약 산업이 많은 것이 가장 큰 원인이다. 선진국 가운데 영국이 0.08로서 가장 낮고, 다음이 독일과 일본으로 각각 0.10, 0.11이다. OECD 평균은 0.13이다.

표 1-17 주요국의 에너지 원단위(TOE/천 달러, 2005년 불변, PPP 기준)

	1990	2000	2008	2014
한국	**0.217**	**0.244**	**0.208**	**0.17**
미국	0.271	0.234	0.198	0.15
일본	0.153	0.160	0.137	0.11
독일	0.203	0.158	0.143	0.10
프랑스	0.178	0.165	0.152	0.12
영국	0.174	0.146	0.112	0.08
OECD	0.212	0.191	0.166	0.13

주 : 구매력지수(PPP)는 국가별로 동일한 상품이나 서비스를 구매하는 데 드는 비용을 각국의 통화로 나타낸 가격비로서 각국 통화 구매력을 같게 한 통화비율임
자료 : OECD/IEA

♣ 최종 에너지 소비 구조

일차 에너지가 전환과정을 거쳐 생산된 것이 최종에너지이다. 최종에너지에는 휘발유, 등유, 나프타와 같은 석유 제품, 전력, 석탄, 도시가스, 신재생에너지, 열에너지 등이 있다. 2014년 우리나라의 최종 에너지 소비량은 2,139만 toe 이다. 이 가운데 석유 제품이 49.1%로 가장 높은 비중을 차지하고 있으며, 전력이 19.0%, 석탄이 16.0%, 도시 가스가 9.9%를 차지하고 있다. 최종 에너지 가운데 전력과 도시가스의 비중이 지속적으로 증가, 에너지의 고급화가 이루어지고 있음을 알 수 있다.

그림 1-4 우리나라 최종 에너지 소비 구조(2014년 기준, 2,139만 toe)

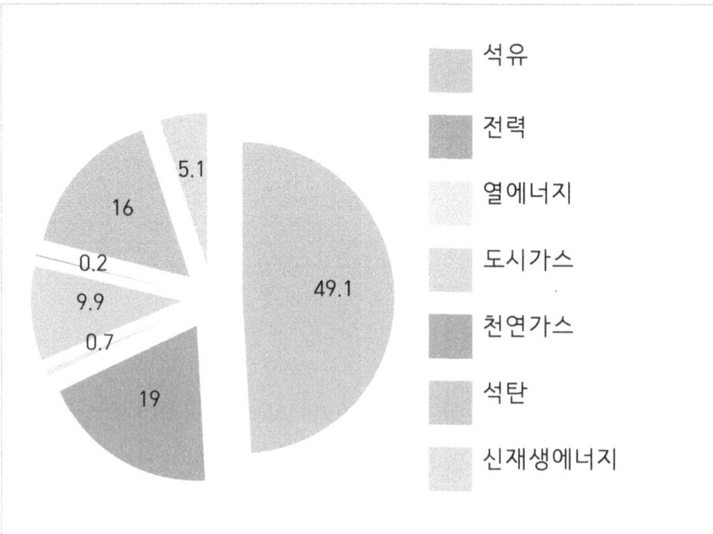

자료: 에너지경제연구원, 에너지통계연보, 2016.

♣ 장기 에너지 공급 계획

2010년 1월 제정, 시행에 들어간 저탄소 녹색성장 기본법은 온실가스 중장기 감축 목표 설정 및 부문별·단계별 대책, 에너지 수요 관리 및 안정적 공급 등을 포함한 '기후변화대응 기본계획', '에너지기본계획'을 녹색성장위원회와 국무회의 심의를 거쳐 수립·시행하도록 규정하고 있다.

표 1-18 부문별 에너지절감 목표 단위: 백만 TOE

구분		2009	2030			
			전망	목표	절감량	절감비율
최종 에너지	산업	106.1	134.0	117.3	16.7	12.5%
	수송	35.9	45.9	39.0	7.0	15.1%
	가정 상업	35.7	59.1	47.1	12.0	20.3%
	공공 기타	4.3	6.0	4.1	1.9	31.5%
	합계	182.1	245.1	207.5	37.6	15.3%

자료: 산업통상지원부

국가 에너지기본계획은 계획기간은 20년이고, 매 5년마다 작성한다.

2014년 1월 14일 확정된 2차 에너지기본계획은 2035년까지의 장기 계획을 담고 있다. 이 계획에서 최종에너지 수요 증가율은 1.4%로 1차 계획과 다름이 없으나, 전력 수요 증가율은 2.5%로 상향 조정하였다. 신재생에너지 비율을 11%로 달성하겠다는 목표는 2030년에서 2035년으로 연기되었다. 원전은 비중을 현재의 26.4%에서 29%로 높여 이미 건설키로 확정된 11기에 7기(7 GW 규모)를 추가 건설하여 2035년에 41기로 늘린다. 2011년과 2035년 에너지원별 비중을 보면 석유석탄은 65.8%에서 52.0%로 낮아지나, 전력은 19.0%에서 27.2%로, 도시가스 비중은 11.5%에서 15.4%로 높아지게 된다.

♣ 탈원전 선언

2017년 6월 고리원전1호기 폐로식에서 문재인 대통령은 탈원전을 선언하였다. 선규원전의 건설은 전면 중단하고, 가동중인 원전도 설계 수명이 다하면 연장없이 폐로한다는 것이다. 석탄화력도 노후설비는 조기에 폐로하고, 신규건설은 중단된다.

표 1-19 우리나라 장기 에너지 수급계획(제2차 에너지 기본계획)

연도		2011	2025	2030	2035
최종에너지 목표 수요(mtoe)		205.9	226.7	226.0	220.5
비중(%)	석탄	16.3	15.3	15.6	15.6
	석유	49.5	42.4	39.3	36.4
	도시가스	11.5	13.8	14.6	15.4
	전력	19.0	23.5	25.3	27.2
	열에너지	0.8	1.2	1.3	1.5
	신재생에너지	2.8	3.7	3.8	4.0

♣ 우리나라 전력 시장 구조

우리나라의 발전 시장은 전력 수요의 급증으로 급팽창을 지속하고 있다. 총 발전량은 2015년 54만 5,529 GWh로 2000년보다 두 배 가까이 증가하였다. 발전 설비는 1억 140만 kW로 2000년보다 두 배 가까이 늘어났다. 1인당 전력 소비량은 1981년 915 kWh에서 2015년 9,555 kWh로 10배 이상 늘어났다.

표 1-20 우리나라 전력 관련 주요 지표

전력 지표	1981	1990	2000	2005	2010	2011	2014	2015
발전설비 (천kW)	11,029	24,055	53,685	67,075	79,984	83,263	96,925	101,398
총발전량 (GWh)	44,088	118,461	290,443	389,480	495,028	517,570	540,379	545,529
수요 성장율 (%)	8.2	14.8	11.8	6.5	10.1	4.8	0.6	1.3
최대 전력 (천kW)	6,144	17,252	41,007	54,631	71,308	73,137	80,154	78,790
판매단가 (원/kWh)	64.31	52.94	74.65	74.46	86.12	89.32	111.28	111.57
인구1인당전력 소비량 (kWh/명)	915	2,202	5,067	6,883	8,883	9,142	9,305	9,555

자료: 에너지경제연구원, 에너지통계연보, 2016.

전력 수요의 급증은 소득 증가에 따른 에너지 수요의 고급화에도 기인하지만, 상대적으로 저렴한 전력 요금의 영향도 매우 크다. 전력 요금은 1981년 kWh 당 64.3원에서 2015년 111.6원으로 34년 동안에 73.6% 인상되는 데 그쳤다. 반면 이 기간 중 소비자 물가 상승률은 371.6%에 달했다.

♣ 우리나라 전력 공급 구조

우리나라의 전력 공급은 화력과 원자력에 크게 의존하고 있다. 2015년 기준 석탄, LNG, 석유 등에 의한 화력 발전 설비는 전체의 59.9%, 원자력은 22.2%를 차지하고 있다. 수력은 6.6%, 나머지는 집단 에너지와 대체 에너지 설비이다. 그러나, 실제 발전량은 원자력이 전체의 30.0%, 화력이 62.1%로 전체의 92.1%를 차지한다.

2017년 3월 현재 경남 고리 지역에 고리 1~4호기, 신고리 1~3호기, 경북 경주 지역에 월성 1~4호기, 신월성 1~2호기, 경북 울진 지역에 한울 1~6호기, 전남 영광 지역에 한빛 1~6호기 등 총 4개 지역에 25기가 가동 중이다[6]. 신고리 4~6호기, 신한울 1~2 호기 등 5기가 건설 중이다. 확정된 제7차 전력수급기본계획에 따라 향후 2017~2030년까지 10기를 추가 건설할 계획이다. 건설 예정지로는 영덕과 삼척이다. 원자력 1기 건설 비용은 3조 원 정도로 추산된다. 경주에는 저준위방사능폐기물처분장이 건설 중이며, 사용후 방사능폐기물 저장 시설은 마련되지 않고 있다.

---

6) 고리 1호기는 설계수명 30년, 수명 연장 10년 가동후 2017년 6월 폐로가 확정되었으며, 월성 1호기의 2022년까지 수명 연장계획은 2017년 2월 법원에 의해 취소하라는 결정을 받고 대법원의 최종 결정을 기다리고 있다.

그림 1-5 우리나라 발전 설비 구성도(2015년)

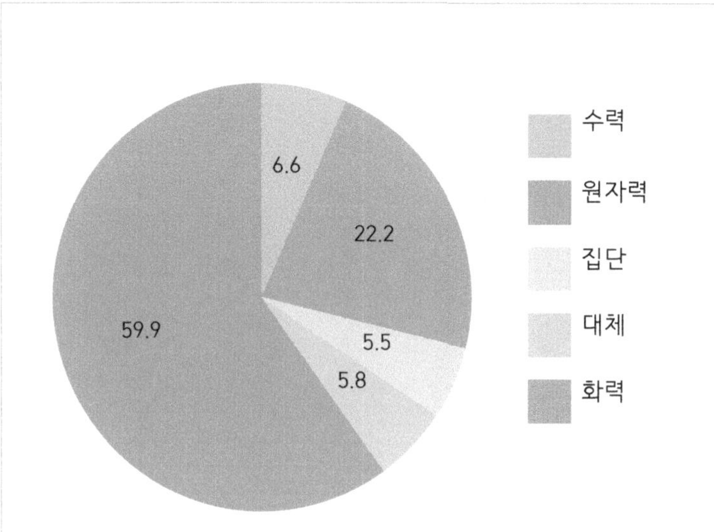

자료: 에너지경제연구원, 에너지통계연보, 2016.

♣ 전력 요금 구조

우리나라의 전력 요금은 주택용과 공공건물이나 상업으로 쓰는 일반용 요금과 산업용, 농업용 요금 등으로 구분된다. 이 가운데 산업용과 농업용은 원가보다 싸게, 주택용과 일반용 요금은 원가보다 비싸게 책정되어 왔다. 2014년의 경우 전력 평균 요금은 kWh 당 111.28원이나 산업용은 107.41원, 농사용은 47.31원에 불과하다. 반면 주택용은 123.69원, 일반용은 130.46원이다.

그림 1-6 우리나라 전력 종별 판매 단가(2014년 기준, 원/kWh)

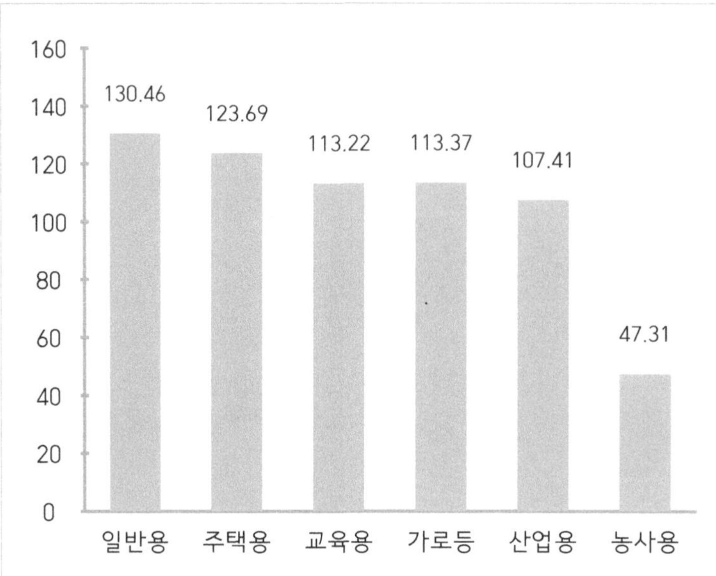

자료: 에너지경제연구원, 에너지통계연보, 2016.

저렴한 전력 요금이 전력 소비를 부추기고 있다. 표 1-21에서 보듯이 우리나라의 인구 일인당 전기 소비량이 국민소득이 월등히 높은 일본보다도 많다. 낮은 전력 요금은 발전소 입지 선정, 발전 송 배전 인허가 절차, 송전선로 건설, 환경오염, 사회적 갈등 등에 대한 비용이 제대로 반영되지 않은 탓이 크다. 특히 원자력 발전의 경우 핵폐기물 처리 시설 건설 등 폐기 비용이 제대로 반영되어 있지 않은 실정이다.

표 1-21 주요국의 인구 1인당 전력 소비량(2013년) 단위: kWh

국가	일인당 전력 소비량
한국	**10,428**
미국	12,987
일본	7,836
독일	7,022
프랑스	7,382
영국	5,409
OECD	8,072
세계	3,026

자료: OECD / IEA

♣ 제7차 전력 수급 계획

우리나라의 전력 공급 정책은 국가에너지 기본계획하에 매 2년마다 수립하는 전력수급기본계획에 의해 구체화된다. 2015년 9월 확정된 제7차 전력수급 기본계획은 2015-2029년까지 향후 15년간의 계획을 담고 있다. 이 계획은 향후 전력 소비가 연평균 2.1% 증가하여 2029년에는 65만 6,883GWh에 달할 것이라는 전망을 기본 전제로 수립되었다. 2029년의 전원 구성은 유연탄 26.4%, 원전 23.4%, LNG 20.6%, 신재생 20.1%이 된다.

표 1-22 제7차 전력수요 기본계획

연도	전력수요 (GWh)	전원 구성비						설비 예비율
		설비용량계 (MW)	원자력	유연탄	LNG	신재생	기타	
2015	489,595	98,326	22.1%	26.6%	28.7%	7.5%	15.5%	12.1%
2029	656,883	163,868	23.4%	26.4%	20.6%	20.1%	9.5%	21.6%

자료: 산업통상자원부

♣ 에너지 공급 기업

우리나라의 에너지 공급은 대부분 공기업들이 맡고 있다. 전기의 경우 한국전력공사, 수도는 한국수자원 공사, 석탄은 대한석탄공사, 광물은 한국광물자원공사, 가스는 한국가스공사, 지역별 도시가스사, 지역 난방을 담당하는 지역난방공사 등을 들 수 있다.

발전자회사는 한국수력원자력, 중부발전(보령, 인천, 서천, 제주), 남부발전(하동, 남제주), 남동발전(삼천포 여수), 서부발전(태안 복합화력), 동서 발전(당진, 울산) 등 6개이다.

이밖에도 전기안전공사, 가스안전공사, 에너지관리공단 등 에너지 관련 공기업들이 많다. 석유는 초기에 공기업 형태로 운영되었으나 지금은 완전히 민영화 되었다. SK, 현대, GS, 에스 오일 등이 있다.

♣ 에너지 흐름도

우리나라 에너지의 공급에서 최종 소비까지 흐름은 다음 그림 1-7과 같이 정리된다. 2015년 기준으로 석유 10억 2620만 배럴, LNG 3,340만 톤, 유연탄 1억 1,930만 톤, 우라늄 801톤을 수입하여 석유제품 310백만 배럴/일, 도시가스 1,690만톤, 열에너지 156만 toe, 전력 5,281억 kWh를 생산하였다. 이 전환과정에서 24.0%의 전환손실이 발생하였다. 생산된 최종에너지는 산업부문에서 62.5%를 소비하였고, 다음으로 수송 18.4%, 가정상업 16.7%를 차지하였다. 생산된 전력은 산업부문이 54.9%를 소비하였고, 가정상업 38.5%, 공공 6.1%로 나타났다.

그림 1-7 에너지 흐름도(2015)

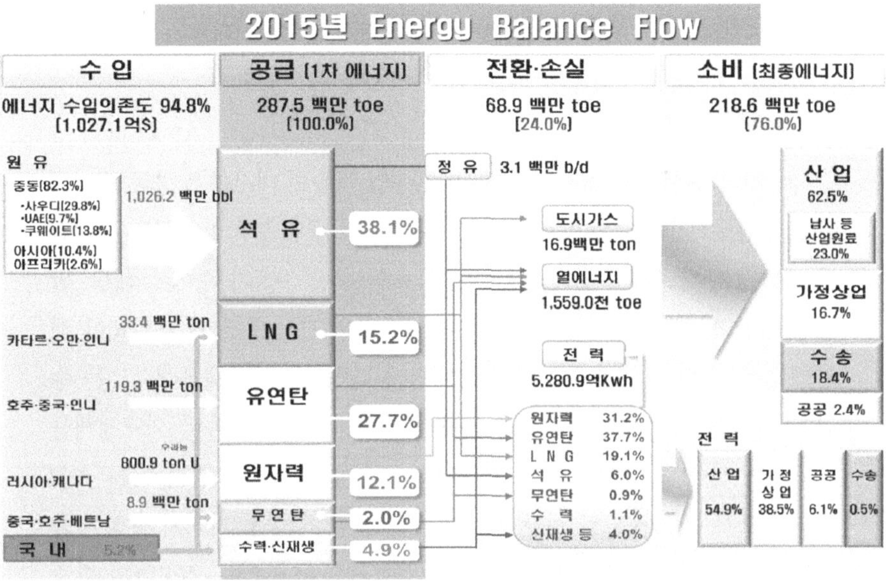

자료: 에너지경제연구원, 에너지통계연보, 2016.

4. 우리나라 에너지 안보 정책

♣ 자원의 전쟁

석유를 둘러싼 미국과 중동간의 분쟁은 역사도 깊고, 해결의 전망은 극히 어둡다. 이란은 완전히 미국의 영향권에서 벗어났을 뿐 아니라 반미의 선봉에 있다. 이란은 이른바 이란 혁명 당시 미 대사관을 인질 점령해 1년 이상 미국을 괴롭혔다. 미국의 지배권에서 벗어나려던 후세인은 대량살상 무기를 개발 보유하고 있다는 구실로 미국의 부시에 의해 축출되었다. 이집트의 무바라크 정권이 무너졌고, 리비아 카다피 정권도 축출되었으며, 이른바 중동의 봄이라는 혁명의 불길이 드세다. 서방세계는 이러한 영향으로 친미 사우디 왕정의 붕괴를 우려한다. 석유를 비롯한 자원을 둘러싼 이른바 자원의 전쟁(resource wars)이 격화되는 상황이다.

♣ 공급선 다변화

우리나라는 석유 의존형 경제이며, 수입 석유의 대부분을 중동에 의존하고 있다. 그러나 중동은 정정이 불안하고, 자원 민족주의와 석유 무기화의 가능성이 상존하고 있다. 더구나, 석유의 수송 루트가 수에즈 해협, 말래카 해협, 호르무즈 해협 등 정세 불안 지역을 거쳐야 하며, 소말리아 해적의 출몰 범위가 확대되고 있어 문제의 심각성이 크다. 대응책으로는 수입선을 다변화하는 동시에 자원 민족주의에 대비한 대산유국 외교정책을 강화하는 것이다. 카자크스탄, 키르키즈스탄 등 카스피해 연안국들은 제2의 중동으로 불릴 정도로 개발 여지가 많은 편이다. 중동 지역의 정정이 불안해지거나, 산유량이 고갈되어 가면 이들 지역을 둘러싼 열강들의 각축이 격화될 것으로 예상되고 있다.[7]

♣ 해외유전 개발 사업

우리나라는 성공불 융자라는 특혜 제도를 만들어 기업의 해외유전 개발 사업을 장려하고 있다. 이는 성공시 원리금에 특별 부담금(석유의 경우 수익금의 20%, 광물은 4%)을 상환해야 하나 실패시 원리금 상환을 면제받는다. 지금까지 3조 원 가량 지급되었으나 회수된 돈은 절반정도에 불과한 실적이다. 원유의 자주 개발율[8]도 2012년 기준으로 13.7%에 불과한 수준이다. 정부는 2011년까지 2억 배럴을 확보하고, 2030년까지는 40%로 끌어 올린다는 의욕적인 목표를 수립하였다. 석유뿐만 아니라 비전통 석유에도 관심을 많이 쏟고 있다. 석유 공사는 가채 매장량이 2억 5천 9백만 배럴로 추정

---

7) 이장규, 이석호, "카스피해 에너지 전쟁-세계경제의 지도를 바꾼다." 참고.

8) 국내기업이 확보한 해외석유와 가스 생산량을 국내 소비량으로 나눈 값.

되는 캐나다 앨버타주 블랙골드(Blackgold) 오일 샌드 광구를 사들였다. 여기에서 하루 1만 배럴 생산을 기대하고 있다.

표 1-23 주요국의 석유 가스 자주 개발률(2010년)

프랑스	이탈리아	중국	일본	한국	
				2012	2030(목표)
105%	51%	30%	23%	13.7%	40%

자료: 산업통상자원부

♣ 국내 석유 및 가스 개발

우리나라도 산유국이다. 현재 동해 울산 앞바다 60km 해상에서 가스와 석유를 생산중이다. 이 동해-1가스전은 2004년 7월 개발을 완료, 생산에 들어갔다. 천연가스 연간 1,100 톤, 원유 하루 1천 배럴을 생산 중이다. 천연가스 가채 매장량은 500만 톤으로 추정된다. 세계 95번째 산유국이다. 북한에서도 석유가 부존하고 있는 것으로 추정되고 있다. 북한 평안남도 숙천군(평양 북쪽)에서 하루 400배럴의 석유를 시험 생산하는 데 성공하였고, 서한만 분지 남포 앞 바다(평양 서쪽)에서도 원유 발견에 성공하였다고 알려졌다. 여기는 중국의 발해만 유전 지대와 가까워 유전 규모가 제법 클 가능성도 점쳐지고 있으나 자금난으로 개발은 큰 진전이 없는 것으로 보인다. 남북 관계 정상화시 에너지 분야에서 유망한 경협 사업이 될 전망이다.

국내 부존 에너지원으로 주목 받는 가스 하이드레이트는 우리나라 독도 부근 심해에 부존되어 있다. 부존량은 약 6억 톤으로 추정된다. 높은 압력과 저온 상태에서 샤베트와 같은 형태로 존재하여 불타는 얼음이라 불리기도 한다. 바다 속에서 적절한 압력 조절을 통해 물과 메탄을 분리하는 기술이 필요하다. 만약 메탄이 유출되면 이산화탄소의 백배 이상 되는 온실가스가 유출된다.

♣ 비축

국제에너지기구(IEA)의 권고에 따라 석유의 국내 비축을 실시하고 있다. 여수, 동해, 서산, 울산, 평택 등지에서 비축기지가 운영 중이다. 2015년말 현재 비축시설 규모는 1억 4,600만 배럴이며, 9,300만 배럴을 비축하고 있다. 비축은 단기 공급애로 발생시 유용한 자원이지만, 공급애로가 장기화 될 경우의 효력은 극히 제한적일 수밖에 없다.

♣ 공급 위주 에너지 정책의 개선

앞에서 보았듯이 우리나라는 인구 1인당 에너지 소비량이 웬만한 선진국들보다 많은 편이다. 2013년 기준 1인당 1차 에너지 소비량은 한국이 5.25 석유 환산톤으로서 영국, 일본, 독일보다도 더 많다. 일인당 전기 소비량이 우리나라가 10,428 kWh인데 소득이 우리의 두 배가 넘는 일본은 7,836kWh에 불과하다. 또 2013년 기준 우리나라의 에너지 원단위는 0.17로서 선진국 가운데 미국(0.15)보다 높고, 영국(0.09)보다는 월등히 높다. 또 GDP 1달러어치 생산에 소비하는 전기가 한국은 497kWh인 반면 일본은 209kWh에 불과하다.

에너지 소비는 산업 부문에서 증가가 많다. 산업 부문에서 특히 고급 에너지인 전기의 다소비가 최근 들어 더욱 두드러지고 있다. 제철, 석유화학, 반도체 디스플레이 등 수출 주력 산업이 전기 다소비 업종이기 때문이다. 제철소의 고로도 전기 방식일 정도이다. 전기 다소비 산업이 발달한 이유는 산업용 전기 요금이 다른 부문에 비해 상대적으로 싸게 책정되었기 때문이다. 상업용 전기 소비 증가도 문제가 많다. 최근 지어진 상가 건물들 가운데 전기 난방 방식이 주를 이루고 있다. 바닥 난방도 온돌 대신 전기 난방으로 많이 바뀌는 경향이다. 과거와는 많이 다른 소비 패턴이다. 비닐

하우스에서 전기로 열을 공급하여 농작물을 생산하는 것은 흔한 일이 되었다. 그렇게 하여도 수지가 맞을 정도인 것은 전기 요금이 상대적으로 싸기 때문이다. 다음 표 1-24는 전기 요금의 국제 비교이다. 특히 우리나라의 산업용 전력 요금이 선진국들에 비해 싸다는 것을 알 수 있다.

우리나라의 에너지 정책은 기본적으로 값싸고 풍부한 에너지를 국민경제에 제공한다는 에너지 안정공급정책의 특색을 지닌다. 그러나, 에너지 수요의 증가를 부추기는 안정공급정책은 지양되어야 한다. 전력 요금의 경우 농업용이나 산업용 요금에도 원가를 반영하여 현실화하고, 각종 요금할인 제도도 축소, 철폐하여야 한다. 차등요금, 계절별 시간제별 차등요금, 피크 요금, 등 수요관리형 요금제도도 적극적으로 운용하는 것이 바람직하다.

표 1-24 전기요금 국제 비교(산업용, 구매력 평가반영, 미 달러/MWh)

	2005	2010	2015	상대가격 (한국=100)
프랑스	43.4	94.3	120.5	125.0
독일	78.0	128.8	166.3	172.5
이탈리아	161.5	194.3	226.5	235.0
일본	109.5	127.4	186.1	193.0
한국	76.4	89.7	96.4	100.0
영국	75.0	113.5	137.1	142.2
미국	57.3	67.9	69.0	71.6
OECD	81.9	110.5	124.9	129.6

자료: IEA, ENERGY PRICES AND TAXES, 4TH QUARTER 2016.
주: 한국 2010년과 2015년 수치 및 상대 가격은 저자가 계산.

5. 신재생 에너지 시장 현황과 전망

지구 온난화와 기후 변화 협약의 전개에 따라 온실가스 감축이 국가는 물론 기업의 경쟁력의 주요 변수가 되었다. 화석 연료에 대한 의존도를 어떻게 저렴하고 양질의 에너지로 대체할 것인가가 화두이다. 특히 태양열, 태양광, 풍력 같은 신재생 에너지는 화석 연료를 대체할 미래의 에너지원으로 각광 받고 있다.

신재생에너지는 이산화탄소 배출을 줄일 수 있고, 에너지원 다변화로 공급 안정성을 높이며, 개도국이나 저소득층에 깨끗한 에너지 접근성을 높이며, 분산, 지역화가 가능하므로 지역 고용 제고에 이바지 하며, 에너지 수입의존도를 낮추어 무역 수지 개선에 도움이 되는 장점이 있다.

신재생 에너지 기술은 아직은 개발 초기 단계이기는 하나 기술이 아주 빠른 속도로 진행되고 있고, 경제성도 급격히 개선되고 있다. 신재생에너지는 가장 빨리 성장하였으며, 앞으로 가장 빠른 성장이 예상되는 부문이다. ET(에너지 기술) 산업이 IT(전자기술), BT(바이오기술), NT(나노기술) 못지않게 최첨단 미래 산업으로 대두되고 있다.

독일, 덴마크, 일본, 영국 등 세계 주요국은 에너지원에서 신재생에너지의 비율은 향후 이삼십년 이내에 20~50% 수준으로 끌어 올린다는 의욕적인 정책을 추진하고 있다. 독일은 2020년까지 30%, EU는 2020년까지 신재생에너지비율과 에너지 효율을 20% 끌어올린다는 20.20 계획을 수립 추진 중이다. 중국도 2020년까지 15%를 목표로 추진하고 있다.

표 1-25 주요국의 신재생 에너지 생산량(2014년) 단위: 천 toe

구분	한국	미국	독일	일본	영국	프랑스	덴마크
신재생에너지	2,805	143,646	33,786	21,425	11,408	20,922	4,551

자료: 에너지경제연구원, 에너지통계연보, 2015.

표 1-26 우리나라 신재생에너지원별 생산량(2013년) 단위: 천 toe

	태양열	태양광	풍력	수력*	바이오	폐기물	합계	1차에너지 비율(%)
2003	33	2	6	1,226	131	3,039	4,437	2.06
2013	28	344	242	892	1558	6,502	9,879	3.52

*: 소수력 및 대수력 포함
자료: 에너지관리공단, 에너지통계핸드북, 2015.

한국도 이른바 '저탄소 녹색성장' 목표 하에 신재생 에너지 개발을 적극 추진하고 있다. 그러나, 신재생에너지가 1차에너지에서 차지하는 비율은 3.5%로 OECD국가 가운데 최하위를 면치 못하고 있다. 더구나 2012년부터는 그동안 시행해오던 발전차액 보전제도(FIT)를 없애고 신재생 에너지의무할당제(RPS)로 바꾸었다. 신재생에너지 보급 확대에 역행하고 있다는 평가를 받고 있다. 2015년 발표한 제2차에너지기본계획에서는 신재생에너지 보급률 11% 달성연도를 2030년에서 2035년으로 연기하였다[9]. 다음은 녹색성장위원회(www.greengrowth.go.kr)가 제공하는 정보를 중심으로 작성하였다.

♣ 태양광

태양광 발전은 태양광을 직접 전기 에너지로 변환시키는 기술로 햇빛

9) 문재인 대통령 공약은 FIT를 한시적으로 도입하고, RPS를 강화하며, 친환경 에너지 펀드를 조성하여 신재생에너지 비율을 2030년까지 20%로 올린다는 것이다.

을 받으면 광전 효과에 의해 전기를 발생하는 태양전지를 이용한 발전방식이다. 우리나라에서는 70년대 초부터 대학과 연구소를 중심으로 연구를 시작하여 88년부터 대체에너지개발촉진법에 따라 정부 차원에서 기술 개발 저가화와 효율 향상을 위한 태양 전지 제조기술개발 및 시스템 이용 기술개발을 병행하여 단결정질 실리콘계 국산화 생산체계를 갖추게 되었다. 앞으로 생산 기반 확충(태양광용 원재료 확보, 기판 제조)과 생산 · 제조 공정 기술개선 연구가 필요한 상황이다.

중국은 세계 태양전지 절반을 생산한다. 중국은 태양광 발전설비를 2010년 89만 kW에서 2020년에 5,000만 kW로 늘린다는 목표를 추진 중이다. 미국은 에너지부(DOE Department of Energy) 주도로 국가 차원의 National Photovoltaic Program(5년 주기)을 지속 추진하고 있다. 세금 혜택, 보조금 지급, 여러 가지 보급 지원 프로그램 시행 등으로 가격이 하락하고 보급은 증가하고 있다. 일본은 정부 주도의 상용화 기술 개발과 보급 촉진 및 수출 시장 확대에 주력하고 있다. 태양 전지 원료의 저가화 및 신형 태양 전지 개발, 3kW 주택용 태양광 발전 시스템 보급사업 등으로 보급 실적이 이미 133MW를 넘었다.

♣ 태양열

태양 광선의 파동 성질을 이용하는 태양 에너지 광열학적 이용 분야로 태양열의 흡수 · 저장 · 열변환 등을 통하여 건물의 냉난방 및 급탕 등에 활용하는 기술이다.

표 1-27 태양열 에너지의 특징

장점	단점
- 무공해, 무제한 청정에너지원 - 기존의 화석 에너지에 비해 지역적 편중이 적음 - 다양한 적용 및 이용성 - 저가의 유지 보수비	- 밀도가 낮고, 간헐적임 - 유가의 변동에 따른 영향이 큼 - 초기 설치 비용이 많음 - 봄,여름은 일사량 조건이 좋으나 겨울에는 조건이 불리

선진국에서는 국가별 특성에 맞는 태양열 이용 기술을 중점 개발하여 보급하고 있으며, 저온 태양열 시스템 보급 활성화를 위한 인증 시험 및 평가, 신뢰성 향상 등에 지속적인 연구를 추진하고 있다. 미국은 70년대 저온 분야(집열기, 온수기, 자연형 시스템)를 주로 개발하였으나 80년대 이후 자연형 건물과 중고온 분야에 연구개발 투자하여 태양열 발전 및 산업 이용 기술의 상업화(365MW)를 진전시키고 있다. 일본의 경우 New Sunshine 계획을 수립하여 자연 채광 및 제어와 대규모 태양열 냉난방, 온수 급탕 시스템의 산업 이용 개발에 주력하고 있다. 유럽은 EU의 JOULE(설비형, 자연형 시스템), THERMIE(대형 건물, 집단 주택의 냉난방) 같은 태양열 건물 이용 프로그램이 활발히 추진 중이며 특히 제로 에너지 하우스나 제로에너지 타운 등 주로 열 에너지 자립을 위한 건물 태양열 기술이 많이 개발되고, 시범보급이 이루어지고 있다.

국내의 경우 70년대 초부터 대학과 연구소를 중심으로 연구를 시작하여 88년부터 대체 에너지 개발 촉진법에 따라 정부 차원에서 기술 개발이 장려되고 있다. 기술개발 동향은 보급 확대를 위한 태양열 온수기 등 저온 활용 요소기술에 대한 효율 및 신뢰성 향상과 태양열 이용 분야 확대를 위해 중고온 시스템 개발을 병행 추진 중이며, 제로 에너지 건물과 같은 태양열 건물 기술 연구도 수행중이다. 이에 따라 집열 및 온수 · 급탕기술(저온용) 상용화와 산업용 태양열 시스템 분야(중고온용) 실용화가 전략 추진되고 있다.

♣ 바이오 에너지

태양광을 이용하여 광합성되는 유기물(주로 식물체) 및 동 유기물을 소비하여 생성되는 모든 생물 유기체(바이오매스)의 에너지를 이용하는 것이다. 바이오메스(bio-mass), 바이오연료(bio-fuel)로는 바이오가솔린, 바이오에탄올, 바이오디젤 등이 있다.

표 1-28 바이오 에너지의 특징

장점	단점
- 풍부한 자원과 큰 파급효과 - 환경 친화적 생산시스템 - 환경 오염의 저감 (온실가스 등) - 생성 에너지의 형대가 다앙 (연료, 전력, 천연화학물 등)	- 자원의 산재 (수집, 수송불편) - 다양한 자원에 따른 이용 기술의 다양성과 개발의 어려움 - 과도 이용시 환경 파괴 가능성 - 단위 공정의 대규모 설비투자

1980년대 미국 및 EU는 폐기물의 단순 처리 목적으로 소규모 매립장을 다수 설치하였으나 메탄 방출에 의한 지구 온난화 등 환경 문제가 심각해지자 1990년대에는 매립장에서 발생하는 메탄(LFG:Land Fill Gas, 매립지가스)을 회수하여 에너지원으로 활용하는 공정을 상용화하였으며 대규모 매립장을 대상으로 주로 설치하여 전기를 생산하고 있다. 스웨덴에서는 2005년 늪이나 습지에서 유기물의 micro-bacteria의 분해로 생성되는 바이오가스를 이용한 열차를 세계 최초로 운행했다. 국내에서는 1988년부터 대체 에너지 개발 촉진법에 따라 정부 차원에서 기술 개발, 1999년까지 바이오 에탄올, 메탄 가스화 기술 개발 위주로 추진되었으며, 1990년대 이후 LFG 이용기술, 바이오 수소 생산 기술개발 등이 주요 분야로 추가되었다.

고율 메탄 발효 공정은 상용화 단계로서 보급이 추진되고 있다(각종 산업 폐수, 음식물 쓰레기 처리). LFG 이용 기술 개발의 결과 2개 대규모 프로젝트(서울 상암, 부산 생곡)가 해외 컨설팅 회사와 협력하여 보급이 추진되고 있으며 향후 급격한 보급 확산이 예상된다.

♣ 풍력

바람의 힘을 회전력으로 전환시켜 발생되는 유도전기를 전력 계통이나 수요자에게 공급하는 기술이다. 1980년대 초부터 풍력 발전의 제작 기술이 급속히 발전하여 독일의 Germanischer Lloyd, 덴마크의 DNV 및 RISO 등에서 설계 인증 · 검증, 성능 평가 기준을 제시하고 있으며 IEA에서는 풍력 발전에 관한 국제 규정을 마련하고 있는 단계이다. 미국은 90년대 초부터 DOE 지원으로 NREL(National Renewable Energy Lab)과 산업체 공동으로 대형화 기술을 개발하고 NASA에서 Blade 개발을 지원했다. 독일은 풍력 발전 선두국가로 5MW를 개발 중에 있으며 2004년 세계 설치 용량의 35%(약 16,649MW, 1.6만기, 독일전력 수요 6%)를 보급중이며, 덴마크에 이어 세계 2위 설비시장 점유(21.5%) 및 연 30억 달러 풍력 시장을 창출했다. 덴마크는 80년대부터 집중 개발하여 현재 풍력 설비 시장의 세계 1위(세계 설비 시장의 41.7%)를 고수하며, 풍력 발전의 대형화, 해상 풍력 등으로 세계 시장을 선도하고 있다. 우리나라의 경우 제주도 한림해상풍력단지가 있다.

♣ 수력

과거 2005년 이전에는 시설 용량 10MW 이하를 소수력으로 규정하였으나, 새로 제정된 신에너지 및 재생 에너지 개발 · 이용 · 보급 촉진법에서는 소수력을 포함 수력 전체를 신재생 에너지로 규정하고 있다. 신재생 에너지 가운데 수력의 연구 개발 및 보급은 주로 소수력 발전을 중심으로 수행되고 있다.

미국의 경우 90년대 이후에는 수차의 표준화와 개도국에 대한 기술 지원이 중심이며, 일본은 80년대에 Sunshine계획의 일환으로 수차의 국산화 개발과 수력 발전 시스템 자동화 연구를 수행하였으며, 90년대에는 New Sunshine계획으로 수차의 표준화 개발을 완료하였다.

국내에서는 1999년까지 카프란 수차 설계 기술 및 국산화 개발, 튜브라 수차 및 횡류형 수차 개발을 하였으며, 카프란 수차 개발은 국산화율이 95% 이상으로 현재 상용화 보급 전 단계에 이르렀다. 2005년부터는 국내에 산재되어 있는 농업용 저수지 및 다목적 댐을 이용하기 위한 중 · 저낙차용 프란시스 수차 기술 개발에 성공한 후 후속 실증 연구를 추진 중이다. 현재 수력분야의 설비 국산화율은 선진국 대비 55% 수준에 불과하다.

♣ 연료 전지(fuel cell)

수소의 산화에 의해서 생기는 화학 에너지를 직접 전기 에너지로 변환시키는 전지이다. 소음과 공해가 없고 CO_2 발생이 적고 열효율이 높은 것이 장점이다. 1839년 영국의 그로브(Grove)가 발명하였고, 1969년 아폴로 11호에 탑재한 바 있다. 귀금속 촉매를 사용하지 않는 고온형의 용융탄산염 연료 전지를 제2세대, 보다 높은 효율로 발전을 하는 고전해질 연료전지를 제3세대 연료전지라고 한다. 2010년 연료전지 시장 규모는 수소 제조 50억 달러, 전용 150억 달러, 가정 · 상업용 200억 달러, 수송용 100억 달러, 휴대용 50억 달러 등 약 1천 억 달러로 추정되고 있다.

그림 1-8 연료전지 발전 시스템 구성

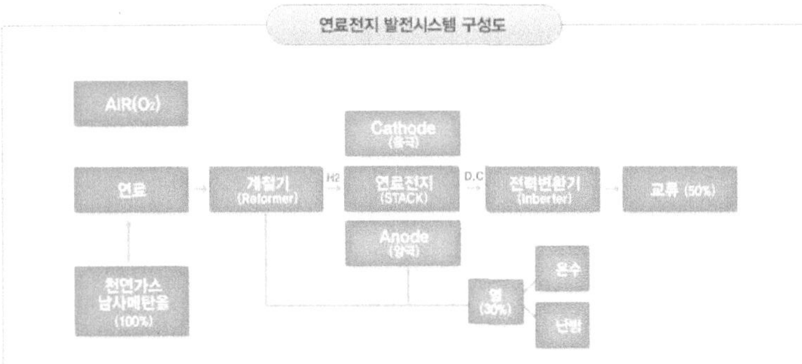

(자료 : (사)한국신·재생에너지협회)

국내에서는 1996년부터 고분자 연료 전지 연구가 시작되었고, 한국에너지 기술 연구원이 주축이 되어 2001년 가정용 5kW급 고분자 연료 전지 스택과 시스템을 개발하였다. 2002년부터 상업화를 목적으로 (주)GS퓨얼셀이 주관하여 더욱 작고 성능이 향상된 3kW급 열병합 고분자 연료전지 시스템 개발을 완료하였다. 연료전지 발전 시스템 가격은 스택 30%, 개질 시스템 30%, 전력 변환기 및 BOP 40%로 구성되어 있다.

♣ 석탄 액화 및 가스화

가스화 복합 발전(IGCC integrated gasification combined cycle)은 석탄, 중질 잔사유 등의 저급 원료를 고온 · 고압의 가스화 기기에서 수증기와 함께 한정된 산소로 불완전 연소 및 가스화시켜 일산화탄소와 수소가 주성분인 합성 가스를 만들어 정제 공정을 거친 후 가스 터빈 및 증기 터빈 등을 돌려 발전하는 방식이다.

또 고체 연료인 석탄을 휘발유 및 디젤유 등의 액체 연료로 전환시키는 석탄 액화 기술도 개발되어 있다. 고온 고압의 상태에서 용매를 사용하여 전환시키는 직접 액화 방식과, 석탄가스화 후 촉매상에서 액체 연료로 전환시키는 간접 액화 기술이 있다.

표 1-29 석탄가스화의 특징

장점	단점
-고효율 발전 -SOx를 95% 이상, NOx를 90% 이상 저감하는 환경 친화기술 -다양한 저급 연료(석탄, 중질잔사유, 폐기물 등)를 고부가가치의 에너지화	-설비 구성과 제어가 복잡하여 설비 최적화, 고효율화 및 저비용화가 요구됨 -소요 면적이 넓고 시스템 비용이 고가이므로 투자비가 높은 대형 장치 산업으로 일부 대기업 중심의 기술 개발로 한정

강화되고 있는 국제 환경 규제에 대비하여 전력의 안정적 공급과 환경 오염 물질 감소라는 조건을 만족시키고 기술 개발에 따른 파급 효과가 큰 기술이다. 국내에서는 에너지 기술연구원, SK 대덕 연구소, 전력연구원이 중심이 되어 IGCC용 고온 및 중저온 건식 탈황 기술 개발 중이다.

♣ 해양 에너지

해양 에너지는 해양의 조수 · 파도 · 조류 · 온도차 · 염도차 등을 변환시켜 전기 또는 열을 생산하는 기술이다. 전기를 생산하는 방식은 조력 · 파력 · 온도차 발전 등이 있다. 조력 발전은 조석간만의 차를 동력원으로 하여 해수면의 상승 하강 운동을 이용하여 전기를 생산하는 발전 기술이다. 파력 발전은 입사하는 파랑 에너지를 터빈 같은 원동기의 구동력으로 변환하여 발전하는 기술이다.

온도차 발전(ocean thermal energy conversion)은 해양 표면층의 온수(예: 25~30℃)와 심해 500~1,000m정도의 냉수(예: 5~7℃)와의 온도차를 이용하여 열 에너지를 기계적 에너지로 변환시켜 발전하는 기술이다. 끓는 점이 낮은 암모니아를 기화시켜 터빈을 돌리거나 냉난방에 쓴다. 2009년 미국이

10MW 파이로트 플랜트 건설한 바 있다. 일본도 2012년 오키나와현에서 100kW급 발전에 성공하였다. 염도차 발전은 담수가 해수로 이동하는 삼투압을 이용한다. 노르웨이 Statkraft사는 상용발전소 건설을 시도하고 있다. 파력 발전의 경우 영국에서 2MW급 상용 파력 발전 장치(Osprey)를 개발하였으며, Azores(포르투갈), Islay(영국) 등 두 곳에서는 파력 발전 장치 운영, 2MW급 부유식 파력 발전 장치(HYDRA)를 연구 중이다.

조력 발전의 경우 프랑스 라 랑스(La Rance)에서 240 MW급 조력 발전소를 운영 중이다. 1966년에 건설하여 현재까지 평균 가동율이 98%에 이를 정도로 성공적인 운영이다. 우리나라에서는 현재 세계 최대 규모인 시화호(254MW)의 완공에 이어 강화(812MW), 인천만(1,320MW), 아산만(254MW), 가로림만(540MW) 등지에서는 세계 최대 규모의 조력 발전소 건설이 추진되고 있다. 조력 발전은 발전 그 자체는 친환경적이나 발전을 위한 댐 건설은 갯벌이나 어장, 생태계 파괴의 논란을 불러일으키고 있다.

일본은 초대형 해양 구조물 상부에 태양광 및 풍력 발전, 수면에서는 파력 발전, 수면 하에서는 조류 발전하는 복합 발전 방식을 연구 중이다. 국내의 경우 울돌목을 대상으로 1만 kW급 조류 발전 시범 사업이 실시되고 있다.

♣ 폐기물 에너지

폐기물을 변환시켜 연료 및 에너지를 생산하는 기술이다. 성형 고체 연료의 제조기술, 가스화에 의한 가연성 가스 제조 기술 및 소각에 의한 열 회수 기술 등의 가공 · 처리 방법을 통해 고체 연료, 액체 연료, 가스 연료, 폐열 등을 생산하고, 이를 산업 생산 활동에 필요한 에너지로 이용될 수 있도록 한다. 종류는 종이, 나무, 플라스틱 등의 가연성 고체 폐기물을 파쇄, 분리, 건조, 성형 등의 공정을 거쳐 제조된 성형고체 연료(RDF refuse derived fuel), 자동차 폐윤활유 등의 폐유를 이온 정제법, 열분해 정제법, 감압 증류법 등의 공정으로 정제하여 생산된 폐유 정제유, 플라스틱, 합성수지, 고무, 타이어 등의 고분자 폐기물을 열분해하여 생산되는 플라스틱 열분해 연료유 등이 있다. 폐기물 소각열은 스팀 생산 및 발전, 시멘트 킬른 및 철광석 소성로 등의 열원으로 이용된다.

♣ 지열 에너지

지열 에너지는 물, 지하수 및 지하의 열 등의 온도차를 이용하여 냉·난방에 활용하는 기술이다. 태양열의 약 47%가 지표면을 통해 지하에 저장되며, 이렇게 태양열을 흡수한 땅속의 온도는 지형에 따라 다르지만 지표면 가까운 땅속의 온도는 개략 10℃~20℃ 정도 유지해 열펌프를 이용하는 냉난방 시스템에 이용한다. 우리나라 일부 지역의 심부(지중 1~2km) 지중 온도는 80℃ 정도로서 직접 냉난방에 이용 가능한 수준이다. 일본은 지열 열펌프 시스템의 초기 투자비를 절감시킬 수 있는 분야와 도로 제설 분야에 많은 투자를 하고 있다. 국내 일부 지역에 대한 지중 온도 측정 결과 연중 13~15℃의 일정온도를 유지하고 있어, 지열 열펌프 시스템의 열원으로 우수하다. 우리나라의 기후 조건에서는 최소 0.3 이상의 가동률(연간 2,000~3,000시간 운용 가능)을 보이기 때문에 매우 양호한 보급 환경이다. 해마다 연구 개발에 대한 투자가 증가하고 있다. 2005년까지 에너지관리공단에 신재생 에너지 전문 기업으로 등록된 전체 60여개 업체 중, 지열 관련 업체는 약 24개 업체로 40%를 차지한다.

♣ 수소 에너지

수소 에너지는 물 또는 유기물질을 변환시켜 수소를 생산, 이용하는 기술로 수소는 가스나 액체로 쉽게 수송할 수 있으며 고압가스, 금속 수소화물 등 다양한 형태로 저장이 용이하다. 제레미 리프킨은 수소경제

(Hydrogen Economy, 2002)에서 우주의 가장 풍부한 원소이고 무궁무진한 물에서 얻을 수 있는 수소를 이용한 수소 혁명을 일으키자고 역설하고 있다. 실제로 수소는 석탄이나 석유보다 발열량이 3배 가량 많고, 연소로 인한 오염물질 배출이 없으나 발화, 폭발의 위험성과 저장, 이동의 불편함 해소가 관건이다.

그림 1-9 수소 에너지 시스템 구성도

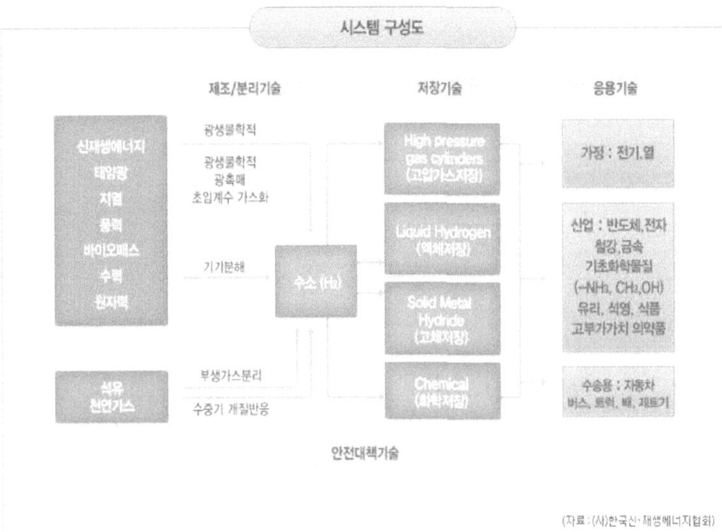

(자료 : (사)한국신·재생에너지협회)

6. 에너지 신기술 시장

♣ 스마트 그리드

전력망에 정보 기술(IT)을 접목하여, 전력 공급자와 소비자가 양방향으로 실시간 정보를 교환, 에너지 효율을 최적화하며 새로운 부가가치를 창출하는 차세대 지능형 전력망이다. 다음 그림 1-10의 개념도에서 보듯이 태양광, 전기 자동차, 충전소, 풍력, 가전 IT, AMI, 고객 포탈, 저장 장치, 연료 전지 등의 에너지 효율 최적화 장치들과 지능형 발전, 지능형 송전, 지능형 변전, 지능형 배전간의 실시간 정보 교환이 이루어지는 시스템이다. 구성요소로는 전기요금 실시간 제공이 가능한 Advanced Smart Meter, 전기차 충전 인프라, 분산형 전원(에너지저장장치 ESS), 실시간 전기 요금제, 전력망의 자기 치유(self-healing) 기능, 신재생 에너지 생산·판매기능, DC 전원공급 체계, 전력 품질 선택 등이다.

그림 1-10 스마트 그리드의 개념도

미국은 에너지 안보와 노후 전력망 현대화를 통한 경기 부양을 위해 2003년 "Grid 2030"을 제정, 전력망 현대화 국가비전 발표했고, 2007년 "에너지 독립 및 안보 법"에 스마트 그리드를 명시했으며, 콜로라도 볼더에 세계최초 스마트 그리드시티 조성하고, 2008년부터 1만 5천 가구에 스마트 미터를 무료 설치했다. 2009년 "미국 회복 및 재투자 법"을 통해 45억 달러를 투자했다.

EU는 2006년 유럽형 스마트 그리드 비전을 발표했으며, 2008년 스마트 그리드 연구 개발 우선 순위를 선정했다. 일본은 태양광 발전의 계통 연계, 마이크로 그리드에 초점을 맞추고 있다. 2020년 34GW, 2030년 100GW를 목표로 세웠다. 2007년 오타 시 등지에 실증 단지를 운영 중이며 Green Grid Initiative라는 프로그램으로 뉴멕시코에서 해외 실증 사업을 벌이고 있다.

우리나라도 지난 2009년에 2020년 광역 스마트 그리드, 2030년 국가 단위 스마트 그리드 구축을 목표로 하는 한국형 스마트 그리드 비전을 선포한 바 있다. 2009년 8월 645억 원을 들여 제주에 실증 단지를 착공했다[10].

♣ 그린 카

그린 동력 시스템의 활용 또는 장착, 이에 준하는 개선으로 기존 내연기관 대비 연비가 높고 배출가스나 CO_2 배출량도 적은 차량을 말한다. 그린카에는 하이브리드차, 플러그인 하이브리드차, 수소 연료 전지차, 전기 자동차 등이며 이에 준하는 개선이 이루어진 것으로 클린 디젤차 등이 있다. 유형별 특징을 보면 하이브리드차(HEV)는 내연 기관과 전기 모터 두 종류의 동력을 조합 · 구동하여 기존 내연 기관 자동차보다 고연비 · 고효율을 실현한다. 플러그인 하이브리드차(PHEV)는 가정용 전기에 배터리를 충전해서 쓸 수 있는 하이브리드차이다. 수소 연료 전지차(FCV)는 수소 탱크를 통해 수소와 산소를 반응시켜 전기를 생성하는 연료 전지가 내연 기관을 대체한 자동차이다. 전기 자동차(EV)는 배터리와 전기 모터의 동력만으로 구동하는 자동차이다. 클린 디젤차는 일반 디젤차보다 배출 가스를 현저하게 줄이면서도 동급 가솔린차 대비 20~30% 효율이 높은 초고효율 디젤 시스템을 장착한다.

---

10) (재)한국스마트그리드사업단(http://www.smartgrid.or.kr), 한국스마트그리드협회(http://www.k-smartgrid.org) 참고.

1997년 최초로 하이브리드 차 프리우스를 시판한 일본 도요타 자동차는 성능을 대폭 개선한 하이브리드차 2013를 생산, 판매량 100만대를 돌파했다. 도요타사는 2015년 수소차 미라이의 상용 보급에 나섰다. 유럽은 연비가 우수한 클린 디젤 및 디젤 하이브리드차 개발을 추진한다[11]. 폭스바겐 XL1은 전기충전식 디젤 하이브리드로 공인 연비가 111km/l 에 달한다[12]. 2012년 세계 시장에서 하이브리드차 판매는 전년보다 77% 증가한 153만 대로, 나온 지 15년 만에 100만 대를 돌파했다. 시장 점유율은 도요타가 75%로 압도적이며, 혼다 14.7%, 현대 · 기아 4.2%이다[13]. 우리나라에서는 2015년까지 전기차 2,821대, 하이브리드차 17만 7,227대가 보급되었다.

정부는 2020년까지 친환경차 108만대 추가 보급[14]을 목표로 지원제도를 강화하였다. 차량보조금 지급, 세금 감경, 충전기 및 충전시설 보급 확대 등을 통해 2020년 연간 신차 예상 판매량 170만대 가운데 친환경차 비율을 20%로 끌어올릴 계획이다. 2018년까지는 수소 연료 전지차 상용화를 목표로 하고 있다[15].

구글과 테슬러사는 전기차에 IT기술을 결합한 자율주행차의 개발에 나섰다. 도로, 주행, 주차, 안전, 소유 등 자동차 문화에 혁명적인 변화가 예상된다. 블룸버그 통신에 따르면 전기차 보급률은 2015년 1%, 130만 대에서 2040년이면 35%, 4,100만 대에 이를 전망이다.

---

11) 유럽은 유로 5인 클린 디젤 배출기준을 질소산화물과 미세먼지 기준을 대폭 강화한 유로 6 도입.
12) 2013년 제네바 모터쇼.
13) 한국자동차산업연구소, 2013.
14) 하이브리드차 82만 대, 플러그드인차 5만 대, 전기차 20만 대, 수소차 9천 대 등.
15) Greencar(http://www.greencar.com) 참고.

그림 1-11 세계 자동차 시장 전망

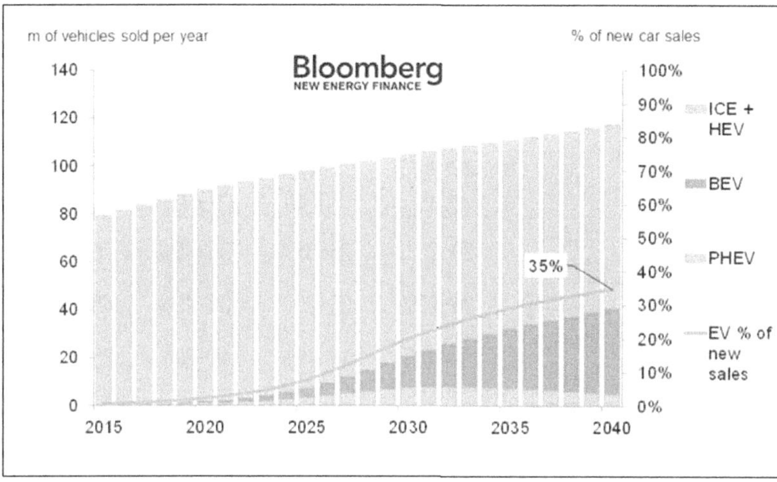

자료: Bloomberg New Energy Finance, New Energy Outlook 2017.

♣ 그린 홈

에너지 절약형 친환경 주택은 태양광, 지열, 풍력, 수소연료, 전지 등 신재생 에너지를 이용해 집안에서 가족들이 생활하는데 필요한 에너지를 자급하고 탄소 배출을 '제로'로 하는 친환경 주택을 말한다. 또한 대량의 이산화탄소를 배출하는 화석 연료의 단점을 개선한 주택이다.

국토 공간의 녹색화와 절대 에너지 사용량 축소가 그린 홈 사업의 궁극적 목표이다. 정부는 2020년까지 그린 홈 100만 채 이상 공급을 추진 중이다. 주택 내외부 환경개선과 그에 따른 여러 가지 사업 지원이 증가될 전망이다. 그린 홈으로 인정받으려면, 자연 녹지율, 생태 면적율, 빗물 순환, 음식 쓰레기, 에너지 정보 시스템 등이 정부 기준에 부합되어야 한다. 창호 · 현관문 · 조명 · 환기 · 보일러 등도 설치 기준 규정에 부합되어야 하며, 신재생 에너지 등의 설치는 지경부 고시에 따라야 한다. 그린 홈 2등급

이상 주택(단지)에 대해서는 신재생 에너지 설비 중 최소한 1가지 이상을 적용하도록 하고 있다.

표 1-30 그린 홈 등급 기준(난방, 급탕, 냉방, 전력 등 17개 요소 의거)

주택유형	구분	기본등급 (GB)	3등급 (GH3)	2등급 (GH2)	1등급 (GH1)
분양주택	에너지 절감율	20~25%	25~35%	35~45%	45%이상
	CO_2 저감율	20~25%	25~35%	35~45%	45%이상
임대주택	에너지 절감율	7~10%	10~15%	15~20%	20%이상
	CO_2 저감율	7~10%	10~15%	15~20%	20%이상

일본의 경우는 4인 가족 평균 전력 사용량의 5배 수준을 생산할 정도로 그린 홈의 실용화에 성공했다. 대표적인 주택 공급 업체인 "SEKISUI HEIM"은 그린 홈의 공장 생산 체제를 마련하여 대량 생산 및 대량 공급이 가능한 선진 기술을 보유하고 있다. 오래 전부터 태양을 이용한 주택 공급이 활발히 이루어져 있으며, 이를 기반으로 그린 홈의 도입 확산이 더욱 빨라질 것으로 예상된다. 영국 런던은 "녹색가정 만들기 정보센터(LONDON GREEN HOMES)"를 통하여 가정의 형편과 취향에 맞도록 맞춤형 그린 홈으로 리모델링 해주는 유료 사업 등을 추진할 계획 중이다.

♣ 차세대 원자력 KSTAR

차세대 초전도 핵융합 연구 장치를 말한다. 진공상태에서 1억 도의 온도가 되면 기체가 플라즈마 상태로 변하면서 에너지가 발생한다. 중수소 핵융합 반응을 통한 에너지의 발생 원리이다. 플라즈마 에너지는 주변에서 형광등, 오로라, 번개, 태양 대기를 들 수 있으며, 우주 공간의 모든 물질의 정상 상태이고 제4의 에너지라고도 불린다. PDP(plasma display panel)도 이

원리를 이용한다. 원료 1그램으로 석유 8톤에 해당하는 에너지를 얻을 수 있다. 현재 500kA의 플라즈마 전류를 발생시켜 7초간 유지하는 데 성공했다. 2022년까지 300초 유지가 목표이며 2050년에는 상용화를 목표로 추진 중이다.

그림 1-12 장기 전력 시장 전망

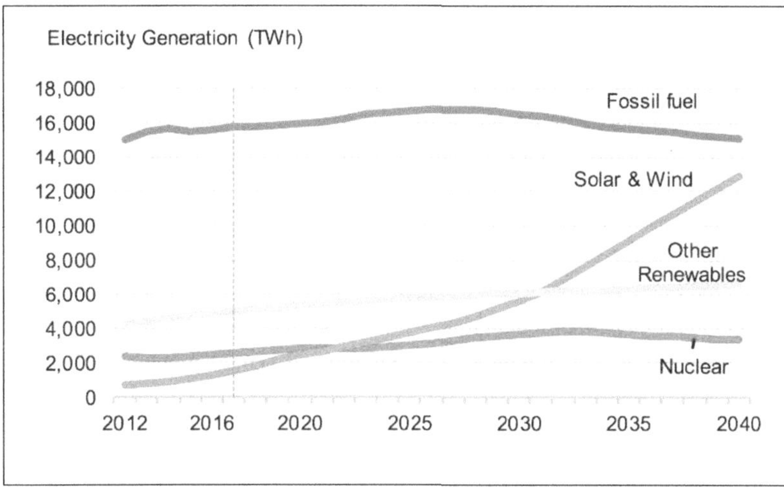

자료: Bloomberg New Energy Finance, New Energy Outlook 2017.

2장 기후 변화 경제학

1. 지구 온난화와 유엔 기후 변화 협약

♣ 지구 온난화(global warming)

산업혁명 이후 화석 연료 사용 증가로 지구 대기층의 온실 가스 농도는 1880년 280 ppm에서 2015년 400 ppm으로 증가하였다. 지구 온도는 지난 백년 간 약 0.8℃ 상승하였고 이런 추세로 가면 온실 가스 농도는 2100년에 540-970 ppm에 도달해 지구 온도가 2~3.5℃ 상승하고 해수면도 95cm 상승할 것으로 우려되고 있다[16]. 과거 1만년 동안의 기온 상승보다 최근 백년간의 상승이 더 크다.

♣ 온실 가스(greenhouse gases)

지구 온난화를 일으키는 주요 온실 가스는 이산화탄소, 메탄, 수증기, 구름, 오존 등이다[17]. 인간의 경제 활동과 관계가 높은 온실 가스는 이산화탄소, 메탄(CH4), 아산화질소(N20), 전기 절연체로 쓰이는 육불화황(SF6 sulphur hexafluoride) 전기 절연체, 프레온 가스 대체물인 수소 불화 탄소(HFCs

---

16) IPCC 기후변화평가 제5차 보고서(2013.7.27). 만년설이 녹으면서 툰드라의 메탄 방출, 바닷물의 태양광 반사효과는 줄고 흡수효과가 증가되는 등 가속적인 변화가 일어나고 있다. 반면 해빙으로 북극항로가 열려 운항거리가 30% 단축되고, 기간도 40일에서 30일로, 비용이 20% 절감되는 부수적인 효과도 있다.

17) 온실효과가 없으면 지구평균 온도는 14도에서 영하 18도로 약 33도 하락한다. 온실효과의 기여는 수증기가 월등히 크며(36-70%) 다음으로 이산화탄소(9-26%), 메탄(4-9%), 오존(3-7%) 순으로 평가된다.

hydrofluorocarbons), 반도체 제조에 주로 쓰이는 불화 탄소(PFCs perfluorocarbons) 등이다. 여기서 이산화탄소, 메탄, 아산화질소, SF6, HFC, PFC 등은 직접 온실 가스이고, 오존, NOx, CO, NMVOCs(비휘발성 유기 화합물), CFCs 등은 간접 온실 가스로 분류된다.

♣ 세계 이산화탄소 배출량

전 세계적으로 2010년 기준으로 일년에 302억 7천 6백만 톤의 이산화탄소가 배출된다[18]. 이 가운데 45%는 선진국(OECD)이, 나머지는 개도국이 차지한다. 지금까지 세계 최대 배출국은 미국이었으나, 최근에는 중국이 미국을 훨씬 앞질렀다. 중국의 세계 점유율은 24.0%에 이른다. 온실가스 대 배출국은 중국, 미국, 인도, 일본, 독일, 한국 순이다.

2010년 세계 이산화탄소 배출량은 1990년에 비해 44%가 증가한 수준이다. 선진국의 증가 수준은 11.5% 이나, 개도국은 81.9%에 이른다. 이제 선진국의 이산화탄소 배출 증가 속도는 매우 둔화되거나, 상당수의 EU 국가들은 마이너스 증가율을 보이고 있는 반면 중국, 인도를 중심으로 한 개도국들의 배출 증가 속도는 매우 빠른 것으로 나타나고 있다.

18) 이산화탄소 1분자는 탄소 1분자보다 44/12 배 더 무겁다.

표 2-1 세계 이산화탄소 배출량 추이 단위: CO_2 백만 톤

	1971	1980	1990	2000	2010	2012	90년대비 증가율 (%)
세계	14,064.8	18,042.2	20,973.9	23,509.1	30,276.1	31,734.3	51.3%
Non-OECD 합계	4,183.1	6,783.9	9,199.3	10,035.8	16,736.8	18,508.3	100.9%
OECD 합계	9,370.1	10,710.6	11,156.8	12,634.4	12,440.3	12,146.1	9.0%
미국	4,291.3	4,661.6	4,868.7	5,698.1	5,368.6	5,074.1	4.2%
	(20.7)	(20.5)	(19.5)	(20.2)	(17.3)	(16.1)	
호주	144.1	208.0	260.0	338.8	383.5	386.3	48.3%
	(10.9)	(14.1)	(15.1)	(17.6)	(17.1)	(16.7)	
일본	758.8	880.7	1,064.4	1,184.0	1,143.1	1,223.3	15.8%
	(7.2)	(7.5)	(8.6)	(9.3)	(8.9)	(9.6)	
한국	52.1	124.4	229.3	437.7	563.1	592.9	158.6%
	(1.6)	(3.3)	(5.3)	(9.3)	(11.4)	(11.9)	
프랑스	431.9	461.4	352.3	376.9	357.8	333.9	−5.4%
	(8.2)	(8.4)	(6.1)	(6.2)	(5.5)	(5.1)	
독일	978.6	1,055.6	949.7	825.0	761.6	755.3	−20.5%
	(12.5)	(13.5)	(12.0)	(10.0)	(9.3)	(9.2)	
영국	623.5	579.5	549.3	524.3	483.5	457.5	−16.7%
	(11.2)	(10.3)	(9.6)	(8.9)	(7.8)	(7.2)	
인도	200.2	283.3	582.3	972.5	1,625.8	1,954.0	236.6%
	(0.4)	(0.4)	(0.7)	(0.9)	(1.3)	(1.6)	
중국	809.6	1,419.8	2,244.1	3,077.2	7,258.5	8,250.8	262.2%
	(1.0)	(1.4)	(2.0)	(2.4)	(5.4)	(6.1)	
중동	99.8	30.67	557.1	912.3	1,546.3	1,647.1	199.5%
	(1.5)	(0.3)	(4.4)	(5.7)	(7.6)	(7.7)	
아프리카	248.7	401.9	544.4	678.8	929.7	1,032.4	89.4%
	(0.7)	(0.8)	(0.9)	(0.8)	(0.9)	(1.0)	

주: 괄호 안의 숫자는 연평균 증가율(%)임.
자료: IEA, CO_2 Emissions from Fuel Combustion Highlight, 2012.

♣ 유엔 기후 변화 협약

1992년 리우 환경 정상 회담에서 유엔 기후 변화 협약(UNFCCC UN Framework Convention on Climate Change)이 체결되었다. 2007년 노벨 평화상을 수상한 IPCC(기후변화에 관한 정부간 패널)[19]는 2050년까지 온실 가스 농도를

450 ppm 이하로 안정화 시키면 온도 상승을 1.5-2 ℃ 상승으로 막을 수 있다고 분석하고, 이를 위해서 이산화탄소 배출량을 2030년까지 1990년 수준, 2050년까지 1990년 배출 수준의 80-95%로 줄여야 한다고 분석했다. 기후 변화 협약의 궁극 목표는 IPCC의 권고 수준에 맞게 세계의 온실 가스 배출량을 감축하는 것이다. 2050년 450 ppm 은 인류가 배출할 수 있는 총량 배출량 3조 톤(3,000 Gton)에 해당한다. 그런데 이 가운데 2조 톤이 이미 배출되었다. 일 년에 약 400억 톤 배출된다고 보면, 남은 1조 톤은 향후 25년 내에 배출된다. 이제 450 ppm을 달성하려면 2020년까지 307억 톤, 2030년까지 264억 톤으로 줄여야 한다.

휘발유 1리터 2.12 kg, 전기 1 kWh 사용시 440 g, 자동차 10 kM 주행시 2.12 kg, 비행기 약 400명이 20만 리터로 14,000 km를 이동하므로 27 km/l 인이 된다. 버스는 1 km 주행시 28 g을 배출한다.

2. 교토의정서(Kyoto Protocol)

1997년 교토에서 열린 제3차 당사국 총회에서 기후 협약의 부속 의정서 이른바 교토 의정서를 체결하였다. '공동의 그러나 차별적인 책임 원칙(common but differenciated principle)'을 적용하여 선진국 위주로 온실 가스 감축 목표를 할당하였다. 한국, 멕시코 등 중진국과 인도, 중국 등 후진국들은 제외되었다. 또 할당된 감축 목표의 비용 효과적 달성을 위해 배출권 거래제 등 이른바 교토 메커니즘의 도입에 합의했다.

---

19) 1988년 설립, 195개 회원국, 32개국 600명이 집필하고, 39개국 5명의 검토를 거쳐 209명이 주저자로 참여하는 기후변화평가보고서를 5차(2013.9.27)에 걸쳐 발간하였고, 2007년 노벨평화상을 수상하였다.

♣ 국별 감축 목표의 할당

교토 총회에서는 최초로 선진국 그룹, 정확하게는 38개 부속서 B (Annex B) 국가들에 대해 구속력을 가진 온실 가스 배출한도를 정하였다. 제1차 공약 기간(2008~2012년) 중 부속서 B 국가 전체적으로 1990년 대비 94.8% 수준으로 온실 가스 배출량을 감축하도록 제한하고 국별로 한도를 설정하였다(표 2-2 참조). 감축 대상 온실 가스는 이산화탄소(CO2), 메탄(CH4), 이산화질소(N2O)의 3개 가스에다 HFCs, PFCs, SF_6 등 6개로 한정하였다. 토지 이용, 산림 등에서의 흡수(sinks)를 온실 가스 저감 실적으로 인정키로 하였다

표 2-2 교토의정서상 주요국가의 배출한도

단위: %

국 가	배출 한도	국 가	배출 한도	국 가	배출 한도
호주	108	헝가리	94	폴란드	94
오스트리아	92	아이슬란드	110	포르투갈	92
벨기에	92	아일랜드	92	루마니아	92
불가리아	92	이탈리아	92	러시아공화국	100
캐나다	94	일본	94	슬로바키아	92
크로아티아	95	라트비아	92	슬로베니아	92
체코공화국	92	리히텐스타인	92	스페인	92
덴마크	92	리투아니아	92	스웨덴	92
에스토니아	92	룩셈부르크	92	스위스	92
핀란드	92	모나코	92	우크라이나	100
프랑스	92	네덜란드	92	영국	92
독일	92	뉴질랜드	100	미국	93
그리스	92	노르웨이	101	유럽공동체	92

주 : 배출 한도(%)는 1990년 배출량을 100으로 했을 때 공약기간에 주어진 배출량의 비율임.

자료 : 교토의정서(FCCC/CP/1997/L.7/Add.1)

3. 교토 메커니즘

당사국의 개별적인 노력에 의해서 뿐만이 아니라 여러 국가들이 서로 협력하여 배출한도를 달성할 수 있도록 하기 위해, 국제 배출권 거래제(IET international emissions trading), 공동 이행(JI joint implementation), 청정 개발 체제(CDM clean development mechanism), 버블(bubble) 등과 같은 새로운 제도를 채택하였다. 그 동안 이러한 제도들은 선진국들의 배출 저감 의무 달성에 융통성을 준다고 하여 일반적으로 융통성 제도(flexibility mechanism)라고 불렀으나, 개도국들이 이같은 명칭은 선진국의 관점에서 볼 때만 융통성일 뿐이라고 거부하여, 최근에는 교토의정서에서 공식 명명한대로 교토 협조 이행 제도(Kyoto Cooperative Implementation Mechanism) 혹은 교토 메커니즘(Kyoto Mechanism)[20]이라고 줄여서 부른다.

가. 국제 배출권 거래제

교토 의정서 제 17조에서는 부속서 B 국가들이 온실 가스 저감 공약을 이행할 목적으로 배출권 거래제에 참가할 수 있다고 규정하여, 배출권 거래제의 도입을 공식화하였다. 다만, 이러한 배출권의 거래는 의무 공약을 충족시키기 위해 실시하는 국내 조치들에 대해 보조적(supplemental to domestic actions)이어야 한다는 단서를 붙여 선진 각국이 외국의 배출권에 의존하기 전에 먼저 국내 감축조치들을 취하도록 하였다.

♣ 거래 참가 주체

의정서 제 17조의 규정에 따라 현재로서는 온실 가스 배출권 거래제

20) 교토의정서가 나오기까지의 경과나 교토의정서의 주요 내용 및 분석에 대해서는 이기훈 외(1998)를 참조.

에 법적 구속력 있는 배출한도를 가진 부속서 B 국가들이 참여할 수 있다. 부속서 B 국가들은 자국의 민간 경제 주체에 배출한도를 할당할 수 있고, 국제 배출권 거래제에는 부속서 B 국가의 민간 경제 주체도 참가할 수 있다. 배출권 거래제에의 신규 참가는 부속서 B 국가에 편입되어 배출한도를 부여받아야 가능하다.

♣ 거래 대상 온실 가스

부속서 A에 명시된 6가지 온실 가스 모두를 거래 대상으로 하고, IPCC에서 채택한 100년 누적 지구 온난화 지수(100 year-GWP)를 적용하여 탄소 환산 배출 허용톤(tonnes of carbon equivalent earbon equallowed)으로 환산한다(표 2-3 참조). 그러나 실제로는 6개 가스가 전부 거래되지는 않고 2008년 이산화탄소의 거래가 우선 실시되고 있다.

♣ 공약 기간(commitment period)

제1차 공약 기간은 2008~2012년이었다. 이 기간 중의 할당 배출량을 5배 한 것이 공약기간 중의 배출한도가 된다. 제2차 공약기간의 배출한도를 설정하기 위한 협상은 진전을 보지 못하여 부득이 제1차 공약기간의 합의 내용을 그대로 2020년까지 연장하기로 하였다. 따라서 제2차 공약기간은 2013~2020년인 셈이다.

♣ 예탁 및 차입(banking and borrowing)

배출한도 이하로 배출했을 경우 그 실적을 다음 기간에 쓸 수 있도록 이월하는 것이 예탁이고 그 반대의 개념이 차입이다. 예탁은 공약 기간 내 및 공약 기간 간에도 허용하되, 차입은 동일 공약 기간 내에서만 허용하는 것으로 해석된다. 즉 시간적 융통성(when flexibility)을 높이기 위해 공약 기간 중의 초과 달성분, 즉 한도 이하로 배출한 경우의 목표 초과분을 다음 공약 기간의 배출한도에 더할 수 있도록 하는 공약 기간간 예탁 제도(external banking)를 채택하였다. 공약 기간을 설정한 만큼 공약 기간 내에서의 차입(internal borrowing)은 허용하되 차입 한도를 설정할 것으로 보인다. 그러나 저감 회피 수단으로의 악용을 막기 위해 차기 공약 기간으로부터의 차입(external borrowing)은 허용하지 않기로 하였다.

표 2-3 온실 가스별 지구 온난화 지수

온실 가스 \ 구 분		화학식	지구 온난화 지수(GWP) (100년 積算, 탄소 환산)
이산화탄소		CO_2	0.27
메탄		CH_4	6
아산화질소		N_2O	85
HFCs	HFC-23	CHF_3	3,191
	HFC-32	CH_2F_2	177
	HFC-41	CH_3F	41
	HFC-43-10mee	$C_5H_2F_{10}$	355
	HFC-125	C_2HF_5	764
	HFC-134	$C_2H_2F_4$	273
	HFC-134a	CH_2FCF_3	355
	HFC-152a	$C_2H_4F_2$	38
	HFC-143	$C_2H_3F_3$	82
	HFC-143a	$C_2H_3F_3$	1,036
	HFC-227ea	C_3HF_7	791
	HFC-236ca	$C_3H_2F_6$	1,718
	HFC-245ca	$C_3H_3F_5$	153
PFCs	Perfluoromethane	CF_4	1,773
	Perfluoroetane	C_2F_6	2,509
	Perfluoropropane	C_3F_8	1,909
	Perfluorobutane	C_4F_{10}	1,909
	Perflorocyclobutane	$c-C_4F_8$	2,373
	Perfluoropentane	C_5F_{12}	2,045
	Perfluorohexane	C_6F_{14}	2,018
SF_6 (Sulfur hexafluoride)		SF_6	6,518

자료 : 에너지경제연구원

나. 공동 이행

공동 이행(JI joint implementation)은 넓은 의미로는 선진국과 선진국, 혹은 선진국과 개도국을 막론하고 둘 이상의 국가들이 공동으로 추진하는 온실 가스 배출 저감 사업을 의미해 왔으나, 교토 의정서에서는 배출한도를 가진 부속서 I 국가들간의 공동 이행은 공동 이행, 선진국과 개도국간의 공동이행은 청정 개발 체제란 방식을 채택키로 하였다.

♣ 대상 사업

대상 프로젝트는 당사국의 승인을 받아야 하고, 저감이나 흡수에 의한 온실 가스 제거의 확대는 추가적(additional)이어야 하며, 저감 실적 즉 ERU의 획득은 저감 목표 달성을 위한 국내 저감 활동에 보조적(supplemental)이어야 한다고 규정하였다. 흡수는 온실 가스 저감 실적으로 인정하고, 토지 사용의 변화와 산림 활동(LUCF land use change and forestry activities)을 포함하되, 산림 관련 활동은 신규 조림(afforestation), 황폐지 조림(reforestation), 산림의 타용도 전용(deforestation)으로 제한하였다.

♣ 크레디트의 공인 및 검증

교토의정서에는 공동 이행에서 나오는 감축 실적, 즉 ERU의 공인 문제에 대해서는 언급이 없다. 이는 공동 이행은 프로젝트 단위에서 배출 저감 실적을 창출한다는 면에서 청정 개발 체제와 다를 바 없으나, 공동 이행은 부속서 I 국가간의 거래이기 때문에 부속서 I 국가들의 배출권은 영합(zero-sum)이 되므로 상대적으로 국제적인 측정, 공인, 검증, 감시가 덜 필요하다는 특성이 감안된 것으로 분석된다. 즉 끼리 공동 이행을 많이 해서 크레디트를 아무리 많이 창출하더라도 선진국 전체의 배출한도는 할당량(AA assigned amount)의 합을 넘지 못한다.

♣ 공동 이행의 장·단점

공동 이행이 전세계에 주는 혜택은 경제적, 환경적, 그리고 사회적으로 다양하나, 최대 장점은 비용 효과적(cost-effective)으로 온실 가스 배출을 줄일 수 있다는 점이다. 또, 선진국 자본의 대후진국 이동이 이루어지며, 후진국의 환경 친화적 지속가능한 경제 발전에 기여할 수 있다. 개별 국가들이 각자 자국의 오염 감축을 실현하는 비협조 균형(non-cooperative equilibrium)은 파레토 효율적이지 않지만, 공동 이행을 통한 감축은 파레토 효율성(pareto efficiency)을 달성할 수 있다.

♣ 투자국의 이득

투자국(investor country)과 투자 유치국(host country)으로 나눠서 득실을 살펴보자. 투자국은 국내적으로 행하는 감소 비용보다 더 저렴한 비용으로 외국에서 온실 가스의 배출을 줄일 수 있고, 청정 기술(clean technology)이라는 새로운 시장을 개척하고, 참여할 수 있는 사업 기회를 늘리는 것이다. 이러한 투자 기회의 확대는 상대적으로 적은 위험 부담을 가지고 있으므로 투자국에 큰 유인으로 작용된다.

♣ 투자 유치국의 이득

투자 유치국이 갖는 이득은 무엇보다도 투자 유치국에 절실히 필요한 외국 자본이 들어온다는 점, 자본과 더불어 현대적 기술이 동반되어 유입된다는 점이다. 또 청정 기술의 도입은 투자 유치국의 환경 여건의 커다란 개선을 가져오고, 이러한 개선은 오염 감소, 생물학적 다양성의 보호, 그리고 전반적인 수질 개선 등의 직접적인 혜택을 볼 수 있게 한다.

♣ 공동 이행과 배출권 거래제

넓은 의미에서 공동 이행은 배출권 거래제의 일종이다. 투자자의 입장에서 보면 투자 금액과 투자의 대가로 얻는 크레디트는 배출권 거래제에서 얻는 배출권 매입 금액과 매입한 배출권에 해당하는 것이다. 배출권 거래제가 배출한도를 가진 나라간 배출권을 사고 파는 것이라면 공동 이행은 배출한도가 없는 나라와 배출 저감 크레디트를 거래하는 것이다. 궁극에 가서는 공동 이행의 단계를 거쳐 모든 나라가 배출권 거래제에 참가하면 배출권 거래제의 구분은 거의 없어지게 되는 것이다. 그러나 공동 이행과 배출권 거래제는 실질적으로 몇 가지 차이가 있다.

첫째, 배출권 거래제는 국내외적으로 강력한 준수 장치 하에서 이루어진다. 배출한도(CAP)와 온실 가스 국내 관리, 감독 시스템을 갖춘 나라만이 참가할 수 있다. 그러나 공동 이행은 그렇지 아니한 나라도 참가할 수 있다. 따라서 공동 이행이 배출권 거래제보다는 도입이 훨씬 용이하다.

둘째, 거래 단위가 공동 이행은 프로젝트, 거래제는 배출권이다. 더 정확히 말하면 공동 이행에서는 프로젝트 수행시 발생하는 전체 크레디트가 참가국간에 거래되는 것이지만, 배출권 거래제에서는 동질적인 배출권이 거래 단위가 된다. 따라서 가격 기구의 자원 배분 기능은 공동 이행보다 배출권 거래제가 더 낫다.

셋째, 배출권 거래제에서의 배출권이 공동 이행의 크레디트보다 더 유효하다. 공동 이행은 프로젝트를 어떻게 정의하느냐에 따라 산출되는 크레디트 크기가 달라진다. 즉 그 프로젝트로 인한 저감 효과가 추가적이냐, 혹은 그 프로젝트의 적정 베이스 라인을 어떻게 정하느냐 등에 따라 크레디트 크기가 상당히 달라지는 만큼 자의적 요소가 개입되고 객관성이 떨어진다. 그러나 배출권은 강력한 준수 장치 하에서 발생하는 만큼 실질적인 감축으로 간주할 수 있다. 공동 이행의 크레디트는 실질적 감축에서 비롯된 것임을 인증하는 절차가 추가적으로 요구된다.

♣ 공동 이행의 요건

제1차 당사국 총회에서는 공동 이행 시범 사업의 요건을 다음과 같이 규정하였다. 첫째, 투자 대상국의 환경 및 개발 우선 순위와 부합하여야 한다. 둘째, 지구적 이익을 얻는 데 비용 효과적이어야 한다. 셋째, 모든 온실 가스 배출원과 흡수원 등을 대상으로 한다. 넷째, 참가국 정부의 승인을 얻어야 한다. 다섯째, 실질적이고, 측정 가능하며, 장기적, 추가적인 기후 이익이 있어야 한다. 여섯째, ODA나 GEF 자금 이외의 추가적인 재정 지원이어야 한다. 일곱째, 감축 실적은 인정하지 않는다.

다. 청정 개발 체제

♣ 목적

청정 개발 체제(CDM clean development mechanism)는 개도국(비부속서 I 국가)이 지속 가능한 개발을 달성하고 기후 변화 협약의 궁극 목표인 온실 가스 배출 감축에 기여하는 것을 돕고, 선진국(부속서 I 국가)의 배출 저감 목표 달성을 돕기 위해 설치되었다. 즉 비부속서 I 국가들은 공인된 배출 저감량(CER certified emission reduction)을 낳는 프로젝트로부터 이익을 볼 것이고, 부속서 I 국가들은 프로젝트에서 발생하는 CER을 배출 저감 의무 달성에 이용할 수 있다.

♣ 대상 사업

청정 개발 체제 하의 사업은 기후 변화 완화와 관계되는 실질적이고(real), 측정 가능하며(measurable), 장기적인 이익을 주는 것으로서 관련된 각 당사국의 자발적인 참여로 이루어진다. 민간이나 공공 주체도 청정 개발 체제에의 참여가 가능하며, 청정 개발 체제 이사회에서 정하는 지침의 적용을 받게 된다.

이러한 시장은 성장 잠재력이 무한하다. 예를 들면 향후 15년간 OECD 이외 지역에서 매년 50GW 규모의 화력 발전이 추가로 필요하다. 전체 화력 발전소의 10%에 대해 발전 효율을 4%만 올려도 CO_2를 매년 5천만 톤 줄일 수 있다. 또 향후 15년간 철강 생산 능력은 매년 1,200만 톤이 필요하다. 최신 제철 설비를 설치하면 30% 에너지 절감이 가능하다.

♣ 배출의 누출

선진국들은 선진국들만의 배출 감축은 배출의 누출(emission leakage)을 초래해 지구적 온실 가스 감축효과를 저해한다고 주장하고 있다. 그 근거로는 첫째, 선진국들만의 감축은 화석연료에 대한 수요 감소 및 가격 하락을 초래하고, 개도국의 수요 증가 및 배출 증가로 이어지는 것[21], 둘째, 탄소세 등으로 철강, 시멘트 등 에너지 다소비 산업의 경우 선진국 산출이 줄고 대신 개도국으로 산업이나 산출이 이전, 증대하는 것, 셋째, 선진국만의 감축으로 지구 온난화 방지 효과가 상당히 나타나면 개도국에 대한 추가적인 감축 압력이 약화된다는 것 등이다. 결국 선진국이 배출을 줄여도 개도국의 배출은 원래보다는 오히려 더 증가하기 쉽다는 우려가 제기되고 있다.

♣ 형평성

교토메커니즘의 최대 단점은 형평성의 문제이다. 선진국은 우선 지구 온난화의 역사적 책임이 있다. 더구나 여전히 1인당 혹은 총량으로도 개도국보다 월등히 풍족하게 지구 자원을 쓰고 있고 그 만큼 더 온실 가스를 배출하고 있다. 그럼에도 불구하고, 배출저감 이행을 개도국에다 전가한다면 본말이 전도된 결과를 낳게 되는 것이다.

---

21) 중국은 세계의 공장으로서 전체 이산화탄소 배출량의 23%는 수출품 생산에 기인하는 것으로 추정된다.

공동 이행과 청정개발체제는 또 개도국에 장기적인 기회 손실일 수가 있다. 공동 이행은 기본적으로 전세계를 통틀어 저감 비용이 싼 사업부터 먼저 수행하자는 것이다. 따라서 대부분의 프로젝트는 개도국에 집중될 수밖에 없다. 개도국으로서는 선진국의 자금과 기술로 지속 가능한 개발을 추진한다는 측면에서 좋으나 개도국들이 온실 가스 배출한도를 부여받게 됐을 때 싼 비용으로 온실 가스를 줄일 수 있는 프로젝트는 이미 선진국들에 의해 수행돼 버렸다는 딜레마에 봉착할 가능성을 배제할 수 없다.

♣ 크레디트의 공인

각각의 사업 활동으로부터 인하여 발생한 배출 저감량은 의정서 당사국회의에서 지명한 운영 기관(operational entities)에 의해 공인을 받아야 한다. 크레디트는 공인된 프로젝트 활동이 없었을 경우와 비교하여 추가적인(additional) 감축일 경우라야 인정된다.

라. 버블

교토의정서에서는 부속서 I 국가들이 주어진 감축 목표를 지역 경제 공동체나 여러 국가와 공동으로 달성하는 것을 인정키로 하였고, 아울러 여러 국가들이 자유로이 버블(bubble)을 구성하는 것도 허용키로 하였다. 버블이 공약을 이행하지 못할 경우에는 개별 국가가 할당된 목표에 대한 책임을 지게 되고, 지역 경제 공동체인 경우는 개별 국가와 공동체가 모두 책임을 지게 된다.

마. 교토 메커니즘과 배출권 거래제

교토 메커니즘은 국제 배출권 거래제뿐만 아니라 공동 이행, 청정 개발 체제 등 모두 국가간 온실 가스의 배출권 거래를 가능케 하는 제도로 볼 수 있다. 공동 이행은 배출한도를 가진 선진국들간에 온실 가스 저감 프로젝트에 공동 투자하여 나온 배출저감 성과(ERU)를 투자국(investor country)과 투자 유치국(host country)이 나누어 갖는 일종의 배출권 거래행위로서 크레디트 거래로 분류된다. 청정 개발 체제도 온실 가스 저감 사업이 개도국에서 이루어진다는 점만 다를 뿐, 원리는 공동 이행과 같은 크레디트 거래제이다. 버블의 경우는 할당받은 배출권(AA)을 무상으로 재분배하기는 하지만 그 대신 각국이 경제적인 이해 관계와 득실을 감안해서 다른 형태로 보상하는 거래 행위로 파악할 수 있다.

요약하면, 국제 배출권거래제와 버블은 할당받은 배출권(AA) 거래제, 공동 이행과 청정 개발 체제는 창출한 크레디트(ERU 혹은 CER) 거래제인 것이다. 실제로 할당된 배출 허용량(AA)과 함께 공동 이행에서 나오는 배출 저감량(ERU)이나 청정 개발 체제에서 나오는 공인된 배출 저감량(CER)은 배출권 시장에서 거래하도록 되어 있다. 나아가 일정 요건을 갖추면 AA, ERU, CER이 호환되는 상품이 된다. 앞으로 모든 개도국들이 선진국과 마찬가지로 배출한도를 가지게 되면 청정 개발 체제와 공동 이행은 사실상 같은 제도가 되고 그 차이는 사라지게 된다.

표 2-4 교토 메커니즘간 비교

구분 \ 제도별	배출권 거래제(IET)	공동 이행(JI)	청정 개발 체제(CDM)
거래 대상	배출권(allowance AA)	크레디트(ERU)	크레디트(CER)
거래 기준	할당량(quota) 기준	프로젝트 기준	프로젝트 기준
거래 당사자	다자/양자간 거래	양자간 거래	다자/양자/단독 거래
예치 가능 여부	공약 기간 중 가능	공약 기간 중 가능	2000년부터 가능
시행 시기	2008년	2008년	2000년
흡수 포함 여부	흡수 포함	흡수 포함	흡수 언급 없음
참여 대상국	배출한도를 가진 국가(부속서 B국가)간 거래	부속서 I 국가간 거래	공약하지 않은 나라도 포함

자료 : 이기훈(2000)

4. 교토 이후(Post Kyoto)

2012년 12월 카타르 도하에서 열린 제 18차 기후변화협약 당사국 총회에서 온실가스 배출량을 2020년까지 1990년 대비 25-40%를 감축한다는 중기 목표에는 합의하였지만 교토 체제를 대체할 새로운 방안을 도출하지 못하고 2015년까지 새 체제에 대한 협상을 계속하기로 하였다. 궁여지책으로 2012년까지만 규정된 교토체제를 2013년부터 2020년까지 8년 연장하기로 했다.

이 교토 의정서 II(Post Kyoto)에는 유럽연합과 노르웨이 스웨덴, 호주, 스위스, 우크라이나 등 34개국이 참여키로 하였다. 이들 국가는 1990년 배출량 대비 0.5-20% 감축 목표를 할당받았다. 중국과 인도와 같은 거대 개도국은 참여하지 않았을 뿐만 아니라, 미국, 캐나다, 일본, 러시아, 뉴질랜드 등 주요국이 불참함으로써 참가국의 배출량은 세계 전체량의 15%에 불과하다. 18차 총회에서는 녹색기후(GCF) 사무국을 한국 인천 송도에 두는 것을 승인하였다.

5. 신기후 체제(Post 2020)

2013년 폴란드 바르샤바에서 열린 기후변화협약 제19차 당사국 총회에서는 2020년부터 적용할 온실가스 감축 목표를 모든 당사국별로 자국이 정하는 기여(INDCs intended nationally determined contributions)라는 이름으로 2015년까지 자발적으로 제출키로 하는 데 합의하였다.

2014년 페루 리마에서 열린 20차 총회에서는 기후행동을 위한 리마 요청을 정하고 INDC의 제출 일정, 범위, 절차 등에 기본적 합의에 이르렀다.

2015년 12월 파리에서 열린 제21차 당사국 총회에서 마침내 선진국과 개도국 모두가 온실가스 감축에 참여하는 신기후 체제를 출범시키는 데 성공하였다. 또한 산업화 이전 대비 2°C 보다 낮은 1.5°C 수준으로 유지하기로 목표를 강화하였다. 모든 국가가 스스로 국가별 기여방안(INDC)을 정하여 제출하기로 한다. 매 5년마다 상향된 목표를 제출한다. 선진국은 절대량 방식을 유지한다. 개도국은 국별 여건을 감안하되 경제전반을 포괄하는 감축목표를 점진적으로 채택하도록 했다. 선진국과 개도국의 구분은 지난 1992년 기준을 그대로 적용하기로 함에 따라 우리나라는 여전히 개도국으로 분류되었다.

6. 기후 변화 관련 국제 기구

♣ 세계환경기금(GEF Global Environmental Facility)

182개국, 국제기구, 시민사회단체, 민간들과 공동으로 지속가능개발 프로그램을 지원하여 세계 환경 문제에 대처하는 국제기구이다.[22] 1991년 설립 이래 개도국이나 동구권 등 165개국에 3,215개 프로젝트에 115억 달러 지원했고 소액지원금만도 16,000여 건에 6억 달러가 넘는다. GEF는 기후변화협약(UNFCCC), 사막화방지협약(UNCCD), 생물다양성협약(CBD), 스톡홀름협약, 몬트리올의정서의 재정기구로도 활동하고 있다.

♣ 녹색기후기금(GCF Green Climate Fund)

송도국제도시가 개발도상국의 온실가스감축과 기후변화적응을 지원하는 기후변화 특화기금인 녹색기후기금(Green Climate Fund)의 사무국을 유

22) www.thegef.org.

치했다. 2010년 멕시코 칸쿤 16차 기후변화협약 당사국 총회에서 설립이 의결되었고, 2012년 카타르 도하에서 열린 제18차 당사국 총회에서 한국 송도에 두기로 결정하였다. 기후변화와 관련하여 개도국 역량 개발, 기술 개발, 기술 이전, 민간부분의 온실가스 감축과 기후 변화 적응 활동 지원 등을 지원하게 된다. 2020년까지 연간 1,000억 달러 재원 조성한다는 목표이다. 개도국 재정 지원기구로서 지금까지 지구환경기금(GEF)이 유일하였다.

♣ 글로벌녹색성장기구(GGGI Global Green Growth Institute)

녹색성장이라는 새로운 패러다임을 선도하기 위해 한국이 주축이 되어 설립된 국제기구이다. 기후변화에 대한 대처와 환경 보전, 지속 개발 방안을 추구하고 이를 개도국에 전파한다. 지난 2012년 10월에 창립총회가 열렸고, 11월에 국회가 이를 비준하였다.

동아시아기후파트너십(EACP)은 개도국과 아시아의 기후변화대응 역량강화와 지속가능 발전을 위한 공적개발원조(ODA) 프로그램으로 2008-2012년에 2억 달러가 인도네시아, 필리핀, 몽골, 베트남, 캄보디아 등지에 지원. 후속으로 글로벌녹색성장파트너십(GGGP)을 2020년까지 50억 달러를 지원하겠다고 2012년 리우 +20회의에서 천명한 바 있다.

7. 국제 배출권 거래제 시장

새로운 시장이 형성되어, 세계시장에서는 배출권 거래가 활발히 이루어지고 있다. 빠른 속도로 성장하고 있다. 배출권 가격은 최근 많이 하락하였다. 현물 선물 옵션, AA, ERU, CER 형태로 거래되고 있다. 탄소산업(carbon industry)이 새로운 유망산업으로 각광받고 있다. 국가별로 탄소세를 아니면 거래제를 도입하는 등의 차이가 있다. 기후변화협약은 각국별로 배출권 거래제를 하든 탄소세를 부과하든 국내 정책은 자율적으로 정하도록 하고 있다. 잦은 인플레이션이 발생할 경우 탄소세율은 즉각 조정이 어려운 반면 배출권 거래제는 가격이 시장에서 자동 조정된다.

♣ 국제 배출권 거래소

2003년 구축, 2005년 거래를 시작한 유럽기후거래소(ECX European Climate Exchange)는 EU-ETS의 최대거래소이며 영국 런던에 있다. Blue Next(www.bluenext.eu)는 유럽의 전력거래소(Power Next)에서 탄소배출권만 따로 거래하는 거래소이다. 유럽에너지거래소(EEX European Energy Exchange)는 독일에 있다. 미국에서는 시카고기후거래소(CCX Chicago Climate Exchange)가 2003년 개장했으며, 시카고 기후선물거래소(CCFE)는 선물을 거래한다. 2008년에는 Cantor CO2e라는 전자 온라인시장도 등장하여, 온라인 거래도 가능해 졌다. 일본은 2005년 자발적인 배출권 거래제(JVETS Japan's Voluntary Emission Trading Scheme)를 도입하였다. 정부의 주도하에 기업이 자발적으로 참여하되, 일단 참여하면 스스로 정한 감축 목표에 대해 어느 정도 구속적인 의무를 가진다.

표 2-5 세계 주요 기후 거래소

이름	소재지	설립일	거래상품	홈페이지
유럽 기후거래소	영국 런던	2005.4	EUA, CER 선물	WWW.ECX.EU
블루 넥스트	프랑스 파리	2007.12	EUA, CER 현물	WWW.BLUENEXT.EU
노드 풀	노르웨이 오슬로	2005.2	EUA 선물 및 옵션	WWW.NORDPOOLSPOT.COM
EEX	독일 라이프치히	2005.3	EUA, CER 선물 옵션, EUA 현물	WWW.EEX.COM
시카고기후 거래소 CCX	미국 시카고	2003.12	CFI 선물 및 현물, CER 선물 옵션	WWW.theice.com/ccx
JVETS	일본	2005.5	JPA, CER	www.jvets.go.jp

♣ 탄소 배출권 시세

탄소 배출권은 할당된 배출권으로 AA와 창출된 배출권 크레디트로 ERU와 CER이 있다. 또 배출권 마다 선물과 현물, 옵션이 있다. 탄소 배출권 가격에 영향을 주는 요인으로는 세계 경제 동향에서 기후 변화 협약 당사국 총회의 성패, 관련 과학 기술의 발전 등을 들 수 있다.

탄소 배출권의 국제 시세는 꾸준히 하락세를 보여 왔다. 대표적인 배출권인 EU ETS의 최근 시세를 보면 2003년 탄소 톤당 30유로로 출발하였으나, 하락에 하락을 거듭하여 2017년 3월 현재 탄소 톤당 5유로 수준에 머물러 있다. 이같은 하락세는 세계 경제의 위축, 유로존 경제위기, 기후변화 협약 당사국 총회 부진의 거듭 등의 외부적 요인, 구소련권에 대한 과도한 배출권의 분배, CDM 사업으로부터 예상보다 많은 크레디트가 배출되고 있는 공급 과다 요인을 들 수 있다.

그림 2-1 주요 배출권 가격 및 거래량 추이(2008-2011)

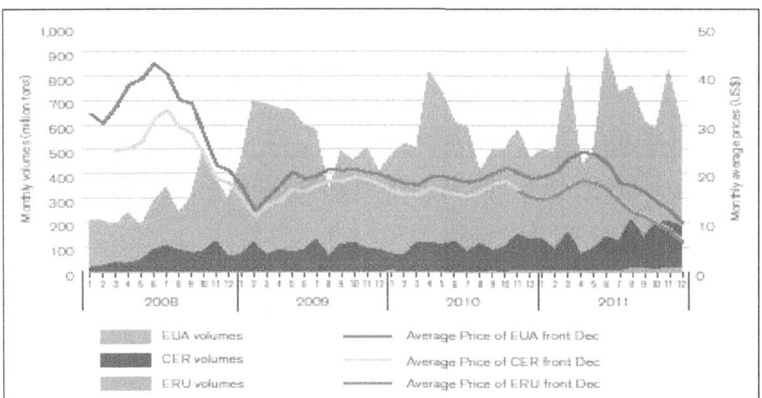

자료: 세계은행, State and Trends of the Carbon market 2012, 2012.

그림 2-2 배출권 (EU ETS) 가격 동향

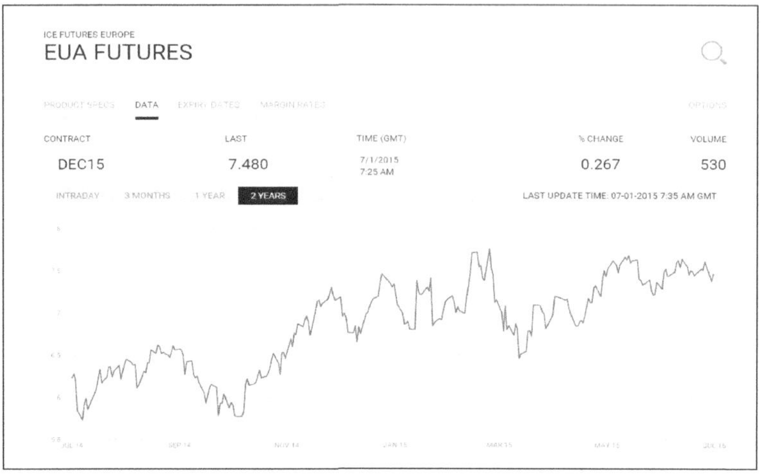

주: ICE(Intercontinental exchange)에서 거래되는 선물 EUA 중 2013년 12월물 가격임.
자료: https://www.theice.com/productguide/

♣ 주요국별 국내 배출권 거래제 도입 동향

국내 배출권 거래제는 유럽연합 각국에서 일찍부터 적극적으로 시행되고 있다. EU 27개국 포함 유럽 31개국이 전국 단위로 의무적 시행 중이다. 호주, 뉴질랜드도 도입하였으며, 미국, 캐나다, 일본 등은 각 주나 지방별로 부분 실시되고 있다. 개도국 가운데에서는 한국을 비롯 일부 국가들이 점진적인 도입을 추진하고 있는 상태이다.

EU는 EU-ETS 거래제를 2005-2007년 시범 운영 후 2008년부터 EU 27개 회원국과 비회원국 4개국(노르웨이, 리히테슈타인, 아이슬란드, 스위스)의 거래제를 연계하여 12,000여개 사업장을 대상으로 시행하고 있다. EU는 배출권 거래제를 운영하여 산업 경쟁력 저하 없이 효과적인 온실가스 감축에 성공하고 있다는 평가를 받고 있다. EU는 1990년 이후 GDP가 40% 성장하는 동안 온실가스 배출량은 16% 감소하는 탈동조화(decoupling) 현상이 나타나고 있다.

호주는 2012년 7월부터 고정가격 배출권 거래제를 도입·운영 중이며, 2015년부터 유동가격 배출권 거래제를 시행 예정이다. 뉴질랜드는 2008년부터 전국 단위 배출권 거래제를 시행중이다. 산림·산업 부문을 대상으로 하고 있으며, 폐기물 부문 2013년, 농업 부문은 2015년 이후 시행할 예정이다.

미국은 2005년부터 미북동부 10개주에서 배출권 거래제(RGGI Regional GHG Initiative)를 시행 중이며, 캘리포니아주는 2012년 말 배출권을 유상 할당하고 2013년 배출권 거래제 시행을 추진하고 있다. 캐나다에서는 퀘벡주, 브리티시 컬럼비아주, 온타리오주, 마니토바주가 2013년 도입을 추진 중이다.

일본은 도쿄도(2010년 4월), 사이타마현(2011년 4월), 교토부(2011년 10월)에서 지역 단위의 배출권 거래제가 도입되어 시행 중이다. 전국 단위 배출권 거래제 도입은 잠정 연기하기로 2010년 12월 각료회의에서 결정하였으며 대신 탄소세를 도입키로 하였다. 2003년부터 석탄에 대해 기존 소비세 등에 추가하여 과세 중이다.

개도국들은 지역 단위로 자발적으로 시범 시행에 착수했다. 중국의 경우 2013년부터 중국 GDP의 약 1/4에 해당하는 베이징, 충칭, 광둥, 허베이, 상하이, 톈진, 선전 등 7개 지역에서 에너지 소비 총량 목표를 기반으로 총량 제한 배출권 거래제를 시범 시행하고, 2017년에 전국 단위로 확대할 계획이다.

인도는 2011년 3월부터 타밀나두, 구자라트, 마하라쉬트라 3개 지역에서 배출권 거래제 시범 도입하고, 2011년 4월부터 전국 단위 에너지 절약 인증서(Energy Saving Certificates) 거래제 시행 중이며, 2013년부터 전국 규모 거래제 도입을 실시할 계획이다. 2010년 7월부터 국내에서 생산 또는 수입되는 석탄에 대하여 톤당 50루피(약 1달러)의 석탄세를 부과하고 있다.

멕시코는 2011년 배출권 거래제 기반 등을 규정하고 있는 기후변화 기본법(General Law on Climate Change)을 만들었고, 대만, 칠레, 터키, 브라질, 태국, 베트남 등이 자국내 배출권거래제 도입을 검토하고 있다.

런던에 있는 샌드백(sandbag, www.sandbag.org.uk)은 배출권 거래를 감시하는 시민단체이다. 기업의 위치 배출량, 초과 할당량 등 온라인 지도를 제공한다.

8. 우리나라의 온실 가스 배출 현황

♣ 온실 가스 배출량

우리나라의 온실 가스 배출량은 2014년 기준으로 6억 9,060만 이산화탄소 톤이다. 온실가스 배출량 세계 7위, 누적 배출량 세계 21위이다. 빠른 속도로 증가하던 온실가스 배출량은 2000년대 들어서 증가 속도가 상당히 둔화되고 있다. 온실가스 배출량은 2000년에 1990년 보다 약 73% 증가하였으나, 2010년은 2000년보다 17% 정도 증가하는데 그쳤다. 특히 2014년에는 온실가스 총배출량은 감소하여, 경제성장과 온실가스 배출의 탈동조화 현상이 처음으로 나타났다.

온실 가스의 최대 배출원은 에너지 부문이다. 즉 석유와 석탄, 천연 가스의 연소에서 발생하는 것이다. 2014년의 경우 전체 배출량의 87%를 차지한다. 산업공정에서는 약 8%가 배출되며 산림부문은 약 6%를 흡수한다.

1인당 배출량은 연간 13.7톤이다.

표 2-6 우리나라 부문별 온실가스 배출량 추이 단위: CO_2 환산 백만 톤

구분	'90	'95	'00	'05	'10	'11	'14
총배출량	**296.4**	**448.1**	**513.7**	**570.3**	**668.8**	**685.7**	**690.6**
에너지	243.1	357.7	414.4	469.6	568.6	597.6	599.3
산업공정	20.2	51.3	58.4	64.1	52.4	51.7	54.6
농업	22.7	23.5	22.4	20.3	22.0	21.9	21.3
폐기물	10.4	15.5	18.5	16.3	14.1	14.6	15.4
산림	−23.1	−22.4	−36.5	−32.4	-54.9	−51.3	−42.5

자료 : 온실가스종합정보센터(www.gir.go.kr)

우리나라에서 배출되는 온실가스의 약 90%는 이산화탄소이다. 메탄이나 다른 온실가스의 비중은 약 10% 정도에 불과하다. 이산화탄소 배출량은 그동안 지속적으로 증가하여 왔으나 나머지 온실가스들은 거의 늘지 않고 있다.

표 2-7 우리나라 온실가스별 배출량 추이 단위: CO_2 환산 백만 톤

구분	'90	'95	'00	'05	'10	'11	'14
총배출량	**296.4**	**448.1**	**513.7**	**570.3**	**668.8**	**685.7**	**690.6**
CO_2	254.4	389.0	444.3	494.6	595.9	623.4	628.8
CH_4	30.5	29.1	29.1	28.8	28.2	29.6	26.6
N_20	10.5	14.9	18.3	22.2	14.4	13.9	14.9
HFCS	1.0	5.6	8.4	6.7	8.2	7.9	8.5
PFCS	−	2.4	2.2	2.8	2.7	2.1	2.4
SF_6	−	7.1	11.3	15.3	19.7	8.8	9.4

자료 : 온실가스종합정보센터(www.gir.go.kr)

9. 우리나라의 온실가스 저감 계획

♣ 중장기 에너지 수급 계획

정부는 국가 에너지 기본법을 2006년에 제정하고, 이 법에 따라 국가 에너지 기본 계획을 수립, 시행하고 있다. 계획기간은 20년이고, 매 5년마다 작성한다. 1차 에너지 기본 계획은 2008년 8월 작성, 2030년까지 에너지 수급 계획을 담고 있다. 2014년 1월 제정한 2차 에너지 기본 계획은 2035년까지 계획을 담고 있다.

주요 내용은 다음과 같다. 전체 최종에너지 공급에서 화석 연료가 차지하는 비중을 2035년까지 현재의 66%에서 52%로 낮춘다. 신재생 에너지 비중을 2%에서 11%로 높인다. 원자력 비중을 16%에서 29%로 높인다. 도시가스의 비중은 11.5%에서 15.4%로 높인다. 최종에너지 수요는 2억 2,050만 톤으로 2025년보다 2.7% 줄인다.

♣ 온실 가스 감축 목표

우리나라는 2015년 6월 30일 온실가스 중장기 감축 목표를 확정하였다. 오는 2030년 예상 배출량(BAU) 8억 5,060만 이산화탄소 톤에서 5억 3,590만 이산화탄소 톤으로 37% 감축한다는 것이다. 구체적으로는 국내적으로 25.7%, 국제 시장 통해 11.3% 감축을 달성한다는 것이다. 그러나, 산업계의 감축률은 12%를 넘지 않는다. 정부는 이를 기후변화 사무국에 국가온실가스 감축목표(INDC intended nationally determined contribution)로 등록, 국제사회에 공포하였다.

전기자동차 20만대 보급, 수소연료 전지차 500대, led 보급률 70%로 높인다. 탄소 포집기술(ecs)을 2020년까지 상용화하여 200만 톤 감축하고,

2030년까지 국가단위 스마트 그리드 구축한다. 2020년까지 신재생에너지 비율을 7.2%로 확대한다.

표 2-8 온실 가스 중장기 감축 목표

구분	2011	2020	2030
온실 가스 배출량(백만 탄소톤)	165	178 (254)	154 (232)
온실 가스 배출량 (백만 CO_2톤)	605	543 (776)	536 (851)

자료: 산업통상자원부
주: 괄호안의 숫자는 BAU 전망치임.

♣ 저탄소 녹색성장 기본법

2010년 1월 제정, 시행에 들어갔으며 2011년 4월 일부 개정된 내용은 2012년 4월부터 시행되었다. 이 법은 경제와 환경의 조화로운 발전을 위하여 저탄소 녹색 성장에 필요한 기반을 조성하고 녹색 기술과 녹색 산업을 새로운 성장 동력으로 활용함으로써 국민 경제의 발전을 도모하며 저탄소 사회 구현을 통하여 국민의 삶의 질을 높이고 국제사회에서 책임을 다하는 성숙한 선진 일류 국가로 도약하는 데 이바지함을 목적으로 한다. 주요 내용은 다음과 같다.

- 녹색성장 위원회 설치 : 국무총리와 민간위원을 공동위원장으로 하는 대통령 소속의 '녹색성장 위원회'는 재정부, 지경부, 환경부, 국토부 장관 등 당연직 위원과 대통령이 위촉하는 민간위원 50인 이내로 구성한다.
- 녹색산업 투자 회사 설립 : 녹색산업과 관련된 기술개발 및 사업에 자산을 투자하여 그 수익을 주주에게 배분하는 것을 목적으로 하는 녹색산업 투자회사를 설립할 수 있다.
- 조세 제도 운영 : 환경 오염과 온실 가스를 발생시키며 에너지 이용 효

율이 낮은 재화와 서비스에 대하여 조세 부담을 강화하고 자원 배분의 비효율성을 줄일 수 있도록 국가의 조세 정책을 운영하여야 한다.

- 기후 변화 대응, 에너지 기본 계획 수립·시행 : 정부는 온실 가스 중장기 감축 목표 설정 및 부문별·단계별 대책, 에너지 수요 관리 및 안정적 공급 등을 포함한 '기후 변화 대응 기본 계획', '에너지 기본 계획'을 녹색성장 위원회와 국무회의 심의를 거쳐 수립·시행하여야 한다.
- 중장기 및 단계별 목표 설정·관리 : 정부는 온실 가스 감축, 에너지 절약, 에너지 자립, 에너지 이용효율, 신재생 에너지 보급 향상을 위하여 중장기 및 단계별 목표를 설정하고 그 달성을 위하여 조기 행동을 촉진하며, 필요한 경우 경영 지원, 기술적 조언 등의 지원 조치를 강구할 수 있다.
- 온실 가스 배출량 보고 및 종합 정보 관리 체계 구축·운영 : 온실 가스 다배출 업체 및 에너지 다소비 업체로 하여금 온실 가스 배출량 및 에너지 사용량을 정부에 보고토록 하고, 정부는 온실 가스 종합 정보 관리 체제를 구축·운영하여야 한다.
- 녹색경제·산업 육성·지원 : 정부는 성장 잠재력이 큰 새로운 녹색 산업을 발굴 육성하고, 녹색 경제/산업으로의 단계적 전환을 촉진하며, 각 산업 부문 및 과정 간의 연관성을 제고하여 전후방 산업화하는 등 녹색 경제/산업을 육성 및 지원하는 시책을 강구하여야 한다.
- 녹색 건축물의 확대 : 에너지 소비량과 온실 가스 배출을 줄이고 녹색화를 위해 일정 기준 이상 건물에 대한 단계별 목표 설정, 관리하여야 한다. 신축이나 개축 건축물은 지능형 계량기를 부착, 관리, 인증 제도를 시행할 수 있다.
- 녹색 생활 실천 교육·홍보 강화 : 산업체와 국민 등이 녹색 성장을 위한 정책과 활동에 자발적 참여 및 실천을 위해 교양, 직업, 평생 교육 과정 등과 통합, 연계한 교육을 대폭 강화한다.

기후변화 정책은 복잡 다양하고 광범위한 영역에 걸쳐 있으므로, 부처간 정보 공유, 공동 보조, 통합, 총괄, 조정기능이 요구된다. 그러나, 녹색성장위원회는 대통령 직속 기구였지만 2013년 정권이 교체되면서 국무총리실 산하로 격하되었다. 그만큼 위상이나 역할이 불확실한 한계를 가지고 있다. 기후변화나 배출권 거래제의 총괄은 환경부가 맡기로 되었지만, 핵심인 에너지 가격의 조정, 수요 관리 정책, 장기 전력 공급 계획이나 온실가스 배출권 할당은 기획 재정부가 맡도록 되어 있다. 업무는 분산되어 있는 반면 조정 기능은 약하고 힘겨루기나 나눠먹기식 행정으로 효율성을 기하기 어려운 구조로 지적되고 있다.

10. 국내 배출권 거래제

2015년부터 국내 배출권 거래제가 실시되었다. 한국거래소(KRX)에서 거래된다. 첫 해에 국내탄소시장은 활발하지 못하였다. 일 년 중 총 거래일이 8일과 11일에 불과하였고, 총 거래 대금도 139억원에 그쳤다. 가격(KAU 기준)은 톤당 최저 8,640원에서 1만 2,000원 수준으로 변동성이 낮았다. 그 이후 가격이 많이 올라 2017년에는 톤당 2만원 수준에서 거래되고 있다.

거래배출권은 할당배출권(KAU), 상쇄배출권(KCU), 외부사업감축실적(KOC) 등 세가지이다.

♣ 기본 계획 및 배출권의 할당 계획 수립

배출권 거래제 기본 계획은 녹색성장 위원회가 수립한다. 이 기본 계획에 따라 5년 단위의 배출권 거래제 계획기간에 대한 국가 배출권 할당 계획을 수립한다. 주무 관청은 환경부로 하되, 배출권 할당량 설정 및 할당

계획은 온실가스종합정보센터(GIR)[23]가 작성하고 기획재정부가 최종결정하게 되었다. 기획재정부는 배출권 할당 위원회를 만들어 배출권 거래제에 관한 주요 사항을 수립·심의·조정한다.

♣ 배출권의 할당

정부는 매 계획기간의 시작 전까지 배출권 할당 대상업체를 지정한다. 2012년 12만 5천 톤 이상 배출하는 458개 업체 혹은 2만 5천 톤 이상 배출 사업장을 가진 업체가 대상이다. 할당 대상 업체는 배출권을 신청하고 정부는 이를 심사한 후 계획 기간의 총 배출권을 할당한다. 2015년부터 2017년까지 3년간인 제1차 계획 기간 중에는 전체 할당량 중 100%를 무상 할당한다. 다음 3년간의 제2차 계획 기간(2018~2020년)의 무상 할당 비율은 97%이다. 2021년부터 시작되는 제3차 계획 기간부터는 90% 이하이다. 다만, 국내 산업 경쟁력 약화에 대한 우려를 반영하여 무역 집약도가 높은 업종과 생산 비용 증가 부담이 큰 업종에 대해서는 무상 할당 비율을 100% 까지 올려줄 수 있게 하였다.

♣ 배출권의 거래

할당 대상 업체와 더불어 개인, 법인 및 상호 배출권 거래에 합의한 제3국의 개인 또는 법인이 거래에 참여할 수 있다[24]. 배출권 거래를 위해 배출권 거래소를 설립할 예정이다. 거래의 효력을 위해 배출권 등록부에 내용을 기재한다.

---

23) 홈페이지는 www.gir.go.kr.

24) 2020년까지는 할당받은 업체와 산업은행, 수출입은행, 중소기업은행, 정책금융공사만 참가할 수 있다.

♣ 예탁, 차입, 상쇄

배출권을 초과 보유한 업체는 승인을 받아 계획기간 내의 다음 이행연도로 예탁(banking)할 수 있다. 그 이행연도 말에 배출량에 상응하는 배출권을 제출할 수 없을 것으로 예상되는 경우, 계획 기간 내의 다른 이행연도의 배출권을 당해 이행연도에 대한 배출권의 제출을 위해 차입(borrowing)할 수 있다. 상쇄는 10% 이내로 제한된다. 예를 들어 산림 조성, 산림 경영, 산림 전용 방지, 목질 바이오 매스 이용 등을 통해 이산화탄소 흡수를 증대시킨 경우 흡수량 증대분 만큼 크레디트를 부여하는 인증서를 받는다. 이 크레디트는 배출권 거래소에서 거래할 수 있고, 자체 목표 한도 충족시 그만큼 목표를 상쇄시킬 수 있다.

해외에서 배출권을 매입하여 목표 충족에 사용할 수 있다. 다만, 3차 기간부터 국제 배출권 시장과 연계하여 해외에서 배출권을 거래할 수 있도록 하되 해외 배출권 허용 수량은 전체 상쇄 인정분의 절반 이하로 제한된다.

♣ 과징금 및 과태료

업체가 제출한 배출권이 온실 가스 배출량 보다 부족한 경우 정부는 부족분의 이산화탄소 1톤당 10만 원 범위 내에서 당해 배출권 평균 시장 가격의 3배 이하의 과징금을 부과할 수 있다. 미제출 및 허위 보고 등의 행위에 대해서는 5천만 원 이하의 과태료를 부과할 수 있다.

♣ 안정장치 (safety valve)

배출권 가격이 미리 정해둔 최고가(ceiling price)를 상회할 경우 정부는 배출권을 최고가에 무제한 방출하게 된다. 따라서 기업은 비용부담 상한선 불확실성을 없앨 수 있다. 동시에 배출권 가격이 최저가(floor price)를 하회할 경우 정부는 시장에서 배출권을 매입한다. 따라서 기업은 가격폭락으로 인한 손실의 위험을 최소화할 수 있다.

♣ 온실가스 목표 관리제

온실가스 배출권 거래제와는 별도로 온실가스 목표 관리제도 실시되고 있다. 발전 등 산업체 480여 개를 대상으로 매년 배출목표를 부과하고 이를 준수토록 하는 일종의 명령 및 통제제도이다. 2013년의 경우 5억 9,762만 CO_2톤에서 5억 7,200만 CO_2톤으로 줄인다는 목표다. 목표 위반시 제재는 벌금 1천만 원이다. 상쇄나 배출권 매입은 허용되지 않고 자체 감축만 가능하다. 초과 감축에 대한 인센티브는 없다.

♣ 온실가스 목표관리제와 배출권 거래제 비교

양 제도는 감축 목표 설정(= 배출권 할당), 배출량 측정·보고·검증(MRV measuring reporting verifying) 체계는 유사하나 유연성에서 다르다. 목표관리제 대상 기업은 단년도 목표이행을 위해 해당 연도 내에 소관 사업장내에서 자체적인 감축 방안만 추진 가능하다. 할당된 목표보다 초과로 감축해도 인센티브가 없으며, 초과배출시 초과 배출량에 관계없이 1천만 원 내의 과태료 처분을 받게 된다. 이에 반해 배출권거래제는 배출권의 거래·상쇄를 활용하여 감축 비용 절감이 가능하며, 이월·차입으로 기업의 탄력적 대응이 가능하다.

그림 2-3 우리나라 탄소 배출권 거래 실적

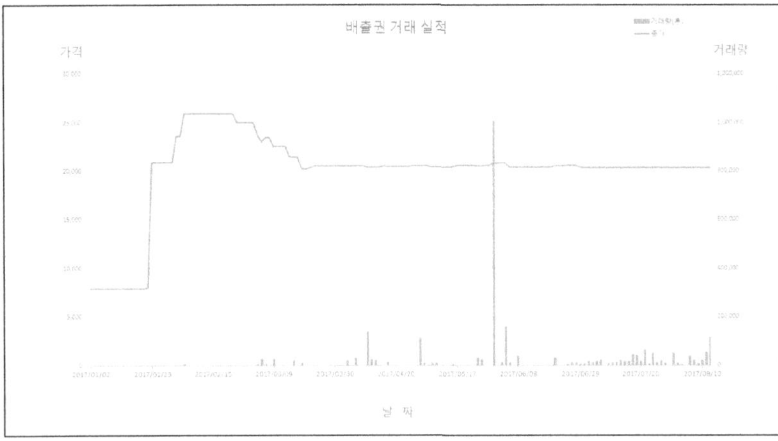

자료: 한국거래소(www.krx.co.kr)

3장 수자원 경제학

1. 수자원의 수요와 공급

물은 놀라운 물질이다. 생명유지에 필수적일 뿐 아니라 수송, 지정학적인 경계, 기후 결정, 전력 생산, 관개, 산업용수, 휴양, 냉각, 천혜의 용매이다. 물은 동식물의 생명 유지라는 필수적인 용도에서 농업, 어업, 수산업, 공업, 관광, 레저, 발전 등 실로 엄청나게 많은 분야에서 식수에서부터 세척, 용해, 마찰 감소, 온도 습도 관리 등 다양한 용도로 사용된다.

세계적으로 물 수요가 물 공급을 56%나 초과하고 있다. 지표수 사용량이 지난 20년간 두 배나 증가했다. 그 결과 31개국이 물 부족에 시달리고 있다. 현재 70억 인구 가운데 10억 인구는 식수가 없고, 30억 인구는 하수처리 시설이 없다. 앞으로 2025년이 되면 인구가 26억 명이나 더 증가할 것이고, 이 경우 인류의 2/3이 물 부족이고, 이 가운데 절반이 물 기근에 신음할 것으로 전망되고 있다. 지난 2001년이 유엔이 정한 물의 해였다. 매년 3월 22일은 세계 물의 날이다.

♣ 수자원의 분포와 이용

물은 담수(fresh water)와 염수(saline water)로 나눈다. 지구 지표면의 70.9%는 물로 덮여 있다. 지구상의 수자원량은 13.9억 ㎦으로 추정된다. 바닷물이 전체의 97%를 차지한다. 담수는 3%에 불과하다. 담수의 69% 정도는 빙산, 빙하와 만년설의 형태로 존재한다. 이들은 대부분이 남극 대륙에 분포한다. 지하수는 29%를 차지한다. 나머지 2%는 지표수(surface water)와 지하수, 대기, 생물체 등에 존재한다. 지표수는 호수, 강, 개천, 강 어귀(estuary), 습지(wetland) 등에 있는 물이다. 지하수(ground water)는 지표수보다 30배 이상 많다. 대부분의 지하수는 대수층(aquifer)에 담겨 있다. 이밖에도 대기, 생물계에 존재한다. 즉 담수 자원의 0.8-0.9% 만이 인간이 쓸 수 있다.

그림 3-1 수자원의 분포와 이용

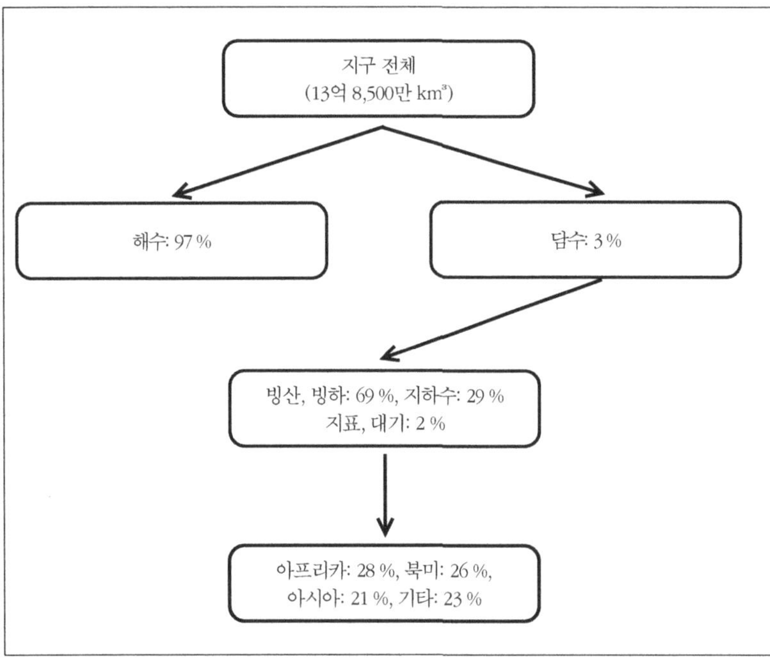

자료: 수자원공사

♣ 우리나라 수자원

우리나라 수자원의 원천은 비와 눈이다. 우리나라의 한 해 강수량은

1,274mm로서 세계 평균(973mm)의 1.3배이다. 총 수자원량 즉 우리나라의 총 강수량은 1,297억 톤에 이른다. 이를 인구수로 나눈 1인당 강수량은 일년에 2,755 톤이다. 이는 세계 평균의 13% 수준이다. 강수량의 절반 이상인 약 753억 톤이 바로 바다로 흘러 들어간다. 544억 톤은 대기 중으로 증발된다. 이 가운데 우리가 이용하는 것은 333억 톤이다. 하천수 108억 톤, 댐 용수 188억 톤, 지하수로 37억 톤을 이용한다.

그림 3-2 우리나라 수자원 수급 구조 단위: 억 톤/년

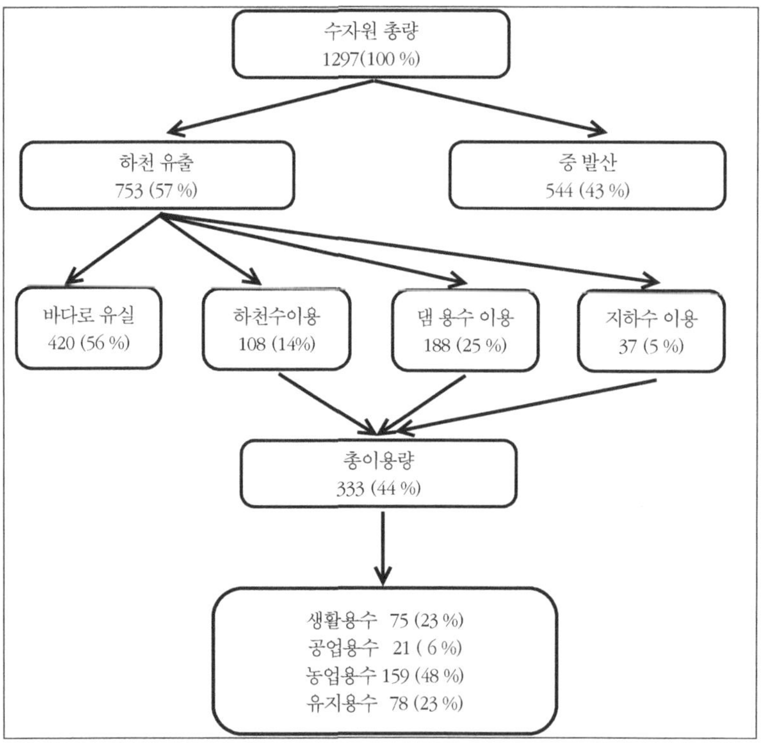

자료: 수자원공사

♣ 물 공급 구조

우리가 먹을 수 있는 물의 공급은 크게 두 가지이다. 수돗물과 먹는 샘물이다. 수도는 상수도와 하수도로 나눠진다. 상수도는 수자원공사가 강물을 취수, 정수하여 지방 자치 단체에 공급하는 광역 상수도와 지자체가 이를 받아 지역 주민에게 공급하는 지방상수도와 마을 상수도로 나뉜다. 수자원 공사는 도매업, 지자체는 소매업인 셈이다. 수자원 공사는 물의 공공재 개념에 입각해 국가 공기업으로 물 도매 사업을 독점하고 있다.

우리나라의 댐은 2013년 기준 총 17,741개이고, 총 저수용량은 약 138억 톤이다. 저수 용량으로 본 비중은 다목적용 댐 63%, 생활용수 및 공업용수 댐 12%, 홍수 조절용 댐 4%, 농업 용수 14%, 발전용 7%이다. 댐 가운데 15m 이상의 대형 댐은 1,200개이다. 세계적으로는 대형 댐이 1950년 5천개에서 현재 4만개로, 인공 수로는 9천 개소에서 50만 개소로 증가하였다.

♣ 물 소비량

물의 용도별 이용을 보면 2012년 기준 총 공급량 333억 톤 가운데 농업용수가 159억 톤으로 전체의 48%로 가장 많다. 다음이 수로나 하천의 유지에 78억 톤(23%), 식수 및 생활용수로 75억 톤(23%), 공업용수로 21억 톤(6%)을 사용한다.

우리나라 인구 일인당 물소비량은 1960년 99리터에서 2012년 인구 일인당 332 리터로 크게 증가하였다. 산업용을 제외한 가정용 일인당 물소비량은 178 리터이다. 이 소비량을 용도별로 구분하면 변기에서 25%, 싱크대에서 21%, 세탁 20%, 샤워 16%, 세면 11%, 기타 7%이다. 인체의 하루 물 섭취량은 음식물로 1 리터, 마시는 물로 1.5 리터, 산화 0.25 리터 정도이다. 우리나라 가구의 물 소비량은 OECD 평균보다 많다. 미국은 우리의 1.8 배이다.

표 3-1 우리나라 물 관련 주요 지표

연도	1인당 하루 급수량(L)	수도요금 (원/m³)	수돗물 생산원가 (원/m³)	상수도 보급률 (%)	하수도 보급률 (%)	하수도 요금 (원/m³)	하수도 처리 원가 (원/m³)
2001	361	489.1	569.1	87.8	73.2	155.2	269.2
2003	347	532.9	596.6	89.4	78.8	181.1	296.2
2005	351	563.2	680.0	90.7	83.5	218.7	363.0
2007	340	603.9	715.4	92.1	87.1	252.4	592.4
2009	332	609.9	761.6	93.5	89.4	274.0	715.6
2011	335	619.3	813.4	97.9	90.9	289.3	807.1
2012	332	649.3	814.7	98.1	91.6	326.3	816.1

자료: 환경부, 환경통계연감, 각호

♣ 수요 관리의 실패

그동안 우리나라 물 정책은 안정 공급에 치중하였다. 물 가격을 원가 이하로 책정함으로써 물의 과소비가 조장되었다. 물 가격이 싸다. 표 5-1에서 보듯이 물 평균 판매 단가는 톤당 649원이다. 물 원가 톤당 815원의 80% 수준에 불과하다. 우리나라 가정용 물 요금은 일본의 1/3, 미국의 2/3, 독일의 1/5 수준에 불과하다.

하수도 요금은 더하다. 하수도 평균 요금은 톤당 326원으로 원가의 40% 수준에 불과하다. 이러한 안정 공급 위주의 가격 정책은 대형 댐의 과다 건설, 물 과소비 초래, 공기업의 적자와 부채 증가의 악순환을 초래하고 있다. 물의 수요 관리 혹은 통합 관리 부재의 귀결이다.

♣ 물 발자국

인간의 환경에 미치는 부하의 크기를 나타내는 지표가 생태발자국(ecological footprint)이다. 물 발자국(water footprint)은 상품의 생산에 직·간접적으로 필요한 물 소비량을 말한다[25]. 소고기 1 kg 생산에 1만 5,000 리터, 돼지 고기 4,800 리터, 쌀 3,400 리터, 커피는 2만 리터로 추정되었다[26]. 자동차 1대의 물 발자국은 400 톤이다.

♣ 우리나라는 유엔이 정한 물 부족 국가인가

미국의 사설기관인 인구행동연구소(PAI Population Action Institute)에서는 인구 일인당 물 이용 가능량[27]이 1,700 톤 이상이면 물 풍요, 1,700~ 1,400 톤이면 물 부족(water stress), 1,400 톤 이하면 물 기근으로 분류한다. 우리나라는 1,452 톤이어서 물 부족국으로 분류되었다. 그러나 이 분류는 인구 문제에 초점을 맞춘 것이고 물 문제 분석이 주 목적이 아니다. 각국의 물 여건은 세계물포럼에서 발표하는 물빈곤지수(WPI water poverty Index)[28]가 더 낫다. 여기에 따르면 우리나라는 147개국 가운데 43위로 비교적 양호한 편이다.

♣ 수질 관리

물은 수량 관리에 못지 않게 수질 관리가 중요하다. 오염된 물은 없는 것보다 훨씬 못하다. 물 오염원은 생분해성 폐기물(biodegradable waste)[29], 부영양화를 초래하는 비료나 바이오매스, 살충제, 중금속과 같은 화학 폐기물, 물속에 있는 산소를 감소시키는 폐열, 탁도를 높여 수생식물의 광합성을 방해하여 해저 생태계를 파괴하는 토사(sediment), 방사능 물질 등을 들

---

25) 가상수(virtual water)라고도 한다(토니 앨런 지음, 류지원 옮김, 보이지 않는 물 가상수, 동녘 사이언스, 2012).

26) 유네스코 산하 물환경 교육기관(www.waterfootprint.org)

27) 강수량에서 증발산량을 뺀 뒤 인구수로 나눈 값임.

28) 1인당 수자원양 뿐만 아니라 수자원 접근률, 사회경제요소, 물 이용량, 환경 등의 여러 요소가 반영됨.

29) 찌꺼기, 쓰레기, 박테리아, 바이러스, 기생충 등.

수 있다.

수질을 나타내는 가장 중요한 지표는 생화학적 산소 요구량(BOD biological oxigen demand)와 화학적 산소 요구량(COD chemical oxigen demand)이다. BOD는 물속의 미생물이 유기물을 분해에 요구되는 산소량으로 나타낸다. COD는 물속의 유기물을 화학적으로 산화시키는 데 필요한 산소량을 말한다. COD 단위는 BOD와 같다. 단위는 mg/l 혹은 ppm 이다.

물은 수질에 따라 등급이 매겨진다. 1급수는 BOD 1ppm 이하, 2급수는 3ppm 이하에 해당한다. 1급수는 그냥 먹을 수 있다. 송사리, 열목어, 쉬리 등이 살 수 있다. 2급수는 정수 후 식수로 사용 가능한 수질이다. 수영이 가능하며, 쏘가리, 은어, 다슬기 등이 서식할 수 있다. 3급수에는 붕어, 매기, 미꾸라지, 잉어 등이 살 수 있고, 4급수에서는 물고기도 살지 못한다.

우리나라의 수질 오염은 산성비, 산업 폐수, 농업, 생활 폐수와 축산오폐수 등에 기인한다. 우리나라 4대강인 한강(팔당), 물금(낙동강), 금강(대청), 영산강(주암)의 경우 BOD는 다소 개선되고 있으나, 총 인(T-P)과 COD는 오히려 증가하는 경향을 보이고 있다. 더욱이 4대강 살리기 사업으로 강물 흐름이 느려지면서 녹조 발생 등 수질 오염이 악화되고 있는 것으로 나타나고 있다. 주요한 물 환경 관리 정책으로는 수질 오염 총량제, 수변 구역 관리, 토지 매수제도, 수질 관리를 이한 물 이용 부담금 징수 등이 실시되고 있고, 4대강 살리기 사업이 대대적으로 추진되었으나, 물 환경이 크게 나아지지 않고 있는 실정이다.

그림 3-3 우리나라 4대 강의 오염도 추이

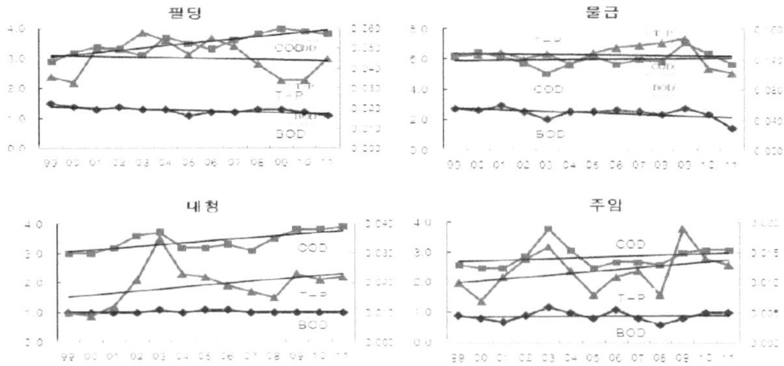

자료: 환경부, 환경백서, 2012.

♣ 물 산업 민영화

물의 비배제성과 비경합성을 갖는 공공재[30]이다. 그러나 동시에 배제성과 경합성을 갖는 사적 재화의 성격도 가지고 있다. 그러나 시장화의 급진전에 따라 물의 사유화, 상품화가 빠른 속도로 진행되고 있다. 공기업 민영화 붐에 따라 물 공급의 민간의 손으로 전환되고 있다. 우리나라의 수돗물 공급은 공기업인 수자원 공사와 지방자치단체가 맡고 있다. 정부는 2010년 물 산업 육성 전략을 수립하고 단계적 민영화를 추진하고 있다. 통폐합을 통해 소매를 맡은 지자체의 숫자를 대폭 줄여 광역화하고, 점진적으로 전문 관리업체를 지정, 물 공급을 위탁하려는 계획을 수립, 추진 중이다.

♣ 먹는 샘물 산업의 급성장

흔히 생수(bottled water)라 불리는 먹는 샘물은 지하수나 샘물 등 자연 상태의 물을 처리하여 용기에 담아 파는 물을 말한다. 샘물은 원래 지하 대

30) 수돗물은 공공의 이익에 절대 필요하다는 측면에서 공익재(public interest goods)로 부르기도 한다.

수층 지하 암반수가 암반 틈새로 지상 표층까지 솟아 오른 것이다. 1997년부터 시작된 먹는 샘물 판매는 급성장을 거듭, 2012년 기준 등록된 생수 제조업체는 67곳, 외국생수 수입판매 업체는 61곳에 이른다. 생수 시장 매출 규모도 2000년 1,600억 원에서 2012년 6,000억 원으로 증가하였다. 2011년 생수 공급량은 약 348만 톤이다. 500 ml 생수통으로 약 69억 개, 일인당 133병에 해당한다. 생수통 한 개당 11 g의 탄소가 배출된다. 따라서 7,390만 톤의 탄소가 배출된 셈이다.

표 3-2 연도별 먹는 샘물 판매실적

(단위 : 천톤, 백만원)

연 도	2005	2006	2007	2008	2009	2010	2011	2012
판매량	2,320	2,506	2,548	3,049	3,251	2,858	3,094	3,253
금 액	245,544	274,261	285,104	307,578	326,830	361,991	429,565	465,760

자료: 환경부, 환경백서, 2014.

표 3-3 정수기 시장 추이

(단위 : 개소, 대, 백만원)

연 도		2006	2007	2008	2009	2010	2011	2012
업체수	수입	28	37	25	22	21	24	24
	제조	235	226	191	170	179	184	186
	계	263	263	216	192	200	208	210
판매대수		110,100	1,281,230	1,242,950	1,468,470	1,609,000	1,771,000	1,790,380
판매금액		453,707	568,006	525,768	1,440,000	1,610,000	1,700,432	1,792,052

※ '09이후 판매금액은 임대(rental)를 포함한 금액임

자료: 환경부, 환경백서, 2014.

♣ 다국적 기업의 물 산업 진출

다국적 기업의 물 산업 진출이 비약적으로 늘고 있다. 물 교역량도 1조 달러를 넘어섰고, 년 10% 대의 높은 성장세를 보이고 있다. 물 산업은 규모의 경제가 많이 적용되는 대표적인 비용 감소 산업이다. 즉 규모를 늘릴수록 평균 비용이 한계 비용을 하회한다. 물 산업의 대형화, 민영화, 독점화, 다국적 기업화가 추세이다. 이로 인한 국가간, 국가와 다국적 기업간

분쟁이 증가하고 있다[31].

2. 수자원 가격 이론

♣ 공공 요금의 기능

물은 기본적으로 공공재이다. 따라서 많은 국가에서 물은 국가 혹은 공기업이 공급을 담당한다. 공기업은 시장에 맡겨두면 제대로 공급되지 않을 공공재를 효율적으로 공급하는 것이 가장 중요한 역할이다. 즉 공기업의 목적은 사회적 후생 극대화이지 이윤 극대화가 아니다. 효율성과 동시에 형평성도 추구해야 한다. 즉 고소득자에게는 부담을 늘리되 저소득자에게는 혜택을 주어 공공재의 혜택을 두루 누릴 수 있게 하여야 한다. 공공요금은 대부분 이런 식의 소득재분배 기능도 담당한다. 또 공공요금에는 재투자비가 포함되어 책정되어야 한다. 공공재의 지속적인 공급 체계를 유지하기 위한 투자도 필요하기 때문이다.

♣ 가격 설정 방식

수도 요금 설정 방식은 크게 정액제와 종량제가 있다. 정액제는 말 그대로 사용량에 관계없이 일정 요금을 내는 것이다. 계량하기 어려운 경우

---

31) 대표적인 것으로 볼리비아 물분쟁 사례를 들 수 있다. 볼리비아는 1997년 외환위기로 IMF 재정지원 하에 들어가면서 1억 3천만 달러의 구제금융 받았다. 아울러 물관리 공기업을 매각한 바 벡텔이 단 2만 달러에 상하수도 관리권을 인수하였다. 40년간 코차밤바시의 운영권 독점하게 된 것이다. 벡텔은 2000년 영업 개시후 물값을 4배 인상하였다. 시민들의 빗물 사용을 막으려고 빗물 사용 허가제를 도입하였다. 이로 인해 격분한 시민들 5만 여명이 2009년 격렬한 시위를 벌였고, 계엄이 발동되기까지 하였다. 정부는 할 수 없이 상수도 민영화를 취소하였으나, 벡텔은 이를 문제삼아 ISD에 제소하였다. 다국적기업의 ISD제소라는 유명한 사례를 남겼다.

나 징수의 편의상 채택되는 경우가 많지만 소비 절약의 유인이 없는 단점이 있다.

종량제는 사용량에 따라 사용 요금이 부과되는 것이다. 사용량 요금도 단일 요율(flat rate)과 할증 요율 혹은 할인 요율이 있다. 구경별, 용도별, 시기별로 요율을 달리하는 차별 요금도 많이 채택되고 있다.

그림 3-4 정액 요금제

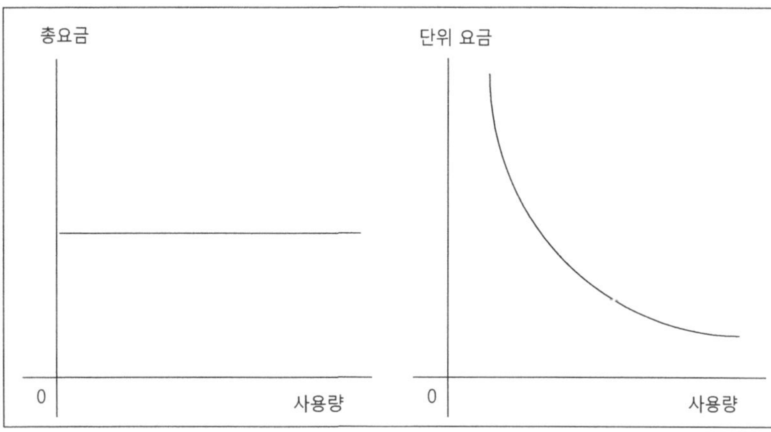

♣ 2부 요금 (two part tariff)

물, 전기, 도로 등 사회간접자본, 공공재 산업과 같은 장치 산업의 경우 초기에 많은 고정비가 투입되나, 가변비용은 많지 않다. 따라서 고정비는 기본요금 방식으로 회수하고, 가변비용은 사용량 요금으로 회수하는 요금 제도를 많이 채택한다. 이것이 바로 2부 요금제도이다.

그림 3-5 2부 요금제

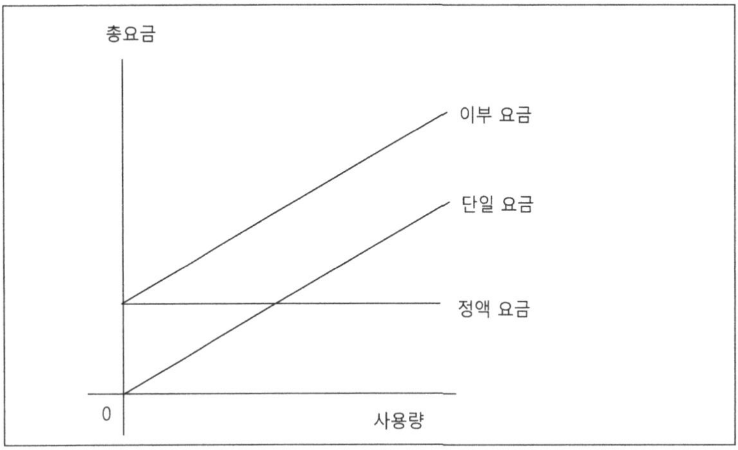

♣ 체감 요금제 (declining block pricing)

물 공급에 있어서 대구경(large hooking up)인 경우 대량 공급에 따른 규모의 경제가 발생하여 비용이 낮아진다. 따라서 대구경 소비자에게는 낮은 요율을 부과한다. 반대로 가정용과 같은 소구경(small hooking up) 소비자에게는 상대적으로 높은 요율을 적용한다. 즉 한 가지 물건에 대해 도매 요금과 소매 요금의 두 가지 요금이 존재하는 일종의 가격 차별화이다.

이 요금제도는 발생 비용이나 원가 측면에서 합리성이 있으나, 단점은 물 과다 소비를 조장하거나, 대수요자가 싸게 사서 이를 다시 비싸게 소매 판매하여 시장을 교란 시킬 우려가 있다는 점이다.

반대의 경우가 체증 요금제(increasing block pricing)이다. 사용량이 증가할수록 요율이 올라가는 누진 요금을 물리는 방식이다. 현행 가정용 전기 요금은 이 방식을 채택하고 있다.

그림 3-6 체감 요금제

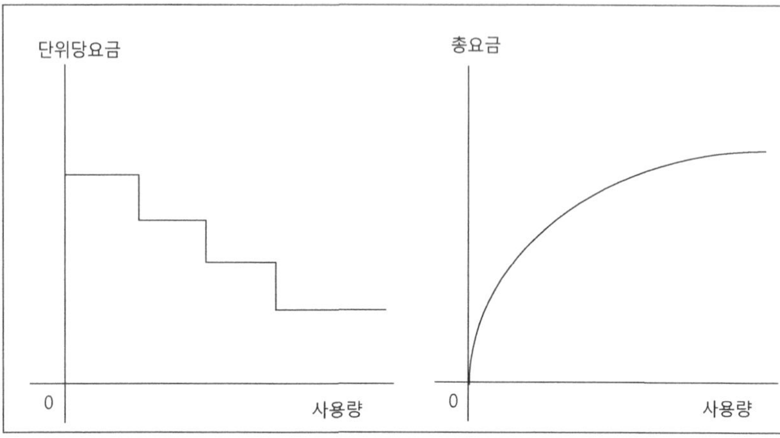

♣ 피크 요금 (peak pricing)

사용량이 증가하는 성수기(peak)와 비수기(off-peak)의 요금을 달리하는 방식이다. 숙박시설이나 항공기, 전기 등의 분야에서 많이 적용되는 요금 제도이다. 수요의 원활화(smoothing) 목적으로 사용된다. 부하 조정 요금 제도의 하나이다.

♣ 렘지 가격 (Ramsey pricing)

상품의 가격과 한계 생산비와의 차이(p-mc)를 이윤이라고 볼 수 있다. 이윤율은 (p-mc)/p 가 된다. 가격 탄력성이 높은 상품의 이윤율은 내리고, 낮은 상품의 이윤율은 높이는 방식으로 가격 제도를 운영한다.

이런 방식을 처음 제안한 요절한 천재 경제학자의 프랭크 렘지(Frank Ramsey, 1903-1930)의 이름을 붙여 렘지 규칙(Ramsey rule)이라 부른다. 이윤율이 수요의 가격 탄력성의 역에 비례한다고 하여 역탄력성의 법칙(inverse elasticity rule)이라고도 한다[32].

♣ 투자 보수율 방식

이윤 극대화를 추구하는 민간 기업은 가격을 한계 비용과 같도록 책정한다. 즉 p = MR = MC 가 성립한다. 그러나 공익을 우선하는 공기업은 이윤 극대화가 주목적이 아니다. 따라서 총 비용과 총 수입이 같도록 가격을 정해 준다. 이 경우 가격은 평균 생산 단가가 된다. 즉, TR = TC 이고, p = AC가 된다.

이때 공기업의 투자비에 대한 보수율(return)을 어느 정도로 하느냐가 관건이다. 대개 공기업의 자금 조달 금리, 재투자비 확보와 지속성을 감안하는 수준에서 책정된다[33].

우리나라의 전기 요금, 수도 요금 등이 이런 방식으로 책정되어 왔다. 이런 비용 기반 가격 책정 방식(cost based pricing rule)은 판매량은 늘리되, 비용은 부풀리고, 이윤은 적게 나도록 하는 유인 존재하는 문제를 안고 있다.

---

32) $\{(p-mc_1)/p\}/\{(p-mc_2)/p\} = \varepsilon_2/\varepsilon_1$, 여기서 ε는 그 재화의 가격 탄력성이다.

33) 메릴랜드(Maryland)대학의 클레멘스(Eli Winston Clemens)는 다음과 같은 공정보수 원칙을 제시하였다. $R=E+(V-D)r$, $P^*Q \leq R$. 여기서 R : 총수입, E : 운영유지비, V : 사업자산의 가치, D : 사업자산의 감가상각비, r : 투자보수율(%), P : 요금단가, Q : 총 판매량. (부영선·이기훈, 광역상수도 요금관리 합리화 방안, 2002)

4장 지구촌 자원 문제

1. 지구촌 자원 환경 문제의 현실

♣ 환경 문제의 지구적 확산

국지적 환경 문제가 범지구적인 문제로 확대되었다. 국제화에 따라 국가간 물동량사람이나 이동의 증가로 천적이 없는 외래 동식물, 면역력이 없는 병원균 등의 유입에 따른 생태계 교란. 유해 물질이나, 오염 물질이 기류나 해류를 타고 전파되는 황사, 후쿠시마나 체르노빌 방사능 오염, 월경성 오염 문제. 지구의 부양 능력을 능가하는 채취나 수렵, 남획 혹은 지구의 자정능력을 능가하는 오염 물질의 배출, 지구온난화, 사막화, 열대우림 파괴, 석유나 석탄 등 자원의 고갈, 남획으로 인한 어족 자원의 멸종, 산성비 등 등 다양한 지구환경문제가 발생, 확산, 심화되고 있다.

♣ 환경 관련 국제 기구, 국제 규범들의 등장

지구 환경문제는 이제 국제 규범화 되고 있다. 많은 국제환경 협약들이 생겼고, 국제 기구들도 생겼다. 오염 발생원과 피해지역이 한 국가내인 경우와는 달리 지구환경문제는 외부효과의 내부화가 훨씬 어려워진다. 국내와는 달리 다른 나라에 대해 규제를 강제할 방법이 없기 때문이다. 가장 현실적인 대안이 국제 협약이나 국제 기구를 만드는 방식이다. 이에 따라 수많은 국제환경 협약과 환경 관련 국제 기구들이 생겨나서 국제적으로 다양한 규범을 부과하고 있다.

♣ 경제, 통상 문제화

지구환경문제는 또 국제관계에서 주요한 경제, 통상문제로 되었다. 열대 우림 파괴, 사막화, 어족 자원 고갈, 생물종 멸종 현상의 가속화, 환경 오염에 대한 책임 및 배상의 소재, 직접 투자 등의 방식으로 환경 오염 산업의 후진국 이전, 환경 집약 상품의 국가 경쟁력 변화, 유해 물질의 국가간 교역, 유전자 자원, 환경 관련 기술 지적 재산권의 국제적인 인정, 환경 관련 기술 이전, 환경을 이유로 한 비관세 장벽 강화 등이 그것이다.

♣ 남북 문제화

또한 지구 환경 문제들은 남북 문제화하는 경향을 보이고 있다. 지구 온난화나 자원 고갈, 남획 등 많은 지구적 환경문제에 관한한 선진국들이 가해자 혹은 원인 제공자이고, 열대우림 파괴, 자원 고갈, 오염 등의 많은 피해는 개도국들에게 돌아간다. 선진국들은 환경 관련 기술이나 특허, 자금이 풍부하고 환경 개선 능력을 갖춘 반면 개도국들은 환경 보전보다는 기본적인 생존 수단 확보에 급급한 실정이다. 따라서 국제사회에서는 여러 가지 지구환경문제에 대한 선진국의 책임 인정 및 고통 분담(burden sharing)의 범위, 방법 등을 놓고 남북간의 갈등을 어떻게 조정하는가가 현안이 되고 있다.

♣ 환경 규범 기본 원칙

국제 환경 규범의 기본 원칙들로서는 사전예방의 원칙(precautionary principle), 오염자 부담 원칙(polluter pays principle), 그리고 고통 분담은 공동의 그러나 차별화된 책임 원칙(common but differentiated responsibility), 지속가능성 원칙, 환경 비용의 내부화(internalization of environmental cost)를 들 수 있다.

2. 자원, 환경 문제와 국제 무역

무역과 환경 문제에 관한 여러 가지 이슈가 있다. 첫째, 무역이 환경을 개선시키는가? 리카르도의 비교우위 이론에 의하면 자유 무역은 비교 우위 산업에 특화 현상을 심화시키게 되어 있다. 환경오염 저감 비용이 적게 드는 개도국들은 환경오염 집약적 산업에 특화하게 된다. 따라서 무역은 개도국들의 환경 오염 문제를 심화시킨다.

♣ 무역 증대의 효과

반면 국제 무역은 생산 및 교역 규모의 증대라는 규모 효과(scale effect)가 오염을 증가시킬 수 있지만, 환경 규제 강화로 인한 친환경 기술의 개발 및 채택으로 인한 오염 저감에 긍정적인 기술 효과(technique effect)도 있으며, 교역 규모 증대로 국내 산업 구성이 달라짐에 따른 구성 효과(composition effect)가 어떠냐 등에 따라서 종합적인 효과는 일률적이지 않을 것이라는 견해도 있다.

♣ 오염피난처 가설

두 번째 이슈는 세계적으로 점차 강화되는 추세인 환경규제가 각국의 산업에 어떤 영향을 주는가이다. 가장 대표적인 주장은 오염 피난처 가설(pollution haven hypothesis)이다. 선진국 기업들이 강화된 국내 환경 규제를 피하여 환경 오염산업이 규제가 약한 개도국으로 진출한다는 것이다. 즉 선진국 오염집약 산업의 공동화, 개도국 오염집약 산업의 집중으로 산업 재편이 발생하고, 결과적으로 개도국 환경이나 오염의 악화를 초래한다는 것이다.

이 경우 지구적 환경 문제에는 어떤 영향이 생길까? 지구온난화의 경우 현재 선진국들에 대한 이산화탄소 배출량 규제는 이산화탄소 다배출 산업이 개도국으로 이동하여 선진국의 배출 감소가 개도국의 배출 증가로 상쇄되는 이른바 배출의 누출 현상(emissions leakage)이 나타날 수 있다. 이는 선진국들만을 대상으로 하는 배출 규제가 가진 한계점이다.

낮추기 게임(race to the bottom)은 각국 정부가 기업들에 대한 환경관련 규제 완화를 경쟁적으로 벌이는 현상을 말한다. 국제 시장에서 자국 기업의 경쟁력 강화 혹은 외자 유치를 겨냥한 현상으로, 오염피난처 가설과 마찬가지로 국제 무역이 환경 악화의 요인으로 작용할 수 있음을 말한다.

♣ 포터 가설

이런 견해에 대한 반론이 바로 포터 가설(Porter hypothesis)이다. 1995년 포터(Michael Porter) 하버드 대학 교수는 강력한 환경규제가 생산원가 상승, 수출 경쟁력의 약화로 이어진다는 전통적인 견해를 비판하고, 오히려 기업 혁신을 유도하여 단기적 생산원가 상승효과를 상쇄할 뿐 아니라 더 나은 경영성과를 보일 수 있다고 주장하였다. 실제로 환경규제가 강한 국가에서 활동하고 있는 기업들이 더 경영 성과를 보이고 있는 많은 사례가 이를 뒷받침하였다.

또한 다국적기업의 해외 진출은 효율적인 기술과 공정, 설비 및 경영기법의 보급과 확산을 통해 진출국의 환경 개선 요인이 될 수 있다.

♣ 자원, 환경 규제의 비관세 장벽화

세 번째 이슈는 환경규제로 인한 무역 마찰 문제를 어떻게 조화시킬 것인가 하는 문제이다. 유럽 연합 등을 선두로 많은 나라들이 국내 환경 규제를 강화하면서 동시에 수입품에 대한 규제를 강화하고 있다. 유해 물질, 멸종 위기 동식물이나 규제 물질을 함유한 제품, 에너지 저효율 자전 제품,

저연비 자동차, GMO 제품 등 다양한 수입 규제 제도들이 나오고 있다.[34) 제품의 생산, 소비, 폐기 과정의 환경 정보를 담은 환경 라벨링(eco-labelling) 제도의 강화나 전 제품 사이클 평가(LCA) 정보 제공을 의무화하는 등 환경을 이유로 한 비관세 장벽이 높아지는 추세이다[35).

♣ 다자간 환경협약의 역할

또 다른 하나의 추세는 환경 관련 다자간 협약(MEAs multilateral environmental agreements)의 대거 등장이다. 유엔 기후변화협약(UNFCCC)을 비롯, 오존층 파괴 물질의 생산과 교역을 규제하는 비엔나 협약, 유해 물질의 이동을 규제하는 바젤 협약, 멸종 위기 동식물 교역을 제한하는 CITES 등이 대표적이다(4절 참조).

다자간 환경 협약의 경우 무임승차를 바라고 불참하는 국가나 참가국들의 협약 위반시에 마땅한 제재 수단이 없다. 그러나 비엔나 협약은 수출입을 금지하고 오존층 파괴물질을 함유한 상품까지도 수입을 제한하기로 하였다. 이것은 곧 협약 비당사국에게까지 무역제재조치의 효력이 미치게 하여 무임승차를 방지하는 사례다.

♣ 환경 규범과 자유 무역 원칙과의 충돌

이러한 각국의 환경 규제나 다자간 환경협약은 무역 제한이나 규제의 철폐를 추구하는 세계무역기구(WTO) 이념과 정면으로 충돌한다. 1930년대의 파괴적인 보호 무역주의의 폐해를 경험한 세계 강국은 1944년 브래튼우

---

34) EU는 차량 주행거리 1km당 이산화탄소 배출량 한도를 2015년까지 130 g, 2020년까지 95 g으로 규제한다.

35) WTO의 TBT (Technical Barriers to Trade) 협정에 따라 회원국은 안전, 보건, 환경 보호 등의 이유로 기술규제가 가능하게 되었고, 실제로 환경을 이유로 기술 규제의 비관세장벽화가 크게 증가하는 추세이다.

즈 회의(Bretton Woods Conference)에서 국제통화기금(IMF), 국제무역기구(IT) 및 국제개발은행(IBRD)을 설립키로 하였다. 그 후 23개국에 의해 1947년 국제통상 확대와 무역 규범의 확립을 위해 '관세와 무역에 관한 일반협정'(GATT)이 설립되었으며, 관세 인하와 무역 분쟁 처리를 통한 자유 무역 확대에 기여하였다. GATT는 우루과이 라운드(UR) 협상을 거쳐 마침내 1995년 상품, 서비스, 지적재산권 등 모든 교역분야에서 자유무역질서를 확대하기 위한 세계무역기구(WTO)로 대체되었다. WTO는 최혜국 대우 원칙, 내국민 대우 원칙, 수량 제한 금지 원칙과 관세 인하의 원칙을 기본 원칙으로 하고 있다.

그러나, WTO는 예외조항[36]을 두어 환경보호를 이유로 한 통상 규제가 가능하도록 하고 있다. WTO를 발족시킨 마라케시 협약(Marrakesh Agreement, 1994)의 전문에도 '지속가능개발'과 환경보전에 노력한다는 언급이 있다. WTO는 산하에 무역과 환경위원회(TEC Trade and Environment Committee)를 설치하여 환경적으로 지속가능한 개발문제를 WTO의 주 업무로 다루고 있다. 여기서는 다자간환경협약(MEAs)과 WTO의 자유무역규범과의 관계, 무역 정책과 환경 규제 정책간의 상호 작용 등을 다룬다. 그러나 도하 라운드 등 십수년 동안 무역 규범과 환경 규범과의 마찰을 줄이기 위한 노력을 기울였으나 아직까지 뚜렷한 성과를 거두지 못하고 있다.

36) GATT 제21조에는 인간, 동물 및 식물의 생명과 보건 보호 고갈성 자원의 보전을 위해 최혜국 대우와 내국민 대우 원칙의 예외로 할 수 있다고 규정되어 있다.

3. 국제 기구를 중심으로 한 국제적 대응 노력

♣ 국제적 논의의 출범

단 하나뿐인 지구(Only One Earth)라는 슬로건을 걸고 1972년 스톡홀름에서 개최된 'UN 인간환경회의(UNCHE UN Conference on the Human Environment)'는 환경과 개발에 대한 논의를 공론화하는 계기가 되었으며, 지속가능발전의 개념을 구체화하기 위한 국제적 노력을 촉발시켰다. 인류의 경제. 산업 활동으로 야기된 환경오염 및 공해 문제를 해결하기 위한 범지구적 협력을 공약하는 스톡홀름 선언문이 채택되었고, 유엔환경계획(UNEP)이 창설되었다.

♣ 지속가능 발전 개념 대두[37)]

1982년 UN 인간환경회의는 10주년 기념회의에서 장기적인 관점에서 환경문제를 담당할 독립기관인 '세계환경개발위원회(WCED World Commission on Environment and Development, 일명 브룬트란트 위원회)'를 설립하였다. 이 위원회는 1987년 '우리 공동의 미래(Our Common Future)'라는 제목의 보고서를 통해 유명한 '지속가능한 발전(sustainable development)'이라는 개념을 제시하였다. 지속가능한 발전은 '미래 세대의 필요를 충족시킬 능력을 손상시키지 않는 범위에서 현 세대의 필요에 부응하는 발전'으로 정의한 바 있다. 이 보고서는 개별 국가 차원에서 개발전략을 마련해야 하며, 환경적으로 지속가능한 발전을 위해 빈곤해소가 필수적인 요구사항임을 강조하였다.

♣ 지구정상회의

'지구적으로 생각하고 지역적으로 행동하기(Think Globally Act Locally)'를

---

37) 제1부 제6장 참고.

슬로건으로 1992년 브라질 리우데자네이루에서 '환경과 개발에 관한 UN 회의(UNCED UN Conference on Environment and Development)'가 열렸다. 이 회의는 전 지구적인 환경문제에 대응하고 선진국과 개도국 간의 빈부격차를 해소하는 것을 목표로 개최되었으며, '지구정상회의(Earth Summit)'으로도 불린다. 이 지구정상회의는 '환경적으로 건전하고 지속가능한 발전(ESSD environmentally sound and sustainable development)'을 주제로 채택하고, 과도한 경제활동과 소비가 환경에 미치는 영향력을 줄이기 위한 행동 변화를 촉구하였다. 지구환경 보전을 위한 이념적 방향을 제시하는 '환경과 개발에 관한 리우 선언문'을 채택하고, 이 선언에서 제시한 원칙들을 실천하는 '의제(Agenda) 21'을 도출하였다. UN 경제사회이사회(UN ECOSOC) 산하에 지속가능발전위원회(UNCSD UN Commission on Sustainable Development)를 설립키로 하였다.[38] 세계 3대 환경협약으로 일컬어지는 기후변화 협약, 생물다양성협약과 사막화방지 협약도 나왔다.

요하네스버그 세계지속가능발전 정상회의(WSSD World Summit on Sustainable Development)는 리우 지구정상회의 10주년을 기념하고, 의제 21의 이행성과를 점검하여 지속가능한 발전을 위한 전 지구적 노력을 강조하기 위해 2002년 남아공 요하네스버그에서 개최되었다. '지속가능한 발전을 위한 요하네스버그 선언문'과 '요하네스버그 실행계획(JPOI Johannesburg Plan of Implementation)'이 채택되었다.

♣ 리우 + 20

우리가 원하는 미래(The Future We Want)라는 슬로건으로 2012년 6월 브라질 리우데자네이루에서 '제3차 UN 지속가능발전 정상회의', 이른바

---

38) 우리나라도 2000년 대통령 자문 지속가능발전위원회(NCSD)를 설치하였고, 2007년 지속가능발전 기본법을 제정하였다.

'Rio+20'가 열렸다. 세계적인 경기침체와 유로존 위기 상황으로 인해 20년 전 '리오 선언문'이나 '의제(Agenda) 21'과 같은 역사적 성과를 내지는 못했다. 다만, 현재 2015년 달성시한을 두고 추구중인 새천년 개발목표(MDGs millennium development goals)를 대체할 지속가능 발전목표(SDGs sustainable development goals)를 정하였다.

♣ 환경규범의 국제 표준화 노력

제품, 단위, 용어 등의 규격을 표준화하기 위해 만들어진 국제 표준화 기구(ISO International Organization for Standardization)를 중심으로는 환경 규범의 국제 표준화 노력이 경주되고 있다. 각국의 환경 관련 규격의 조화를 추진, 분쟁의 불씨를 제거하고자 한다. ISO는 산하에 환경기술위원회를 설치하여 기업의 환경 관리 체계, 능력, 서비스, 활동 성과 등을 평가하여 인증하는 환경 경영 국제 규범 제도 즉 ISO 14000의 표준화를 추진하고 있다. ISO 14000 시리즈는 환경 경영 관리체제, 환경 감사, 환경 리벨링, 환경 성과 평가, 제품 전주기 평가(LCA) 및 제품 환경 기준, 용어 및 정의별 국제 규격 제도 등이 있다.

ISO는 또 기업의 사회적 책임 국제 표준을 제정한다. 이를 위해 2010년 11월에 제정된 ISO 26000은 인권과 노동, 환경, 소비자 이슈, 공정거래 관행, 지역사회 공헌, 지배구조 등 7가지 분야의 기준을 통해 기업을 비롯한 정부, 노조, 시민단체 등 모든 조직이 추구해야 할 사회책임의 잣대 구실을 한다. 기업 스스로 사회 책임 경영을 시장에서 경쟁 우위를 차지하는 핵심 역량으로 삼으려고 전략적·통합적·능동적으로 시행하도록 조장한다. 많은 국가들이 상장기업에 사회적 책임 경영 성과를 공시하도록 의무화하고 있다.

4. 자원, 환경 관련 국제 협약

국가와 국가간에 혹은 지구적인 환경 문제도 한 지역이나 한 국가내에서 발생하는 환경 문제와 마찬가지로 환경세 혹은 배출권 거래제 같은 정책이 최선책이다. 그러나, 세계 각국에 대해 이를 강제할 수 있는 수단이 없다. 국제 환경 협약은 차선책이다. 여러 나라가 모여서 환경 목표와 이에 대한 달성 수단을 합의하여 지켜나가자는 약속이다. 그러나 문제는 국제환경협약에 불참하고 무임승차할 유인이 항상 존재하고 있고, 협약에 참가한다 하더라도 규약 위반시 제재 수단이 마땅치 않다는 것이 문제이다. 국제적 비판과 같은 연성 제재부터 무역 보복과 같은 강력한 제재가 있으나 실효성의 문제는 여전히 남는다.

♣ 기후변화협약과 교토의정서(제 2장 기후변화 경제학 참고)

지구온난화 방지를 위한 지구적 온실가스 감축을 목표로 1992년 발족되었다. 1997년 만들어진 교토의정서는 2008-2012년 기간 중 선진국들의 감축 목표와 방법들을 규정하고 있다. 2012년 말에 열린 18차 총회에서는 교토의정서를 2020년까지 연장키로 하였다. 2015년 말 파리에서 열린 제21차 당사국총회에서는 지구온도가 산업화 이전보다 1.5도 이상으로 넘지 않도록 목표를 정하고 선진국과 개도국 모두가 참여하는 새로운 기후체제를 출범시켰다.

♣ 오존층 보호를 위한 비엔나 협약과 몬트리오올 의정서

오존층은 대기권을 구성하는 성층권의 일부로 태양에서 오는 유해 자외선을 차단하여 지상의 동식물을 보호한다. 인공화합물인 프레온 가스(CFC 염화 불화 탄소)[39]나 할론은 대기 배출후 10년 지나면 성층권에 도달하여 오존층을 파괴한다. 이는 피부암, 백내장 등 피해와 플랑크톤 파괴 등으로 먹이사슬 교란을 초래한다. 남극 오존층은 1984년에 1950년 최초 측정 수준의 40%가 파괴된 것으로 관측되었다.

이에 따라 1985년 비엔나 협약이 채택되었고, 1987년 몬트리오올 의정서가 채택됨으로써 오존층 파괴 물질의 범세계적인 생산 및 소비 감축이 실현되고 있다. 또, 비당사국에 대해서는 규제물질은 물론 규제 물질을 함유한 제품에 대한 교역 제한 조치도 채택하였다. 선진국과 개도국에 대해서는 일정을 달리하였다. 개도국에 대해서는 유예기간을 인정하고, 구제물질 대체를 위한 재정적 조치도 실시하였다. 무역 규제, 개도국 특별 고려, 대체 물질의 신속한 개발 등으로 성공했다.

♣ 런던 협약

정식 명칭은 폐기물 및 그 밖의 물질의 투기에 의한 해양오염방지에 관한 협약이다. 폐기물을 해상에 투기(dumping)하는 행위를 방지하기 위해 1972년 채택되었으며, 1975년 발효되었다. 해상 오염원은 대기 포함 육상에서 77, 해상 교통 12, 해양 투기 10, 심해저개발 1%이다. 해상투기는 전체 산업폐수, 축산 분뇨, 분뇨, 음식물 쓰레기, 하수 오니, 준설물 등으로 해상오염의 약 10%를 차지한다.

우리나라도 1984년부터 매년 산업폐수, 축산 분뇨, 분뇨, 음식물 쓰레기, 하수 오니 등을 포항, 울산, 군산 앞 공해상에 투기해 왔다. 2011년 경우 397만 톤, 인구 1인당 79kg이나 투기했다. 2012년 1월 축산 분뇨와 하수 오니를 우선 투기 금지했고, 2013년부터 음식물 폐수, 2014년부터 산업폐수와 폐수 오니 등 모든 폐기물의 해상투기가 전면 금지되었다.

---

39) 1920년말 개발된 CFC는 가연성이고 독성인 기존 냉매를 대체할 기적의 물질로 각광받았으나, University of California, Irvine의 F. Sherwood, Rowland와 Mario Molina에 의해 1974년 오존층 파괴물질로 규명되었으며, 이들은 이 공로로 노벨 화학상을 수상한다.

♣ 바젤 협약

정식 명칭은 유해 폐기물의 국가간 이동 및 그 처리의 통제에 관한 바젤 협약이다. 1970년대 초부터 선진국들이 유해 폐기물을 개도국에 수출하기 시작하였다. 이렇게 개도국에 도입된 폐기물들은 제대로 처리되지 못하고 방치되어 토양, 수질 오염 등 인체의 건강과 환경문제를 야기하게 되었다. 이에 따라 유해 폐기물의 교역을 줄이고, 불법 교역을 제한하여 개도국의 환경을 보호하기 위해 1989년 채택되었고, 1992년 발효되었다. 협약 당사국들은 지정된 유해폐기물의 수출시 수입국의 서면 동의, 처리 기술이 부족한 나라에 대한 수출 금지 등의 의무를 진다. 또 협약 당사국과 비 당사국간의 수출입은 금지된다.

♣ 생물다양성 협약(CBD, 워싱턴 협약)과 바이오 안정성(카르타헤나) 의정서

현재 등록된 생물종은 150만종이나 미등록을 포함하면 현존 300-1,000만종으로 추정된다. 이 가운데 연간 2-5만종이 멸종되는 것으로 추정된다. 이러한 멸종속도는 과거 자연발생적 멸종 속도보다 50-100배 빠른 것으로 평가되고 있다. 생물다양성협약은 생물다양성의 보전과 지속가능한 이용 및 유전자원의 이용으로부터 발생되는 이익의 공정한 이익배분을 목적으로 1992년 리우 유엔환경개발회의에서 채택되었다. 생물다양성협약은 1993년 12월에 발효되어 2008년 현재 191개국이 가입하고 있으며, 우리나라는 1994년에 가입하였다. 다만 미국은 국내 산업에 미치는 영향을 고려하여 가입하지 않았다.

생명공학기술로 개발된 유전자 변형생물체(LMOs living modified organisms)가 생물다양성의 보존과 지속가능한 이용에 미치는 부정적인 효과를 방지하기 위하여 2000년 콜롬비아 카르타헤나에서 개최된 특별당사국총회에서 '바이오안전성의정서'를 채택하였다. LMOs의 잠재적 위해성에 대한 과학적 불확실성에도 불구하고, 사전예방원칙(precautionary principle)에 입각하여 LMOs의 국가간 이동시 안전을 확보할 수 있는 절차, 즉 LMOs의 국가간 이동시 사전 통보 및 승인, LMOs의 환경에 미치는 영향과 위해성의 평가와 관리, 위해성 평가 및 심사를 위한 능력 배양, 취급, 운송, 포장, 표기 관련 사항, 정보 공유, LMOs의 국가간 이동에 의해 초래될 손해에 대한 책임과 피해 배상 등을 주요 내용으로 하고 있다. 의정서는 모든 LMOs를 대상으로 하고 있으나 인체용 의약품은 대상에서 제외하고 있다.

우리나라에서 수입되는 옥수수와 옥수수를 원료로 한 사료의 거의 대부분은 유전자조작식품(GMOs genetically modified organisms)이다. 수입대두(콩)도 80% 이상이 유전자조작이며, 이를 원료로 가종된 두부, 장류는 LMOs에 해당된다.

♣ 멸종위기에 처한 야생 동식물종의 국제 거래에 관한 협약(CITES)

CITES는 야생으로부터 포획·채취한 동·식물을 국제적으로 거래하는 것이 동·식물의 생존에 가장 큰 위협이 되고 있음을 깨닫고, 야생동 · 식물 수출입 국가들이 상호 협력하여 국제거래를 규제함으로써 서식지로부터의 무질서한 채취 및 포획을 억제하고자 하는데서 시작되었다. 1973년 미국 워싱턴에서 채택되고, 1975년 발효되어 30여년의 역사를 갖는 가장 오래된 환경협약중 하나이다. 2007년 5월 현재 171개국이 가입하고 있으며, 우리나라는 1993년 120번째로 가입하였다.

멸종위기 정도에 따라 부속서(Appendix) 1, 2, 3종으로 분류하고 있으며, 이러한 종의 국제거래에 대해서는 수출입자 모두 자국으로부터 사전 허가를 받아야 한다. 호랑이, 코끼리, 곰, 코뿔소, 사향 사슴, 바다거북, 상어, 앵무새, 고래, 해삼, 산호, 상어 등이 등재되어 있다. CITES는 무역 규제 조치와 밀접하게 연계되어 실효성 있게 운영되고 있다.

♣ 국제습지보전협약(람사 협약)

습지는 홍수와 한발을 조절하는 등 기후조정 역할을 하며, 가장 비옥한 건초용 목초지 보다 2배 이상의 유기물질을 생산한다. 국제습지보전협약(Convention on Wetlands of International Importance, 일명 람사 협약)은 수조류, 어류, 양서류, 파충류 및 식물의 기본적 서식지이자 가장 생산적인 생명부양의 생태계인 습지의 보호를 위해 1971면 2월 이란의 람사(Ramsar)에서 채택되었으며, 2008년 기준으로 158개국이 당사국으로 가입하고 있다. 현재 1,400개 이상의 습지가 등록되어 있으며, 육상습지가 등록된 습지의 대부분을 차지하고 있다. 우리나라는 경남 창녕의 우포늪, 전남 신안군 장도 습지, 충남 두웅습지, 울산의 무제치늪 등 총 11개의 습지를 람사 습지로 등록하였다.

♣ 재정, 금융적 장치

가장 대표적인 것이 세계환경기금(GEF Global Environmental Facility)이다. GEF[40]는 기후변화협약(UNFCCC), 사막화방지협약(UNCCD), 생물다양성협약(CBD), 스톡홀름협약, 몬트리올의 정서의 재정기구로도 활동하고 있다. 기후변화 관련 국제 재정기구로는 우리나라에 사무국을 둔 녹색기후기금(GCF Green Climate Fund)이 있다. GCF는 개도국 온실가스 감축과 기후변화 적응을 지원할 목적으로 2013년 12월 출범하였다. 2020년까지 매년 1,000억 달러 조성을 목표로 하고 있다.

Debt for Nature Swaps 이나 Debt for Forest는 선진국, 국제기구, 비정부기구(NGO) 등이 개도국의 대외 채무를 변제해 주는 대신 그 국가는 채무액만큼 산림을 보전하거나 자연보호에 투자하는 제도이다. 환경신탁제도로는 시민들이 모든 돈으로 자연자원이나 문화 유산을 구입, 공유화함으

---

40) www.thegef.org 참고.

로써 무분별한 개발로부터 보호하는 시민운동인 내셔널 트러스트(National Trust) 제도가 있다[41].

이밖에도 미국의 경우 개발을 막고 공원이나 자연유산으로 보전하기 위한 비영리 기구인 Trust for Public Land[42]나 미국 농무부가 기술 및 자금을 지원하여 토양을 보전하는 CRP(Conservation Reserve Program), 지속가능 농업의 확대와 농지 및 환경 보전, 공동체 강화를 목적으로 농부, 관리, 과학자, 기술자들이 활동하고 있는 AFT(American Farmland Trust) 등을 들 수 있다.

---

41) 1895년 영국에서 최초로 시작되어 전세계적으로 확산되고 있다. 우리나라는 2006년 문화유산과 자연환경자산에 관한 국민 신탁법을 제정, 제도적 기반을 마련하였다.

42) www.tpi.org 참고.

5장 새로운 패러다임

산업혁명 이후 200여 년 동안 고속 질주를 계속해 온 세계 경제가 비틀거리고 있다. 경기침체, 저성장, 저금리, 저물가 등 유례없는 경제 현상들이 완연히 고착화될 기미를 보이고 있다. 사회는 사회대로 개인의 불행, 가정의 붕괴, 사회 공동체 기반의 동요 현상이 갈수록 심화되고 있다. 여기에다 자원고갈과 환경오염은 개인, 사회, 경제의 건강을 위협하고 있으며, 지구적 위기를 초래하고 있다. 인류가 생겨난 이래 이보다 더 지속가능성이 훼손된 시기가 있었을까.

패러다임(paradigm)이란 현시대 사람들이 공유하는 근본적인 가치관, 사고방식이나 행동방식을 총괄하는 의미이다. 기존의 패러다임은 시장경제를 기반으로 한 자본주의 경제 체제에서 비롯되었고, 경쟁, 효율, 승자독식, 사유화와 같은 단어로 표현할 수 있다. 현재의 지구적 위기에 대응하는 움직임으로 자유 경쟁을 제한하는 각종 규제 철폐, 시장 개방을 추구하는 신자유주의는 변화라기보다는 기존 패러다임의 강화라고 볼 수 있다.

반면 경쟁보다는 협력, 효율보다는 형평, 사유보다는 공유, 이윤보다는 사회적 가치, 성장보다는 삶의 질을 추구하는 움직임도 드세게 일고 있다. 리프킨(Jeremy Rifkin) 펜실베니아 대학 교수는 '한계비용 제로 사회'[43]에서 시장자본주의에서 협력적 공유사회(collaborative commons)라는 경제 시스템으로 패러다임의 대전환이 일어나고 있다고 하였다. 사물 인터넷, 온라

---

43) 제러미 리프킨 저 안진환 옮김, 한계비용 제로 사회, 민음사, 2014.

인 무료 강좌, 3D 프린팅, 사회적 자본의 광범위한 형성과 공유 경제의 발달은 한계 비용의 극단적인 감소와 지속가능한 풍요로운 시대를 가져올 수 있다고 기대하였다.

호컨, 로빈스와 로빈스(Paul Hawken, Amory Lovins and Hunter Lovins)는 '자연자본주의(Natural Capitalism: Creating the Next Industrial Revolution, 1999)'[44]에서 지속불가능한 자본주의(capitalism) 시대를 지금부터는 자연 자본의 생산성의 큰 향상을 통해 새로운 산업혁명을 일으켜 극복해야 한다는 자연 자본주의(natural capitalism)를 주창하였다. 사회적 경제, 공유 경제, 윤리적 소비, 대안 화폐, 대안 교육과 같은 기존의 패러다임과는 다른 새로운 변화 움직임을 소개한다.

1. 기업의 사회적 책임과 지속가능경영

환경 오염에 대한 우려와 환경 보호의 중요성에 대한 인식이 개선되면서 기업 경영 환경에도 큰 영향을 미치고 있다. 이제 환경 비용을 단순한 기업 회계상의 비용 증가 요인으로만 간주하고 기업을 이윤 창출의 조직으로 보던 시각에서 벗어나, 환경 경영 나아가 사회적 책임 경영이 기업의 경쟁력, 경영 성과 나아가 기업의 존재 가치로 평가되기 시작하였다. 이제 기업의 성과는 기업의 단순한 수익보다 더 포괄적인 개념으로 눈에 보이지 않는 사회적 이익까지 포함한다.

---

44) 폴 호컨 외 2명 저, 김명남 역, 자연자본주의(지속가능한 발전을 창조하는 신산업혁명의 패러다임), 출판사 공존, 2011.

♣ 기업의 사회적 책임

현대의 자본주의에서는 기업의 이윤 극대화 추구가 기본 틀이다. 여기는 협력, 공존, 상생보다는 약육강식의 정글의 법칙이 지배한다. 이러한 무한 경쟁을 지양하고 공존과 상생, 협력을 추구하는 움직임이 확산되고 있다. 이것이 바로 기업의 사회적 책임(CSR corporate social responsibility), 지속가능 경영(CSM corporate social management), 혹은 사회적 책임 경영(SRM social responsible management)이다.

세계 지속가능 발전 협의회(WBCSD)는 기업의 사회적 책임을 '기업이 근로자, 그들의 가족, 지역 사회와 사회 전반의 삶의 질을 개선시키며, 이들과 더불어 지속가능한 경제적 발전을 하기 위한 기업들의 노력'으로 정의하였다.

♣ 세 가지 핵심 목표

한국 지속가능 발전 협의회(KBCSD)는 사회적 책임 경영을 "환경, 경제, 사회 지속 가능성을 위해 기업이 노력하는 동시에 이에 따른 리스크를 최소화하고, 주주가치를 포함한 기업 가치를 제고시키려는 경영 활동"이라 정의하였다. 사회적 책임 경영에는 세 가지 중요한 핵심 요소(triple bottom lines)가 있다. 경제적 지속가능성, 사회적 지속가능성, 환경적 지속 가능성 등이다[45].

경제적 지속 가능성은 경제의 질적 성장에 기여, 지역 경제에 기여, 기업 경영의 투명, 정보 공개, 공정 경쟁, 혁신 등을 추구한다. 혁신은 가치 중심 경영이나 지식 경영으로의 경영의 혁신과 품질 경영으로의 기술 혁신 등이 있다. 사회적 지속 가능성은 기업의 사회 공헌, 준법 경영, 인권 경영,

---

45) 이윤(profit) 계정, 사람(people) 계정, 지구(planet) 계정으로 구성된다고도 한다.

보건, 안전 등의 요소들이 있다. 환경적 지속 가능성은 자원의 소비, 폐기물 배출, 토양의 사용 측면에서 지속성이다.

그림 5-1 경제, 사회, 환경적 지속가능성

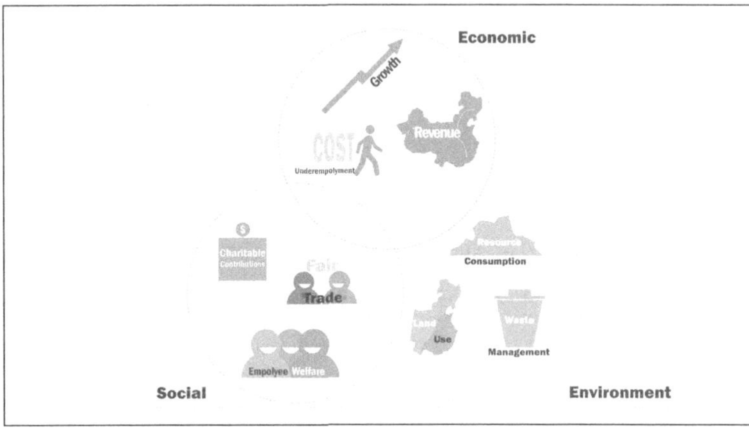

자료: 위키피디아

♣ 지속가능 경영 보고서

기업 스스로 사회 책임 경영을 시장에서 경쟁 우위를 차지하는 핵심 역량으로 삼으려고 능동적이고 전략적으로 나섰다. 기업의 지속가능경영 보고서(corporate sustainability report)는 그 기업이 한 해 동안 벌인 사회적 책임 경영의 성과를 담고 있다. 지속가능 경영 보고서를 발표하는 기업들이 급속히 늘고 있을 뿐만 아니라. 많은 국가들이 상장기업에 사회적 책임 경영 성과를 공시하도록 의무화하고 있다. UNEP 등은 지속가능 경영 보고서 작성 가이드 라인으로 GRI(global reporting initiative)를 제시하였다.

♣ 기업의 지속가능성 평가

S&P 다우 존스 인덱스사는 지속가능성 평가 전문 기관인 스위스 SAM

(Sustainable Asset Management)사와 공동으로 1999년부터 지속가능 경영지수(DJSI)를 발표하고 있다. 세계 기업들의 지속가능 경영을 평가하고 투자자들에게 기준과 정보를 제공하고자 함이다. DJSI-세계는 세계 2,500대 기업 가운데 상위 10%를 선정한 것이다. DJSI- 아시아 태평양은 이 지역 600대 기업 가운데 상위 20%를 선정한다. 한국생산성본부는 이들과 공동으로 DJSI-한국을 개발해 한국 200대 기업 가운데 상위 30%를 선정 발표한다[46].

♣ 사회적 책임 투자

이제 투자가들도 기업의 경제적 가치가 아니라 사회적 책임, 지속 가능성에의 기여를 투자의 가장 중요한 판단기준으로 삼기 시작하고 있다. 환경 보호, 사회적 책임, 기업 지배구조의 투명성 등을 중요한 투자 판단 기준으로 삼는다. 이것이 사회적 책임투자(SRI socially responsible investment)이다. 유엔은 사회적 책임 투자를 돕기 위해 2006년 유엔 책임 투자 원칙(UN PRI)을 만들었다. 사회 책임 투자 취지에 공감하는 투자 기관과 전문 컨설팅사들의 총 운용자산 규모가 30조 달러에 이르고 있다. 사회적 책임 경영은 기업의 이미지를 제고하고, 양질의 장기자금인 SRI 투자가와 자금을 유치할 기회를 넓힌다.

사회적 책임 투자는 사회적 책임 금융의 몫이다. 태양광 발전과 같은 신재생 에너지에 대한 투자하는 신재생에너지 펀드, 탄소 배출 저감 사업에 투자하는 탄소 펀드나 탄소 금융, 기후변화 지수 등 다양한 사회적 금융 상품이 속속 등장하고 있다. Carbon Disclosure Project 같은 비영리 기관도 등장하여 탄소 배출 관련 데이터 베이스를 구축하고 탄소 정보를 공개하여 사회적 책임 투자를 지원한다.

---

46) www.DJSI.or.kr 참고.

♣ 사회적 책임 경영의 국제 표준화

사회적 책임 경영의 표준화 작업이 진전되고 있다. 글로벌 콤팩트(global compact)는 유엔 사무총장 코피 아난의 주창으로 2000년 채택된 지속가능 발전에 필요한 10대 원칙이다. 구체적으로는 첫째, 인권(Human Rights) 원칙으로 기업은 국제적으로 선언된 인권 보호를 지지하고 존중해야 한다. 기업은 인권 침해에 연루되지 않도록 적극 노력한다. 둘째, 노동규칙(Labour Standards)으로 기업은 결사의 자유와 단체교섭권의 실질적인 인정을 지지하고, 모든 형태의 강제노동을 배제하며, 아동노동을 효율적으로 철폐하고, 고용 및 업무에서 차별을 철폐한다. 셋째, 환경(Environment) 원칙으로 기업은 환경문제에 대한 예방적 접근을 지지하고, 환경적 책임을 증진하는 조치를 수행하며, 환경친화적 기술의 개발과 확산을 촉진한다. 넷째, 반부패(Anti-Corruption) 원칙으로 기업은 부당취득 및 뇌물 등을 포함하는 모든 형태의 부패에 반대한다.

국제표준기구(ISO)가 기업의 사회적 책임 경영 국제 표준화 작업을 담당하고 있다. 2010년 11월에 제정된 ISO 26000은 인권과 노동, 환경, 소비자 이슈, 공정거래 관행, 지역 사회 공헌, 지배구조 등 7가지 분야의 기준을 통해 기업을 비롯한 정부, 노조, 시민단체 등 모든 조직이 추구해야 할 사회적 책임의 잣대를 제시하고 있다.

국내에서도 대한상의 산하 지속가능 경영원[47]과 지식경제부 산하 기술표준원[48]이 각각 ISO 26000을 토대로 기업들이 사회 책임 경영 수준을 자가 진단할 수 있는 지표를 개발해 보급한 바 있다. ISO 14000 계열은 환경 경영의 국제 표준이다. 여기에는 환경 경영 체제(EMS ISO 14001), 환경 감사(ISO 14010), 환경 라벨링(eco-labelling ISO 14020), 환경 성과 평가(ISO 14030),

---

47) www.bisd.or.kr

48) www.kats.go.kr

전주기 평가(LCA ISO 14040), 온실가스 국제 표준 등이 있다. EMS는 환경 경영 전략, 그린 조직, 청정 생산, 그린 마케팅, 환경 회계 등으로 구성된다.

♣ 환경 회계

환경 회계는 기업 등이 행한 환경 보전 대책의 비용(금액), 그로 인한 환경 보전 효과(물량) 및 환경 보전 대책에 따르는 재무상의 경제 효과(금액), 그리고 그것을 설명하는 정보를 기록한 것이다. 환경과 관련되는 기업 내부 의사 결정에 기여하고, 외부에 대해 설명의 책임을 이행할 목적으로 작성된다.

♣ 지속가능한 소비와 생산

지속가능한 소비와 생산(SCP sustainable consumption and production)은 미래 세대의 욕구를 저해하지 않도록 하기 위하여 천연자원의 사용과 독성물질, 오염물질, 폐기물의 발생을 최소화하는 동시에 인간의 기본적인 욕구와 풍요로운 인간의 삶의 질을 유지할 수 있는 범위에서 제품과 서비스를 생산하고 소비하는 것을 말한다[49]. 유럽 공동체(EU)를 포함한 여러 선진국들은 국제사회가 지속가능한 발전을 이루기 위한 해법 중의 하나로 SCP라는 정책방향을 채택하고 있다.

우리나라도 지난 2009년에 제정된 '저탄소녹색성장 기본법' 제 57조에서 "녹색성장을 위한 생산과 소비 문화의 확산"이라는 방향을 제시하였고, SCP 국가10개년 계획 도입을 추진하고 있다.

정의에서 보듯이 SCP는 제품이 중심인 만큼 환경 라벨링, 전과정 평

49) 세계지속가능발전연구소(IISD International Institute of Sustainable Development)는 1994년에 노르웨이 오슬로에서 개최된 지속가능소비에 관한 심포지엄에서 이같이 정의했다.

가, 녹색 구매, 에코 디자인 등이 효과적인 대책이다.

♣ 환경 라벨링

환경 라벨링(eco-labelling ISO 14020)은 제품 원료 조달, 생산, 판매, 소비, 폐기물 처리 등 전과정에서 발생하는 다양한 환경 정보를 소비자가 알기 쉽도록 제공하는 정책이다. 정보제공 방식에 따라 3가지 유형으로 구분할 수 있다.

제1유형(환경표지)은 제품의 환경 수준이 기준에 부합되면 환경표지를 사용하게 허용하는 방식이다. 우리나라에서는 1992년부터 환경표시제도로 시행중이다. ISO 14024로 표준화된 방법론과 절차에 따른다. 제2유형(환경성 자기 주장)은 제품에 대한 환경 정보를 스스로 홍보하는 방식이다. ISO 14021로 표준화되어 있다. 제3유형은 환경성적 표지제도[50]라고 불린다. 제품에 대한 환경 정보를 성적표 형식으로 제공한다. ISO 14025로 표준화되어 있다.

♣ 전주기 평가

전주기 평가(LCA life cycle assessment)란 제품의 생산, 소비 폐기의 전과정에서 발생하는 직·간접 에너지소비량이나 온실가스 배출량 등 환경부하를 모두 평가하여 수치로 제시하는 것이다. 기존의 직접 환경부하만 평가하는 한계를 극복하려는 시도이다. 동시에 소비자에게 전체적인 환경 정보를 제공하여 친환경 제품의 구매를 유도한다. LCA 기법에 의한 차종별 온실가스 배출량은 km 당 전기차가 94g, 하이브리드차 141g, 경유차 189g, 휘발유차 192g 순으로 추정되었다[51].

---

50) 대표적인 제도로 발생되는 모든 온실가스를 탄소량으로 환산한 탄소성적표지제(탄소 라벨링)를 들 수 있다.

51) 서울대 송한호 교수진의 연구결과임(환경부, e-환경뉴스, 2015년 6월 26일).

♣ 녹색 구매

같은 용도의 다른 제품보다 자원 절약, 오염 저감 제품의 구매를 촉진하는 제도이다. 대상 녹색 제품은 구체적으로는 환경 표지 인증, 우수 재활용 인증 제품이 해당된다. 우리나라는 2005년부터 공공기관은 녹색 제품의 구매가 의무화 되어 있다. 또, 산업계와는 151개 기업과 자발적 협약(VA)을 맺어 녹색 구매를 장려하고 있다. 일반 소비자를 위해서는 녹색 매장의 설치, 녹색 구매 지원 센터의 운영으로 지원한다.

♣ 에코 디자인

에코 디자인(eco-design)이란 오염을 줄이고, 자원을 절약하거나, 환경에의 영향을 최소화할 수 있도록 설계된 제품을 말한다. EU에서는 에너지 관련 제품(ErP Energy related Product)의 친환경 설계 지침을 만들어 규제하고 있다. 우리나라의 국가 환경산업기술정보시스템에서는 중소 기업 에코 디자인 지원, 에코 디자인 제품 발표, 육성, 전문가 교육, 관련 정보 제공을 위해 www.ecodesign.konetic.or.kr을 운영한다.

♣ 환경 산업

환경 산업이란 대기오염, 폐수, 폐기물, 소음 · 진동, 토양악화 등과 같은 환경적 유해요인을 측정, 예방, 제어하거나, 환경피해를 최소화하고 복원하기 위한 제품 생산 또는 서비스를 제공하는 산업이다. 환경보호서비스업과 환경지원산업(환경제품제조, 환경건설 등)으로 구분된다. OECD는 환경산업을 오염관리그룹, 청정기술 및 관련제품그룹, 자원관리그룹 등 3개 그룹으로 분류한다. 환경 산업은 시장규모가 급속히 성장하고 있으며, 부가가치율이 높고 고용창출효과가 다른 산업보다 크다[52]. 세계 환경시장 규모

---

52) 한국은행 보도자료, 환경보호지출계정 개발 결과, 2008년 2월 1일자.

가 1990년 3천억 달러에서 2005년 약 7천억 달러로 급성장하였다.

환경 산업은 환경 오염 방지나 환경 피해 복구와 같은 전통적인 영역 이상으로 급속히 확대되어 가고 있다. 이런 분야로는 오염물질을 적게 배출하거나, 친환경 원료와 공정을 거쳐 만들어지는 친환경제품, 하이브리드 자동차, 전기 자동차와 같은 에너지절약 제품, 에탄올, 바이오디젤, 풍력, 태양광과 같은 신재생에너지 관련 기술 및 제품, 에너지저장시스템(ESS)이나 에너지관리시스템(EMS)과 같은 효율 향상 기술 등을 들 수 있다. 탄소 펀드, 태양광, 풍력 등 신재생에너지 펀드, 자원개발 펀드 등의 조성에 힘입어 투자 대상으로도 각광받고 있다. 또한 기후협약에 따라 탄소 배출권과 같은 새로운 형태의 시장과 상품 또한 지속적인 팽창이 예상되고 있다.

♣ 녹색 직업

농업, 산업, 서비스, 행정 등 다방면에서 녹색 직업(green job)이 많이 생기고 있다. 환경질 개선에 종사하는 녹색 직업은 개념도 시간경과에 따라 진화하고 있고, 종류도 급격히 증가하고 있다. 예를 들어, 태양열 · 풍력 등 재생 에너지 기술자, 바이오 디젤용 옥수수를 재배하는 농부, 온실 가스 배출권 중개업자나 에너지 저소비 주택 설계사 등을 들 수 있다. 다음은 국제기구[53]가 추천하는 현재 있거나 앞으로 주목 받을 녹색 직업들이다.

▷ 에너지 공급 : 석탄 가스화, 탄소 고정화, 열병합 발전, 재생 에너지, 연료 전지

▷ 교통 : 에너지 고효율 자동차, 하이브리드, 전기, 연료 전지 자동차, 카 풀, 대중교통, 자전거나 걷기 같은 모터 없는 교통, 자동차를 적게 쓰는 토지 이용 및 주거 패턴

---

53) Green Job 2008 보고서-UNEP, ILO, IOE, ITUC. 해외 환경관 국제동향 보고(2008. 12)에서 재인용.

▷ 제조업 : 오염 통제, 에너지 및 물질 효율화, 청정 생산 기술(toxic avoidance), 폐쇄 순환 시스템(closed-loop system)

▷ 건물 : 고효율 전구, 전기 장치 및 사무기기, 태양열 난방, 에너지 절약 건물, 패시브 하우스(passive solar houses), 제로 배출 건물(zero-emission building)

▷ 물질 관리 : 재활용, EPR, 탈물질화(de-materialization), 내구성 높은 제품

▷ 소매 : 에코 라벨 제품 촉진, 주거 지역에 근접한 소매점, 배송 거리 축소

▷ 농업 : 토양보전, 효율적 물 사용, 유기농법, 농장과 시장간 거리 축소

▷ 산림 : 재조림, 지속가능한 산림 관리 및 인증, 산림 훼손(deforestration) 방지

♣ 사회적 기업

신자유주의적 기업화에 대항하여 지속 가능성, 나눔, 연대, 공동체, 사회, 협동 같은 사회적 가치를 추구하려는 기업이 급속히 증가하고 있다. 사회적 기업(social enterprise)은 이런 사회적 목적을 위해 이윤을 창출하려는 기업이다. 빵을 팔려고 기업하는 것이 아니라, 고용을 하려고 빵을 판다는 표현이 단적인 예다. 2007년 사회적 기업 육성법 “취약계층에게 사회서비스 되는 일자리를 제공하여 지역주민의 삶을 높이는 등 사회적 목적을 추구하는 기업” 으로 정의하였다.

이런 사회적 기업으로는 협동조합, 마을 기업, 공제회, 자조회 등 다양한 형태가 있다. 마을 기업은 마을 주민이 지역 자원을 활용한 사업으로 지역공동체 경제활성화, 소득, 일자리 제공, 지역발전 이바지하는 마을 단위 기업을 말한다. 한국 사회적 기업 진흥원은 인건비, 보험료 지원, 세제 혜택, 시설 운영비 대부, 인력 양성 지원, 벤처 육성, 동기업 제품 우선 구매

등 사회적 기업 육성을 목적으로 설립되었다. 정부와 지자체에서도 지원센터를 만들어 사회적 기업 육성에 눈을 돌리고 있다.

♣ 협동조합

협동조합은 재화와 용역의 구매, 생산, 판매를 협동으로 하여 조합원의 권익을 옹호하고 사회적 공헌을 실현하려는 목적으로 설립, 운영되는 사업조직을 말한다. 국제협동조합연맹(ICA)은 협동조합을 공동으로 소유되고 민주적으로 운영되는 사업체를 통하여 공통의 경제적, 사회적, 문화적 필요와 욕구를 충족시키고자 하는 사람들이 자발적으로 결성한 자율적인 조직으로 정의하고 있다. 협동조합은 자조, 자기책임, 민주, 평등, 형평성, 그리고 연대의 가치를 기반으로 하며, 조합원은 협동조합 선구자들의 전통에 따라 정직, 공개, 사회적 책임, 타인에 대한 배려 등의 윤리적 가치를 신조로 한다.

지금까지 좋은 성과를 낳고 있는 것으로는 스페인 몬드라곤 협동 조합, 우리나라의 서울 의료 생협[54], 의료 생협 연대[55], 대전 지역의 민들레 생협(사례 소개 참조) 등을 들 수 있고, 생산자와 소비자를 연결하는 생산 및 소비 협동조합으로 한살림 운동을 들 수 있다. 밥상 살림, 농업 살림, 생명 살림의 살림을 기치로 1986년 조그만 쌀가게에서 시작된 한살림 운동은 34만 명의 조합원을 갖춘 전국적인 조합으로 발전하였다.[56] 한국사회적기업진흥원은 협동조합 www.coop.go.kr을 운영, 조합의 설립과 운영을 지원하고 있다.

---

54) www.medcoop.org

55) www.medcoop.x-y.net

56) 한 살림 2013년 사회공헌 보고서에 따르면 수입사료 1,168톤, 해외의존농지 55만 평을 감축하고 가까운 먹을거리운동을 통해 온실가스 1,109톤, 유리병 재사용 운동 등으로 온실가스 42톤이 줄어들었다.

원주는 우리나라 협동조합의 메카로 불린다. 1970년 32명의 신협으로 시작, 2009년 19개 협동조합과 사회적 기업으로 이루어진 원주 협동사회경제 네트워크를 결성하였으며, 원주 인구 15%가 회원이다. 공동육아, 의료, 신용, 교육, 영농, 소비자, 생활 협동조합 등 다양한 분야로 확산되고 있다.

한국협동조합연구소는 협동조합 활성화 가능성이 높은 10대 분야로 다음과 같이 파악하였다. (1) 영세 상인 및 소상공인들, (2) 자활 공동체, 돌봄 사업 등 저소득 취약계층, (3) 방문 교사, 택시기사 등 특수 고용직 노동자들, (4) 초기 자본 동원 어려운 소규모 청년 창업, (5) 사회 안전망 구축이 필요한 낙후 지역 주민들, (6) 장애인 등 한계 노동자들의 노동 통합, (7) 공공성 강화가 요구되는 보건 의료, (8) 공동 육아, 탈시장화를 시도하는 주택과 에너지, (9) 문화, 예술, 여행, 스포츠 등의 여가 활용, (10) 생산자와 소비자가 결합하는 로컬 푸드와 도농 교류.

유엔은 2012년을 협동조합의 해로 지정하였다. 우리나라에서는 2012년 12월 1일 협동조합기본법이 발효되었다. 이제 협동조합은 5인 이상이면 금융업을 제외한 모든 분야에 회사를 설립할 수 있다. 2013년 한 해에만 2천 여 개가 설립되었으며, 2017년 7월 현재 11,758개 조합이 신규 설립되었다(www.coop.go.kr).

♣ 협동조합의 종류

신용 협동조합: 1949년 독일에서 고리채 추방과 농민의 자립을 위한 저축운동으로 시작되었다. 고리대 자본을 배격하고, 경제적 약자간의 상호자금융통을 통해 협동조합 사업을 지원한다. 단, 농협, 수협, 신협 등은 협동조합기본법 적용을 받지 않는다.

농업 협동조합: 농업 생산력 증진과 농민의 경제적, 사회적 지위향상

을 도모하기 위하여 설립된 특수법인체다. 농민의 영농활동에 필요한 다양한 경제 사업을 지원하고, 농축산 신기술, 신품종 연구개발과 신용사업도 하고 있다. 수협, 축협 등도 이런 부류에 속한다.

소비자 협동조합: 먹거리 유통을 위주로 하는 소비자 생협, 의료보건 활동을 주요사업으로 하는 의료 생협, 대학시설 운영을 중심으로 하는 대학 생협 등이 있다. 한 살림, icoop 등은 여기에 속한다.

서비스 협동조합: 보험 협동조합, 주택 협동조합, 육아 협동조합 등.

노동자 생산 협동조합: 1990년대 이후 노동자들이 급여 인상과 노동 개선을 목적으로 결성하였다. 주로 유럽을 중심으로 활성화되었는데, 건축 장인들이 만든 건축 협동조합, 요리사들이 만든 급식협동조합, 어린이집 교사들이 결성한 어린이집 협동조합 등이 있다.

사회적 협동조합: 협동조합 중 지역주민들의 권익, 복리 증진과 관련된 사업을 수행하거나 취약계층에게 사회 서비스 또는 일자리를 제공하는 등 영리를 목적으로 하지 않는 협동조합이다.

표 5-1 우리나라 협동조합 현황(2017년 기준)

구분	2012년 말	2014년 말	2016년 말	2017년 7월
일반 협동조합	51	5,753	9,979	10,971
사회적 협동조합	1	224	604	728
일반협동조합연합회	0	31	52	53
사회적협동조합연합회	0	2	5	6
전체	52	6,010	10,604	11,758

자료: 협동조합(www.coop.go.kr)

2. 사회적 경제

사회적 책임 경영이나 협동 조합 같은 사회적 기업은 이윤에서 완전히 자유롭지 못하다. 사회적 경제(social economy)는 나눔, 연대, 공동체, 사회, 협동 같은 사회적 가치를 추구한다. 민간이나 기업이 제1부문, 정부가 제2부문, 사회적 경제는 제3부문으로 여러 가지 공동체나 자발적 비영리 활동 등을 포함한다. OECD는 사회적 경제를 '국가와 시장 사이에 존재하는 모든 조직들로 사회적 요소와 경제적 요소를 가진 조직들'로 넓게 정의한다. 좀 더 좁게는 '자원적 조직과 비정부 조직, 공동체 경제 개발 조직과 협동조합 등을 포함하는 비영리 부문'으로 지속 가능한 발전, 기회의 균등, 사회적 약자의 포용 등 사회적 목적을 갖고 경제 활동하는 시민 사회 조직 등을 말한다[57]. 사회적 경제는 사회적 기업가 정신에 의해 영위되는 사회적 기업의 존재가 필수적이다. 돈보다는 사람을, 개별 이익보다는 사회전체의 이익을 추구하는 경제이다.

♣ 공유 경제 - 나누면 커진다.

개인이 필요한 모든 것을 보유하는 것은 힘들고, 비효율적이다. 출퇴근용 자동차는 하루 종일 주차장 면적만 차지한다. 간간히 쓰는 물건들은 빌려쓰거나, 공유하자는 운동이 급속히 번지고 있다. 파리에서는 벨리브라는 무인 자전거 대여 시스템을 도입한 데 이어 오토 리브라는 전기 자동차 무인 대여 시스템을 확대 보급하고 있다. 이런 자전거 공유 시스템은 이미 우리나라의 대도시에 많이 보급되었고, 49개국 600개 이상의 도시에서 운용중이다. 서울시는 전기차 공유 시스템 www.evshare.co.kr도 도입하였다.

이런 공유 경제는 민간으로 확산되어 새로운 비즈니스 모델로도 자리

57) 주성수, 사회적 경제-이론, 제도, 정책, 한양대학교 출판부, 2010.

잡았다. 예를 들면 자동차www.zipcar.com, 자동차 승객을 앱으로 연결하는 우버 택시www.uber.com, 자기 집 공유www.airbnb.com, www.kozaza.com, www.zipbob.com, 개인이나 소기업을 위한 사무실 공유www.co-up.com, 재능 공유, 배달, 청소, 요리, 수리 쇼핑 대행www.taskrabbit.com, 장비, 기계의 공유www.techshop.ws, 도서 대여www.bookoob.co.kr 등을 들 수 있다. shareable www.shareable.net은 공유 경제에 관한 뉴스와 정보를 제공하는 곳이다.

위키피디아www.wikipedia.org는 집단지성의 효율성이 발휘되어 광범위한 최고급 지식을 공유하는 다국적 온라인 백과사전으로 자리 잡았다. 크리에이티브 커먼즈 라이센스(CCL creative commons license)는 시장화 되는 지식과 정보, 창작물의 공유를 지향하는 운동으로 세계적인 조직으로 확산되고 있다[58]. TED(technology, entertainment and design) www.ted.com는 비영리 단체로서 세계 각 분야 최고의 석학이나 전문가들의 아이디어를 확산시키는데 크게 기여하고 있다.

♣ 윤리적 소비

현재의 비교 우위와 특화의 경쟁 논리에 입각한 세계화, 무역 자유화, 개방화의 추세는 격차와 모순을 더욱 심화시킬 뿐이다. 이런 한계를 인식하여 공정 무역(fair trade)[59], 공정 여행, 착한 커피[60], 착한 설탕, 착한 패션,

---

58) 리눅스와 같은 소스코드 공개, 공개 소프트웨어, 카피레프트도 유사한 운동이다. 크리에이티브커먼즈 한국지부는 www.cckorea.org.

59) 인권, 윤리, 환경이라는 기준을 가지고 물건을 구매함으로써 가난한 나라의 생산자에게 더 안정적인 수입과 일자리를 제공하고자 하는 세계 시민운동이다. 그러나, 제3세계 국가의 단작 플랜테이션 농업 구조를 지속시키는 역할을 하기 때문에 근본적인 해결책이 아니라는 비판의 소리도 높다. 공정무역은 제국주의 국가들이 식민지의 토착 주식 작물 재배를 파괴하고, 대체한 플랜테이션의 산물이다. 공정무역은 단작 플랜테이션 때문에 외부 의존형으로 바뀐 원주민들의 삶을 복원시키기보다 영속화시키고 있으므로, 산업국 소비자들이 심리적 부채감을 덜기 위해 공정무역에 열을 올릴 것이 아니라, 파괴된 자급 전통을 복원할 수 있도록 도와야

착한 가게, 착한 기업 등 인류의 양식과 양심을 고취시키는 '착한' 시리즈의 등장이 주목되고 있다. 5월 둘째 토요일은 세계 공정무역기구(WFTO)가 정한 세계 공정무역의 날로 공정무역 관련된 교육과 홍보, 축제의 장이다.

이런 윤리적 소비는 나와 이웃과 지구를 살리자는 의식에서 비롯된 것이다. 여기에는 윤리적 생산을 지속케 하고, 지구환경을 배려하고, 사회적 약자들과 나눌 수 있고, 제3세계 농민의 자립을 도우며, 식품안전 실현을 위한 안전한 소비를 주 내용으로 한다. 제3세계 아동 고용 저임금 등 약탈 제품 불매 운동으로 스웨트 숍(sweat shop) 운동을 들 수 있다.

♣ 대안 교육

현재의 무한 경쟁 시스템은 학교라고 예외가 아니다. 태어나기도 전에 태아 단계부터 경쟁에서 이기기 위한 교육이 갈수록 극성이다. 유치원, 초, 중, 고의 모든 교육은 서열화된 명문 대학에 진학하려는 학생과 이를 부추기는 학교, 학원, 사회로 점철되어 있다. 홍성의 풀무원 학교를 설립하였고, 농업 공동체도 만든 원경선 선생(1914년 생)은 독이 들어 있지 않은 식품 먹고, 욕심 버리고, 노동하는 것이 장수와 행복의 길이라고 하였다. 간디 학교, 녹색 대학, 이우 학교, 거창 고등학교, 푸른 꿈 고등학교, 실상사 작은 학교, 대전의 꽃피는 학교 등 대안 학교가 많이 등장하였다. 대안교육연대[61]와 대안교육 전문출판사 민들레[62]가 정보와 자료를 제공한다. 1997년 산청 간디학교를 시작, 인가를 받은 대안고만 10여 곳, 비인가 학교는 200여 곳으로 추산된다.

한다(천규석, 천규석의 윤리적 소비, 2012).

60) www.ecofairtrade.co.kr; www.ecoshop.or.kr; www.beautifulcoffee.com 등

61) www.psae.ok.kr

62) www.mindle.org

♣ 대안 화폐

레츠(LETS local exchange and trading system) 혹은 지역 화폐(local currency) 운동은 금융과 자본의 세계화에 대한 대안으로 나선 운동이다. 뉴욕의 이타카 지역 통화가 유명하고, 한밭 레츠(www.tjlets.or.kr)는 품앗이, 두레, 계 등 우리 민족의 상부상조 전통을 본받아 만들어진 대전 지역의 품앗이 조직이다. 여기서 발행하는 지역 화폐 '두루'를 통해 노동과 물품을 거래할 수 있다. 성남시는 청년배당으로 성남 지역화폐 성남사랑 상품권을 지급한 바 있다[63].

♣ 서민 금융

담보도 없고, 신용도 낮아 은행의 혜택을 받지 못하는 저소득층을 위한 은행으로 미소 금융(micro credit)이 있다. 이는 방글라데시의 모하메드 유누스가 창시한 그라민 은행(Grameeen bank)이 효시이다. 그라민 은행은 방글라데시의 여성, 노인, 저소득층의 자립을 돕기 위한 서민 금융 사업의 공으로 2006년 노벨 평화상을 받았다. 2011년 현재 총대출액은 12조 원, 대출자는 835만 명에 이르며, 여성 대출자의 비율이 96%, 대출금 회수율은 97%에 이르며, 직원만 2만 2천 명에 달하는 규모로 성장하였다.

우리나라의 주빌리 은행은 사단법인 희망살림이 2014년 시작한 서민 빚 탕감 운동이다[64]. 자발적인 기부와 지자체의 도움으로 장기 연체된 부실 채권을 매입, 소각하여 많은 채무자가 빚 고통으로 벗어나게 하려는 것이다. 2017년 6월까지 36,401명 6,139억 원의 빚이 소각되었다.

장발장 은행은 시민기부를 바탕으로 생계형 범죄로 벌금형을 받은 서

---

63) 2016년 1월에 분기 배당 12만 5천원 어치를 지급하였다.

64) 장기연체채권을 금융사들이 2차 채권 시장에 헐값으로 매각하는 미국 시민단체 "Occupy Wall Street"의 롤링주빌리 프로젝트에서 착안되었다(www.jubileebank.kr).

민들이 벌금을 못내 감옥에 가지 않도록 벌금 납부를 지원하려고 만들어졌다[65]. 2015년 한 해 동안 대출을 받은 사람은 314명, 금액은 약 6억 원에 달한다고 한다.

♣ 로컬 푸드 운동(가까운 먹을거리 운동)

우리가 먹는 포도는 칠레에서, 바나나는 주로 필리핀에서 온다. 플랜테이션에서 대량 생산된 농산물들이 적도를 지나 소비지까지 7천 km를 항해한다. 이를 푸드 마일리지(food miledge)라고 한다. 운송에 소비되는 에너지도 문제거니와, 한 두 달 걸리는 수송기간을 고려해서 설익은 채로, 운송 중에 썩지 않도록 화학 약품도 사용할 수밖에 없는 것도 문제이다. 신토불이, 제철 음식, 제 고향 음식이 건강한 식품이고 지구를 살리는 길이다. 일본은 지산지소(地山地消) 운동이라고 하여 우리보다 훨씬 더 보편화 되어 있다. 우리나라에서는 전북 완주가 로컬 푸드 1번지로 불린다.

♣ 친환경 농산물

친환경 농산물은 유기농산물과 무농약 농산물로 구분한다[66]. 유기 농산물은 유기 합성 농약과 화학 비료를 일체 사용하지 않고 재배한 것이다. 무농약 농산물은 유기 합성농약은 일체 사용하지 않고 화학비료는 권장량의 1/3이내 사용한 것이다. 유기 축산물은 유기 사료로 키워 인증 기준을 준수한 축산물이고, 무항생제 축산물은 항생, 항균제등이 첨가되지 않은 일반 사료로 키워 인증 기준을 충족시킨 것을 말한다[67].

---

65) 벌금을 못내어 수감되는 죄수가 한 해 4만 명에 이른다고 한다. www.jeanvaljeanbank.com 참조.

66) 저농약 농산물 인증은 2015년까지만 인증하고 그 이후 폐지하였다.

67) 국립농산물 품질관리원의 친환경농산물정보시스템(www.enviagro.go.kr) 참조.

그림 5-2 친환경 농축산물 표시제

자료: 환경부

♣ 채식 - 공장식 축산을 넘어서

현대의 가축 사육은 공장에서 자동화된 기계에 의해 대량 생산되는 공산품과 다름없다. 약육강식의 기업 논리가 축산업에도 철저히 적용된 것이 바로 공장식 축산과 수산이다. 현대의 공장식 축산은 가축들을 비좁은 공간에서 제초제와 화학 비료로 자란 곡물로 만든 사료와 성장 호르몬, 항생제를 먹여가며 저렴한 가격에 대량 생산, 공급하고 있다. 현대식 축산이야말로 환경이나 생태계를 심각하게 파괴한다. 쇠고기 1kg 생산에 필요한 물은 1만 5천 톤으로 채소보다 10배나 더 많다. 물이나 에너지, 식량 자원의 고갈과 환경에의 영향이 그만큼 더 클 수밖에 없다. 더구나 비인도적, 비윤리적 사육은 궁극적으로 인간의 복지나 행복에 기여하는 것이 아니라 존엄을 떨어트리는 결과를 야기한다. 광우병 파동이나 구제역, 조류 독감 파동 등이 좋은 예이다.

신자유주의식 공장식 축산을 극복하고, 유기 축산이나 동물복지형 축산 나아가 채식에 대한 관심이 크게 증가하고 있다. 채식인(vegetarian)은 육식을 피하고 식물을 재료로 만든 음식만을 먹는 사람을 가리킨다. 채식은 몸과 환경에 좋은 윤리적인 식사법이다. 채식인도 여러 유형으로 나뉜다. 준 채식인(semi-vegetarian)은 육류 중 쇠고기, 돼지고기 등 붉은 고기류는 먹지 않고 닭, 오리고기 등 가금류는 섭취한다. 페스코(pesco)는 육류는 먹지 않지만 물고기와 동물의 알, 유제품은 먹는다. 락토-오보(lacto-ovo)는 육식은 하지 않으나 유제품과 동물의 알은 먹는다. 락토(lacto)는 육류와 동물의 알은 먹지 않고 우유와 유제품만 먹는다. 베건(vegan)은 가장 엄격한 채식인으로 육류와 생선은 물론 우유와 동물의 알, 꿀도 먹지 않고 가죽제품도 사용하지 않는 경우다. 베건 중에는 잎, 줄기와 뿌리는 식물에 피해를 주므로 먹지 않고, 열매만 섭취하는 푸루테리언(fruitarian)도 있다.

♣ 생태 마을

환경 친화적인 생활과 영농, 공동체 회복, 채식, 영성 회복을 추구하는 삶을 지향하는 생태마을(ecovillage)이 점차 늘어나고 있다. 영국 핀드 혼, 콜롬비아 카비오타스, 일본 아야 마을, 호주의 크리스탈 워터스 등을 들 수 있다. 2006년 토트니스(Totnes)라는 영국의 소도시에서 시작된 트랜지션 타운 운동(transition town movement)[68]은 공동체 프로젝트를 통해 환경 파괴, 자원고갈, 경제위기 등에 대응하려는 풀뿌리 운동이다. 에너지 자립을 추구하는 도시, 공동체, 공동 주거로는 덴마크 삼쇠섬, 독일 운데 마을, 프라이부르크시, 함부르크시 한자 주택 조합, 영국의 랜드 매터스와 베딩턴 저탄소 주택 단지(BEDZED Beddington zero energy development) 등을 들 수 있다.

세계 생태마을의 네트워크로 GEN(Global Ecovillage Network)이 있다.

국내에서는 사회적 기업 '이장'이 충남 서천군과 조성한 생태마을 산너울마을을 비롯하여 여러 군데에서 생태 공동체와 전환마을이 조성되고 있다.

---

68) www.totnes.transitionnetwork.org 참조.

부 록

참고문헌

찾아보기

부록 참고문헌

〈국내문헌〉

권오상, 『환경경제학』, 박영사, 2007.

국토해양부, 4대강 살리기 추진 본부, 『4대강 살리기 마스터 플랜』, 2009.

기후변화에 관한 정부간 협의체(IPCC), 『IPCC 제5차 종합평가보고서』, 기상청, 2015.

김동엽, 이윤, 『국제자원론』, 법문사, 2011.

김승우, 홍종호, 김회성, 『산업별 환경조정 부가가치의 추정과 정책적 시사점』, 환경정책평가연구원, 1997.

김종호, 『물적 플로우 계정 및 환경 자산 계정 작성을 위한 통계 인프라 연구』, 2013, 통계개발원.

김태선, 『탄소시장의 비밀』, 경문사, 2009.

나성린, 전영섭, 『공공 경제학』, 학현사, 1995

닉 한리, 제이슨 소그랜, 벤 화이트 지음, 김동욱 외 4인 옮김, 『환경경제학개론』, 그루, 2007.

대한무역투자진흥공사, 『EU의 품목별 환경규제』, 2000.

레이첼 칼슨 지음, 김은령 역, 『침묵의 봄(Silent Spring, 1962)』, 에코리브르, 2011.

문하영, 『기후변화의 경제학』, 매일경제신문사, 2008.

박재창 외, 『한국의 환경지속성』, 대영문화사, 2003.

박주현, 『환경경제학』, 경문사, 2000.

부영선, 이기훈, 『광역상수도 요금관리 합리화 방안』, 한국수자원공사, 2002.

삼성경제연구소, 『세일가스가 가져올 세 가지 변화』, SERI 경영노트, 2012.

세계자연기금 한국운동본부, 『한국생태발자국보고서 2016: 지구적 차원에서 바라본 한국의 현주소』, 2016.

세계환경발전위원회(WCED) 지음, 조형준 홍성태 역, 『우리 공동의 미래(Our Common Future)』, 새물결, 1997.

신의순, 『자원경제학』, 박영사, 1995.

알 고어 지음, 이창주 역, 『위기의 지구(Earth in the Balance)』, 삶과 꿈, 2000.
알 고어 지음, 김명남 역, 『불편한 진실(An Inconvenient Truth)』, 좋은 생각, 2006.
앨리스 아웃워터 지음, 래리 고닉 그림, 이희재 옮김, 『세상에서 가장 재미있는 지구환경』, 궁리, 2009.
에너지경제연구원, 『기후변화협약 관련 국가보고서 작성 및 대응방안 연구』, 각호.
______________, 『에너지의 이해』, 지역 에너지 교육 프로그램 자료.
______________, 『에너지통계연보』, 각호.
에너지관리공단, 『2015 에너지통계 핸드북』, 2015.
오스트롬 지음, 안도경, 윤홍근 역, 『공유의 비극을 넘어』, 랜덤 하우스 코리아, 2010.
오호성, 『환경경제학』, 법문사, 1998.
외교통상부, 『환경외교편람』, 2004.
유동운, 강세훈, 『자원경제학』, 법문사, 1992.
이기훈, 『기후변화협약상 개도국의 온실가스 감축 참여 방안에 관한 연구』, 외교통상부, 2002.
_____, 『자원경제의 이해』, 충남대학교 출판문화원, 2013.
이기훈, 나인강, 서정환, 『기후변화 협약의 동향분석과 전력산업의 대응방안 - 배출권 거래제와 공동이행을 중심으로』, 에너지경제연구원, 1998.
이은명, 이기훈, 『배출권 거래제를 활용한 전력산업의 온실가스 저감 방안』, 에너지경제연구원, 1999.
이장규, 이석호, 『카스피해 에너지 전쟁-세계경제의 지도를 바꾼다』, 올림, 2007.
조영탁, 『한국경제의 지속가능한 발전 전략』, 도서출판 한울, 2013.
제러미 리프킨 저 안진환 옮김, 『한계비용 제로 사회』, 민음사, 2014.
주성수, 『사회적 경제-이론, 제도, 정책』, 한양대학교 출판부, 2010.
천규석, 『천규석의 윤리적 소비』, 실천문학사, 2010.
충청남도, 『아름다운 강, 비단 강을 위한 보고서』, 2010.
최기련, 『자원경제학』, 한국경제신문사, 1992.
클리포드 러셀 지음, 곽승준 외 7인 공역, 『환경 자원의 경제학적 접근』, 산문 출판, 2007.
토마 피케티, 장경덕 외 옮김, 『21세기 자본』, 글항아리, 2014.
통계청, 『한국의 사회지표』, 2011.
폴 호컨, 로빈스와 로빈스 저, 김명남 역, 자연자본주의-지속가능한 발전을 창조하는 신산업 혁명의 패러다임, 출판사 공존, 2011.
한국은행, 『알기쉬운 경제지표해설』, 2012.
_______, 『우리나라의 국민계정체계』, 2010.

한국은행 보도자료, 환경보호지출계정 개발결과, 2008년 2월 1일자.
홍종호, 김승우, 통합환경경제계정체계(SEEA)에 의한 한국의 녹색GDP 추정, 호서경제연구 창간호, 1998.
환경부, 『환경백서』, 각호.
______, 『환경통계연감』, 각호.
______, e-환경뉴스, 2015년 6월 26일

〈외국문헌〉

時政勗, 薮田雅弘, 今泉博國, 有吉範敏, 環境と資源の經濟學, 勁草書房, 2007.
小林弘明, 廣政幸生, 岩本博幸, 環境資源經濟學入門, 泉文堂, 2007.
Edward B. Barbier, Natural Resources and Economic Development, Cambridge University Press, 2007.
Subhes C. Bhattacharyya, Energy Economics Concept, Issues, Markets and Governance, Springer, 2011.
Kenneth E. Boulding, "The Economics of the Coming Spaceship Earth," in H. E. Daly and K. N. Townsend ed., Valuing the Earth, the MIT Press, 1993.
Bloomberg New Energy Finance, New Energy Outlook 2017.
BP, Statistical Review of World Energy, 2015 & 2016.
Ronald H. Coase, “The Problem of Social Cost”, Journal of Law and Economics (3), 1960.
Michael Common, Environmental & Resource Economics, An Introduction, Longman, 1996.
Jon M. Conrad, Resource Economics, Cambridge University Press, 2005.
Robert Costanza et al., “The value of the world's ecosystem services and natural capital,” Nature 387: 253-260, 1997.
Rene Dubos and Barbara Ward, Only One Earth: The Care and Maintenance of a Small Planet, W. W. Norton & Company. 1972.
Richard A. Easterlin, "Does Economic Growth Improve the Human Lot?" in Paul A. David and Melvin W. Reder, eds., Nations and Households in Economic Growth: Essays in Honor of Moses Abramovitz, New York: Academic Press, Inc., 1974.
Paul R. Ehrlich, The Population Bomb, Sierra Club/Ballantine Books, 1968.
Barry C. Field, Environmental Economics An Introduction, McGraw-Hill, 1997.

__________, Natural Resource Economics, McGraw-Hill, 2001.
Gene Grossman and Alan Kruger, "Environmental Impacts of a North American Free Trade Agreement," in p. Garber (Ed.), The US-Mexico Free Trade Agreement, Cambridge MA: MIT Press. 1991.
Garrett Hardin, "The Tragedy of the Commons," Science 162, 1968.
Jonathan M. Harris, Environmental and Natural Resource Economics A Contemporary Approach (2nd), Houghton Mifflin, 2006.
John M. Hartwick, "International Equity and the Investing of Rents from Exhaustible Resources," American Economic Review 66, 1977.
John M. Hartwick, Nancy D. Olewiler, The Economics of Natural Resource Use (2nd), Addison-Wesley, 1998.
Mark Hertsgaard, Earth Odyssey : Around the World in Search of Our Environmental Future, Broadway, 1999.
Harold Hotelling, "The Economics of Exhaustible Resources," Journal of Political Economy 39, 1931.
IEA, CO2 emissions from fuel combustion highlight 2012, Paris.
___, ENERGY PRICES AND TAXES, 4TH QUARTER 2016, Paris.
Simon Kuznets, "Economic Growth and Income Inequality," American Economic Review 45, March 1955. pp. 1-28.
David W. Pearce and Kerry R. Turner, Economics of Natural Resource and Environment, Johns Hopkins University Press, 1990.
Peter Raven et al., Environment (8th edition), 2012, John Wiley & Sons, Inc.
Tom Tietenberg, Environmental and Natural Resource Economics (5th), Addison Wesley Longman, 2000.
Mathis Wackernagel and William Rees, Our Ecological Footprint, New Society Publishers, 1993.
United Nations, Measuring Sustainable Development, New York and Geneva, 2008.
____________, the 2015 Revision of World Population Prospect, July 2015.
World Bank, State and Trends of the Carbon Market 2012, 2012.
World Economic Forum, 2005 Environmental Sustainability Index, Geneva.

〈웹사이트〉

경제협력개발기구 삶의 질 지수 www.oecdbetterlifeindex.org
국립농산물 품질관리원의 친환경농산물정보시스템 www.enviagro.go.kr

그린카 www.greencar.com
기술표준원 www.kats.go.kr
노드 풀 WWW.NORDPOOLSPOT.COM
녹색성장위원회www.greengrowth.go.kr
네이버 금융 info.finance.naver.com/marketindex
다우존스지속가능성지수 www.DJSI.or.kr
대안교육연대 www.psae.ok.kr
머니S www.moneys.news
민들레(대안교육전문출판사) www.mindle.org
버니 샌더스 민주당 대통령 후보 선거캠페인 www.berniesanders.com
블루 넥스트 WWW.BLUENEXT.EU
산림청 나무 탄소 측정기 www.forest.go.kr/images/tree_carbon_calculator
생태발자국 네트워크 www.footprintnetwork.org/atlas
세종대 기후변화센터 2050.sejong.ac.kr
시카고 기후 거래소 WWW.theice.com/ccx
온실가스종합정보센터 www.gir.go.kr
유네스코 산하 물환경 교육기관 www.waterfootprint.org
유럽기후거래소 WWW.ECX.EU
유럽에너지거래소 WWW.EEX.COM
유엔 지속가능성 지표 www.un.org/esa/sustdev/isd-htm
일본 자발적 배출권 거래제 www.jvets.go.jp
의료 생협 www.medcoop.org
위키피디아 www.wikipedia.org
장발장 은행 www.jeanvaljeanbank.com
주빌리 은행 www.jubileebank.kr
지구환경기금 www.thegef.org.
지속가능경영원 www.bisd.or.kr
크리에이티브커먼즈 한국지부 www.cckorea.org.
탄소 포인트 제도 cpoint.or.kr
피케티 Piketty.pse.ens.fr/en/capital21c
한국기후환경네트워크 www.greenstart.kr
한국사회적기업진흥원의 협동조합 www.coop.go.kr
한국스마트그리드사업단 www.smartgrid.or.kr
한국스마트그리드협회 www.k-smartgrid.org

한국환경공단 www.keco.or.kr
환경지속성 지수 www.ciesin.org/ESI
Trust for Public Land www.tpi.org
U.S. Bureau of Mines and U.S. Geological Survey www.usqs.qov

부록 찾아보기

(ㄴ)

(ㄷ)

(ㄹ)

(ㅁ)

(ㅂ)

(ㅅ)

(ㅇ)

(ㅈ)

(ㅊ)

(ㅋ)

(ㅌ)

(ㅍ)

(ㅎ)